新文科背景下高校英语教学与研究

毛军社　夏　丹　著

江西高校出版社

图书在版编目（ＣＩＰ）数据

新文科背景下高校英语教学与研究/毛军社,夏丹著.--南昌:江西高校出版社,2024.5

ISBN 978 - 7 - 5762 - 4813 - 5

Ⅰ.①新… Ⅱ.①毛… ②夏… Ⅲ.①英语—教学研究—高等学校 Ⅳ.①H319.3

中国国家版本馆 CIP 数据核字（2024）第 085783 号

出 版 发 行	江西高校出版社
社　　　　址	江西省南昌市洪都北大道96号
总编室电话	(0791)88504319
销 售 电 话	(0791)88522516
网　　　　址	www.juacp.com
印　　　　刷	永清县晔盛亚胶印有限公司
经　　　　销	全国新华书店
开　　　　本	700 mm×1000 mm 1/16
印　　　　张	16.75
字　　　　数	267 千字
版　　　　次	2024 年 5 月第 1 版 2024 年 5 月第 1 次印刷
书　　　　号	ISBN 978 - 7 - 5762 - 4813 - 5
定　　　　价	68.00 元

赣版权登字 -07 -2024 -303

前　　言

　　高校英语语言教育是随着中国经济的发展及世界发展趋势而同步进行的。高校英语教学改革的目标是不断加深对现代教育思想的理解和对国内外外语语言及教学的研究，既要总结过去国内英语教学的成功经验，又要探索高校英语教学贯彻素质教育的精神及其同国际外语教学接轨的新路子。

　　英语是国际通用的语言之一。随着全球经济的日益发展和广泛交流，帮助学生掌握和熟练运用英语成为高校英语教学的一个重要目标。新大纲要求课堂教学体现学习任务的多样性、学习的自主性、学习内容的灵活性，使学生掌握正确的学习方法，具备较强的自学能力。传统的教学模式和教学方法，已无法满足现代社会对英语人才教育的要求。

　　自教育部 2018 年 10 月发布《关于加快建设高水平本科教育全面提高人才培养能力的意见》以后，"新文科"逐渐成为高校教育教学研究的热点。2020 年 11 月新文科建设工作会议发布的中国高校《新文科建设宣言》及教育部办公厅 2021 年 3 月发布的《关于推荐新文科研究与改革实践项目的通知》《新文科研究与改革实践项目指南》等一系列文件，将高校新文科建设推向高潮。为构建具有世界水平和中国特色的文科人才培养体系，新文科建设需要在明确总体目标、强化价值引领、促进专业优化、夯实课程体系、推动模式创新、打造质量文化等方面努力。

　　高校英语课程是高校通识教育的一个重要组成部分。为推进高校新文科建设，高校英语课程要准确识变、科学应变，在课程定位、教学方式、评价方式、课程资源等方面创新发展，以培养具有国际视野和中国情怀的各领域跨文化交际人才。

高校英语的教学目标是培养学生的英语综合应用能力。以往的教学方法多以教师为中心，很难实现新的教学目标。而英语课堂是实施高校英语教学目标的主要场所，对教学质量有着重大影响。如何提高教学质量和学生应用语言的能力是每一位教师关心的问题。进一步深化高校英语课堂教学及整体教学改革，是目前高校英语教学改革和研究的关键。因此，探索高校英语课堂教学模式的新思路在整个英语教学改革中有着举足轻重的作用。

21世纪是高度信息化的时代，英语作为交际工具在国际信息交流中的中介作用日益突出，传统的教学模式受到了挑战。为了顺应时代发展的要求，高校英语教学改革势在必行。我们应以培养学生的语言交际能力为最终目的，改进教学方法，提高教学质量。高校英语教学改革任重道远。作为高校英语教师应该本着为学生负责、为社会负责的态度，跟上时代的步伐，提高自身的素质，积极探索有效的教学模式；必须认清高校英语教育的人才培养目标，深入开展高校英语教学改革，在实际工作中探索新办法、新思路；应该大胆采用各种不同的教学模式，使课程体现多样性、开放性和选择性；应借鉴先进的外语教学理念，在保证不影响学生语言学习质量的前提下激活英语教学，提高英语教学质量，使高校英语教学迈上新台阶，为社会提供优秀的英语人才。

本书系统地讨论了新文科背景下我国高校英语教学的一系列问题，结合现状，总结和分析了跨文化交际能力培养对策。本书共九章。第一章分析了高校英语教学的发展概况，介绍了英语学科专业知识。第二章对高校英语教学的相关理论进行了阐释，如图式理论、支架理论、人本主义学习理论及多元智能理论。第三章从高校英语教学理论和实践角度出发，分别从个性化教学与实践、ESL和EFL教学与实践、ESP教学与实践的角度展开。第四章至第七章详细介绍跨文化语言交际方面的内容，对跨文化英语教学进行了综合研究，并对跨文化交际能力培养的必要性、高校英语教学跨文化交际思维理论建构及跨文化交际与高校英语的融合等进行了论述。第八章揭示了跨文化交际视角下高校英语教学存在的问题，提出了跨文化交际视角下高校英语教学的改革策略。第九章分析了跨文化交际与高校英语教学的发展困境，探索了跨文化交际与高校英语教学的发展趋势，以期为培养更多优秀的国际化人才提供参考。

本书参考了前人大量的研究成果和文献资料。没有对这些成果和资料的借鉴，此书的写作就不可能顺利完成，在此向相关作者表示深深的谢意。由于学识、时间、精力等方面的局限，书中难免存在疏漏和不当之处，敬请各位读者不吝赐教！

本书合计约25万字，由毛军社、夏丹合作完成。其中：赣南师范大学教师毛军社负责策划、拟定框架、全书统稿，以及前言、第五至第九章的编写工作，合计约14万字；赣南医学院第一附属医院（赣南医学院第一临床医学院）教师夏丹负责全书的文字校对及第一至第四章的编写工作，合计约11万字。

目　　录

第一章　高校英语教学的发展概况

第一节　英语教学概述

高校英语教学是一种建立在一定的理论基础之上的科学性教学。由于思想不同，对理论研究的侧重点不同，研究者最终形成的理论对英语教学也会有不同的影响。本节从哲学理论、语言学理论和心理学理论三个方面，对现有的英语教学理论进行概述和总结，以对英语教学实践发挥理论指导作用。

一、英语教学的语言学理论基础

历史比较语言学主要研究和比较各种语言变化和发展的历史，比较各种语言的语音、词汇、语法形态结构的变化和发展历史，以便获得各种语言的相同和不同的构造语系。历史比较语言学研究认为，各种语言起源于一种始源语言。语言起源于原始人的喊叫，或对自然界声音的模仿，或始于身体各部位的动作，或对客观事物的象形。英国学者威廉·琼斯（William Jones）认为拉丁语、希腊语与梵语的词根和语法结构形态很相似，它们都源于同一始源语，并由此得出各种语言可以相互翻译的结论。自此，历史比较语言学就成了翻译法的理论基础，同时开创了语言学作为外语教育教学的理论基础的先河。外语教学法的研究与教学也开始关注语言学理论对外语教学的指导意义，并力求从语言学理论中寻找到外语教学的理论基础。

（一）知识与能力

知识是什么？能力是什么？这是当前外语教育界争论的热点问题。外语教育要把知识与能力的概念和含义搞清楚。首先，必须加强对哲学、语言学（当然也包括心理学、教育学等）的语言知识观和语言运用能力

1

观的关注，加深对知识观与能力观的历史及发展变化特征的认识，借鉴知识观与能力观的新理念，使传统与现代、历史与现实、理论与实践相融合。其次，反思和分析外语教育中知识与能力的问题，探索其未来的发展方向。这样才能看得更清楚、领悟得更透彻、体会得更深刻，才能更好地提升外语教育理论的科学性和实践的有效性。

任何事物内部都存在着矛盾，这样就形成了一事物区别于其他事物的特殊本质。概念的内涵反映了事物内部固有的特殊矛盾和事物区别于其他事物的特殊本质，反映了事物的本质特点。因此，明确事物的概念及其内涵，能确定它的本质特征和实质内涵。交际运用语言的能力，是外语课程中最关键的术语和最核心的概念。以哲学和语言学为理论基础，认识语言知识与交际运用语言能力的概念、实质、内涵和潜在的因素及其关系，就能大致知晓外语教育的方向、性质，以及教育目标、教学内容、教学过程、教学策略、教学方法和教学评价等。以哲学和语言学为理论基础，反思、辨别和论证语言知识与语言运用能力的概念、本质特征和潜在因素及其来龙去脉，就显得特别重要。

（二）语言与言语

德国哲学家、语言学家洪堡特（Humboldt）曾在《论人类语言结构的差异》中指出：语言是人脑内在的一种结构，是说话者的智能部分，是大脑的一种创造性的能力；人们能运用有限的语言手段做出无限的语言行为。他还提出语言的概念，认为语言是一种外显行为。著名的瑞士语言学家索绪尔（Saussure）强调语言在社会中的作用，语言在人类生活中的作用，人们是怎样运用语言和语言使用规律的。在索绪尔的学生根据他的讲课内容整理的语言学专著《普通语言学教程》一书中，他首先用法语区分了语言（langue）和言语（parole）这两个既不同又相对应的核心概念。语言学界对这种区分予以高度评价，认为区分语言和言语这两个相对应的术语，对语言学界研究语言本质特征做出了重大的历史贡献，因为语言和言语这两个概念最能体现语言的本质特征。

1. 语言

语言等同于语言体系。作为代代相传的一种体系，语言包含语音、词汇、语法结构规则，是一种人的头脑中（或语言社团中）共有的一种抽象的、稳定的体系，是存在于大脑中的一种语法系统或一套普遍规则。因此，语言具有社会性的特征，决定了每个人听、说、读、写的具体形式。

2. 言语

言语是指语言运用，属于运用语言的范畴，是人们说出和听到的话，是人们写出和理解的内容。言语是人们说话时的内在心智符号和心理生理机制相组合的外化结果。也可以说，言语是语句的产出、表达和运用。言语就是运用语言或语言运用，是表现出来的具体内容。它反映讲话人的特点，并与具体的情境或环境、语境和情意紧密相连，因此，常因时因地动态地变化。

相对于语言来说，言语具有具体性和变化性等特点。语言和言语既有区别，又有联系。语言是言语的形式，有三个要素：语音、词汇和语法。言语是语言表达的内容，是听到和说出的话语，是运用语言表情达意。这是语言与言语的区别。但语言与言语又是紧密联系的两个方面：言语是一个语言社团说出的话和内容；语言是从言语中归纳出来的结构形式。一个语言社团说出的话的总和，就是该语言社团的语言。

（三）语言结构与实际话语

美国结构主义语言学描写语言学派（又称结构主义学派）的代表人物博厄斯（Boas）及其学生萨丕尔（Sapir），对美洲百余种印第安语的调查和研究，开创了描写语言学派的先河。美国语言学家布龙菲尔德（Bloomfield）出版的《语言论》，标志着结构主义语言学派的诞生。20 世纪 30 年代初至 50 年代末，它成为世界上占统治地位的语言学流派。布龙菲尔德完全赞同索绪尔把语言区分为语言和言语两个方面的观点，并根据这一观点把语言区分为语言结构和实际话语两个因素。

1. 语言结构

语言结构的特征对社团来说都是一样的：它是语音、语法范畴和词汇等组成的一个严谨的系统。语言系统，是一个语音、词汇、语法习惯的稳定结构，是一个语言社团可能说出的话的总和。

2. 实际话语

实际话语（即言语）的特征是语言系统中未固定的方面，各方面各不相同，而且因时因地、因具体情境无限变化。实际上，布龙菲尔德描述的习惯的、稳定的和严格的语言结构系统与实际话语的区别，与索绪尔描述的语言与言语的内涵完全一致。

（四）语言和言语行为

英国哲学家奥斯汀（Austin）把说出的语句分成三种言语行为。一是说出语句的行为，主要是指用语言组成的声音构成符合语法的句子，或用表达某些事物意义的综合体来完成的行为。二是用语言做事的行为，是指在特定的语境中、特定的条件下，根据特定的意向说出语句来完成的行为。三是用语言取效的行为，主要是指用语句完成事件并取得效果的行为。美国语言哲学家塞尔（Searle）在此基础上又补充了第四种行为：命题行为。他认为，用语言做事包含命题和言外之力。词面、句面意义和言外之间，是紧密联系的。所以，说出语句时，四种行为——说出语句的行为、用语言做事的行为、用语言取效的行为和命题行为，是同时实现的。

塞尔根据用语言做事的行为的四个条件（或四条标准），进一步对用语言做事的行为进行分类。这四条标准是：基本条件，即说出语句的意向（目的）；真诚条件，即呈现出的心态；先决条件，即合适的方向，语句与世界的关系；命题条件，即命题。他还根据这四条标准把用语言做事行为分成五类：

（1）断言行为：指描述世界上的状况或事件的言语行为，诸如 assertion、state、affirm、deny、report、conclude 等。

This is a Chinese car.（assertion）

（2）指示行为：指具有使听话者做某些事的功能的言语行为，诸如 suggestion、order、request、command、demand、ask、insist 等。

Why don't you close the window?（suggestion）

（3）承诺行为：指说话者将承担做某些事的言语行为，诸如 promise、swear、threat、guarantee、offer、pledge 等。

I'll take you to the movies tomorrow.（promise）

（4）表达行为：指说话者表达对某事的情感或态度的言语行为，诸如 thank、apologize、congratulate、complain、welcome、deplore 等。

Thank you for help.（thank）

（5）宣告行为：指改变某状况的言语行为，诸如 name、define、declare、resign、nominate 等。

I now pronounce you man and wife.（declare）

奥斯汀和塞尔提倡的言语行为，在语言教学和教学大纲设计中常被用作语言功能。

索绪尔、奥斯汀和塞尔区分语言和言语的观点基本相似。他们都把言语看作是说话，是语言运用，即在听、说、读、写四方面综合运用语言。只不过塞尔把说话进一步看作是言语行为，即用语言做事的行为。

（五）语言行为潜能和实际语言行为

以捷克斯洛伐克语言学家马泰休斯（Mathesius）、波兰社会人类学家马林诺斯基（Malinowski）、英国语言学家弗斯 (Firth) 及其学生韩礼德 (Halliday) 为代表的英国社会语言学派，又被称为系统功能语言学派。他们把语言看作是社会现象，是人类生活的一种方式，是人类社会活动的有机组成部分。因此，他们跳出了语言形式研究的局限性。

韩礼德根据言语行为理论，进一步研究了语言功能理论。正如韩礼德所说：语言学应关注言语行为或文本。言语行为是用语言做事。语言功能是指有意义地使用语言，也指用语言做事。语言功能实际上就是言语行为。韩礼德认为，儿童在学习使用母语时掌握了七种语言运用功能。

（1）工具功能：用语言取物。

（2）调节功能：用语言控制他人的行为。

（3）互动功能：用语言与他人互动。

（4）个人功能：用语言表达情意。

（5）启示功能：用语言学习和发现。

（6）想象功能：用语言创造一个想象的世界。

（7）陈述功能：用语言交流信息。

韩礼德选用语言行为潜能和实际语言行为两个概念来替代索绪尔的语言和言语与乔姆斯基（Chomsky，美国语言学家）的语言能力和语言运用的概念。三人在言语问题上的观点基本一致。他们都认为，言语是说话者实际说出的话。韩礼德对语言问题有自己独特的看法。他认为，语言不是一种"知识"方式。语言是一种"做事"的方式，是说话者在语言和文化上选择的范围。语言是说话者"能做"的事，言语是说话者"实际做了"的事。言语要得体，要根据特定的时间、地点、人物来决定怎么说和说什么话。人们可以通过语境变化、交际文体差异、交际双方的社会身份和关系来预想别人用语言做事。

（六）语言与交际能力

美国社会语言学家海姆斯（Hymes）基于言语行为理论和功能语言学理论的观点（语言功能是言语行为，是用语言做事），针对乔姆斯基的"语言能力"理论，首先提出了交际能力的概念。海姆斯认为，一个获得交际能力的人，必须获得语言知识和使用语言的能力。

海姆斯和威德森（Widdowson，英国语言学家）等认为，语言的作用是为了交际，作为语言知识的语言能力则是交际能力的重要组成部分。一个获得交际能力的人，必须获得语言知识和使用语言的能力。他运用掌握的语言知识，造出适合语法的句子，还运用掌握的语言规则使用得体的语言。因此，如果不懂使用规则，只是单纯地掌握语法规则，也是没有用的。交际能力的四个特征表现如下：

（1）能分辨并造出适合语法的句子。

（2）能判断语言形式环境并在其中使用得体的语言。

（3）能在实际的语言环境中非常恰当地使用语言。

（4）能清楚语言在实际交往中是常用的和受限定的。

海姆斯提出，交际能力实际上包含语言知识和语言运用两个方面，具有可接受性、可行性、适合性和实用性四个特征（或四个标准）。由于定义交际能力不存在一个具体客观的标准，因此海姆斯总结的交际能力的四个特征并不具有公认的权威性和科学性，也未被社会语言学家、功能语言理论提倡者一致接受。《牛津语言学词典》中对交际能力是这样定义的："一个说话者在一个社团中熟练地运用语言规则和惯例等的整套知识。"

交际能力主要包含语言知识和语言运用两方面。

（1）语言知识，是指语言的语音、词汇、语法等语言结构的知识。

（2）语言运用即社会语言能力和语用能力，是指运用语言实现交际功能的能力。

（七）知与行

1991 年 4 月美国总统发布的《美国 2000：教育战略》和 2002 年 1 月美国国会通过的《不让一个孩子掉队》法案，以及 1996 年颁布、1999 年修订的《迎接 21 世纪外语学习标准》中多次明确提出：外语教育的目标是"学生完成知道什么和能做什么事的任务"。这与威德森提出的"知"和"做"两个概念是完全一致的。威德森说得非常简练和清晰：语言学习包含两个方面——知和做（或行）。知是指知道语言知识，即语音、词汇、语法等语言结构的知识。做（或行）是指用语言做事，即言语、语言运用能力、言语行为、交际能力。其实，美国外语学习中的知与行的概念和功能，与我国博大精深的知行统一、学问思辨行的理念如出一辙。

二、英语教学的心理学理论基础

（一）主要的心理学理论

心理学原属哲学范畴，直到 19 世纪下半叶，才脱离哲学成为一门独立的学科。在短短的一百多年时间里，心理学迅速发展。从心理学成为独立学科起，它就对课程与教学产生了越来越重要的影响，并成为外语教育、课程和教学的主要理论基础。回顾外语教育、课程与教学的历史，它们的变化、更替、发展和创新无不打上心理学理论的烙印。对外语课程产生影响的心理学理论有官能心理学、联想主义心理学、行为主义心理学、认知心理学、人本主义心理学等。

1. 官能心理学

官能心理学起源于古希腊的灵魂官能说和法国哲学家笛卡儿（Descartes）的心灵实体论的哲学观。它在一定程度上影响了欧洲文艺复兴时期的拉丁语外语教育、课程与教学。从 17 世纪至 19 世纪，西方学校教育以官能心理学为理论基础，始终把拉丁语、希腊语、阿拉伯语等古典语言作为训练心灵的最佳语言。

官能心理学的创始人是德国心理学家沃尔夫（Wolff）。他认为人的心灵可划分为不同的官能，它们是可以单独加以训练发展的。而古典语言拉丁语的文法是训练学生记忆能力和逻辑思维能力的理想材料，通过讲解、操练语法规则，阅读、翻译课文和原著可以达到发展学生智慧的目的。外语课程翻译结构形态及后来教育中流行的形式训练说，都是在官能心理学的理论基础上发展起来的。

2. 联想主义心理学

在心理学史上，英国哲学家洛克（Locke）首先提出了"联想"这个概念。早期的联想主义认为，人类是通过经验获得知识和观念的，学习是由观念联想构成的。

美国心理学家桑代克（Thorndike）是用动物进行实验研究的代表人物之一。他用饥饿状态下的猫进行了动物学习实验，揭示了动物学习的过程。在他看来，人与动物的学习方式无异，都是刺激—反应联结的加强，无须意识参与，不过人类的学习方式要复杂一些。他根据实验结果，提出了准备律、效果律、练习律等学习定律。在外语教学中，直接教学法是历史悠久、影响深远的一种教学方法。直接教学法要求外语词语与实物、行动之间建立联想关系，这与联想主义心理学相关。外语课程中的直接教学法和情境结构形态的联结也深受联想主义心理学的影响。英国心理学家斯威特（Sweet）认为，学习语言的整个过程是形成联想的过程。英国语言教育家帕默尔（Palmer）也认为语言学习是形成习惯和自动化的过程。

苏联的巴甫洛夫（Pavlov）用狗做了经典的条件反射实验（狗进食的摇铃实验）。实验结果显示，条件反射是在非条件反射基础上形成的暂时神经联系，使动物适应生活环境的变化。如果暂时神经联系进一步巩固，就会形成动力定型，养成自动化的习惯。他晚年还创立了两种信号系统学说：第一信号系统学说（以具体事物为条件刺激）和第二信号系统学说（以词语为条件刺激）。这两种信号系统学说认为，第二信号系统与第一信号系统都能引起动物条件反射。外语教学中的自觉对比法就建立在已有的母语第二信号系统的理论基础之上。

3. 行为主义心理学

行为主义心理学是 20 世纪上半叶在北美乃至世界各地占统治地位的心理学流派。美国心理学家华生（Watson）是行为主义心理学的奠基人，他把行为（而不是意识）当作研究的客观对象，否定人的意识的作用，认为人的学习行为，包括情绪反应，是"刺激—反应联结"的结果。

行为主义心理学在 20 世纪 20 年代有了新的发展。其中有影响的代表人物是托尔曼（Tolman）、赫尔（Hull）、奥斯古德（Osgood）等。他们认为在刺激与反应之间存在着中介变量。以斯金纳（Skinner）为代表的新行为主义影响最大。斯金纳用白鼠和斯金纳箱做实验，证明了经典条件作用的应答性行为。他还首次提出了操作性条件作用的原理，而操作性条件作用模式可用来解释基于操作性行为的学习行为。他称之为"强化类条件作用"，并用公式表示：刺激（S）—反应（R）—强化（R）。在他看来，言语行为同非言语行为一样，也是由一连串刺激—反应联结和强化而形成的习惯行为。

联想和刺激、反应、强化是学习和记忆的基础，是听说法的理论基础。听说法认为，外语学习是形成习惯的过程，而习惯是通过刺激、反应、强化来形成和巩固的。

4. 认知心理学

美国的乔姆斯基提出的理性主义猛烈抨击了行为主义理论。他创立的转换生成语法理论认为，语言是受规则系统支配的语言，人类的绝大多数语言运用不是行为模仿，而是从隐含的抽象规则中创造出新的句子，句子不是模仿和重复所得的，而是由学习者的语言能力（内在的语言知识结构）转换而成的。与此同时，认知心理学反对刺激—反应二元说，认为在刺激和反应之间还存在有机体的思维活动，强调人的心理认识过程。皮亚杰（Piaget）的 S（AT）R 理论 [一定的刺激（S）被个体同化（A）于认知结构（T）之中的观点]、布鲁纳（Bruner）的掌握知识基本结构的观点和发现教学法、奥苏贝尔（Ausubel）的有意义学习理论等，都成了外语课程认知结构形态、交际结构形态和教学法体系的认知心理学基础理论。

5. 人本主义心理学

人本主义心理学的创始人是马斯洛（Maslow）和罗杰斯（Rogers）。此理论产生于 20 世纪五六十年代的美国。人本主义心理学是当时盛行的行为主义心理学派和精神分析学派这两股思潮相对抗的结果。它不同于两股心理学思潮，所以被称为"第三思潮"或"第三力量"。它认为行为主义是机械的，忽视人的情感反应。而弗洛伊德（Freud）的心理学则过分强调人的无意识情绪，怀疑个人动机。与此相反，马斯洛强调人的主观活动，第一次把"自我实现"和"人的潜能"引入心理学。以人本主义心理学为基础的教育以"人的能力的发展"为目的，期盼把人培养成自由的人，达到实现自我价值的目标。这意味着人格的其他部分的发展与智力发展同等重要。这样的人才是知情合一的人，才是完整的人。学生是作为完整的人而存在的。人本主义心理学强调认知与情志的统一，以及人格的自我实现。由此可见，学校教育要以学生的发展为中心，强调学生的实践，防止抑制学生学习中的身体活动、认知能力和语言活动，并且发扬学生之间、师生之间的探究合作，发展良好的人际关系，营造一种宽松的心理氛围。这些学说无疑给传统的教育思想带来了极大的冲击，也向教师提出了严峻的挑战。

人本主义心理学的思想影响了 20 世纪 70 年代的外语教育。此后出现了社团学习法、沉默法、暗示法、全身反应法、自然法和合作学习等方法体系。

（二）心理学的知识观对英语课程与教学的作用

知识问题是教育的基本问题，也是现代心理学讨论研究的基本问题。什么是知识？知识有哪些类型？学习者怎样获得知识？对这些问题的认识直接影响到学校教育的课程形态、教学特点、学习方式和评价方式。下文将从现代心理学知识观的角度，探讨其对我国英语课程与教学的作用和影响。

1. 心理学知识观

我国教育对知识的定义是从哲学认识论的角度来进行描述的："所谓知识，就它反映的内容而言，是客观事物的属性与联系的反映，是客观世界在人脑中的主观印象。就它反映的活动形式而言，有时表现为主体对事物的感性知觉或表象，属于感性知识；有时表现为关于事物的概念或规律，属于理性知识。"知识是对事物属性与联系的认识，表现为对事物的知觉、表象、概念、法则等心理形式。

认知心理学（信息加工心理学）、心理语言学则是使用信息加工理论来定义知识的。知识是个体通过与环境相互作用后获得的信息及其组织。被储存于个体内的，即为个体的知识；通过书籍或其他媒介储存于个体外的，即为人类的知识。与传统知识观从哲学认识论角度研究知识不同，认知心理学、心理语言学侧重研究个体习得的知识的性质、类型及获得的过程与条件。它不仅研究知识如何被储存和提取，还研究知识如何被应用。认知心理学区分了认知领域的知识，即陈述性知识、程序性知识和方法性知识。

陈述性知识是个人能够提取线索，直接复述信息来回答"是什么、为什么、怎么样"的问题，可以用语言来表达和传递，如英语单词的意思，现在进行时的概念、构成形式、意义和用法等。

程序性知识也称智慧技能，是指个人在无意识的情况下提取线索。它只能借助某种形式间接推测而形成。如能用动词的适当形式完成句子、概括课文主旨等都说明该学生具备了相应的程序性知识。

方法性知识也称认知策略，是一种特殊类型的程序性知识，主要用于调控自身认知过程，以提高学习效率。如为了记忆一个英语单词，学生可运用联想、构词法、组词等不同的策略。

我国教育知识观中的知识相当于认知心理学中的陈述性知识，主要是核心的事实和概念，只涉及知识的储存和提取，是一种记忆性知识，而技能与能力是单列的。

2. 心理学知识观对英语课程与教学的影响

（1）心理学的知识分类与英语课程的目标框架

在英语学科中，课程的目标体系不仅需要体现学科特点，还需要反映课程改革的总体指导思想。

其实，课程不仅要关注认知领域（陈述性知识和程序性知识），夯实知识与技能，还需要将目光投向交际运用语言的能力（也属于程序性知识）及人的思想情感和伦理道德品质、信念，甚至需要关注智力和个性发展，跨文化知识学习能力和自学能力的培养，旨在体现学生全面发展的价值取向。建设、发展和实施外语课程的目的在于恢复英语学科本身的多元价值，拓展和深化英语学科的教育功能，使学生在发展英语素养的同时发展智力、增强意志，学习思想文化，提高自学能力，积极有效地学习，以及形成辩证思维和正确的思想观念。这不但体现了语言学科的工具性和人文性的学科性质，还反映了学生全面发展的素质要求。

（2）英语教科书中的知识类型与教师对教科书的理解和使用程度

由于教科书自身固有的话语体系和话语方式，教科书内容比较容易呈现陈述性知识，但在展示程序性知识方面有一定的局限性。传统教科书受"学科中心"和"教科书中心"思想的束缚，过分强调英语学科的知识体系（语法、结构等）或陈述性知识。而改革开放以来，新的英语教学大纲、课程标准、英语教科书试图通过一些言语活动和语言活动的设计来提示教师，为陈述性知识向程序性知识的转化提供了多种可能。但是，教科书的编写也存在一定的"拿来主义"现象。另外，教科书只是教师进行教学的工具和辅助材料，教科书中的活动或练习未必都适合教师的英语教育教学情境。教师不假思索地照本宣科，不但达不到转化两类知识的目标，还可能因知识缺失而挫伤学生学习的积极性。教师若只想着培养学生的跨文化交际能力，那么使用教科书时就会忽视夯实知识与技能，导致学生只关注英语知识，或只重视发展跨文化交际能力，而忽视英语素养的提升和自身的全面发展。

（3）英语教学要重视知识类型之间的转化

人们一般认为，教师在教学中起主导作用。这个"导"主要是指引导。从现代心理学和心理语言学的信息加工理论知识观的角度看，教师的主导作用主要体现在教师引导学生掌握陈述性知识、程序性知识、策略性知识及各类知识之间的相互转化上。

在英语教学中，过去人们只重视语音、语法、词汇等语言知识的教学，教师偏重演绎式的讲解和传授，学生机械地死记硬背，结果记了一大堆语言知识却不知怎样应用。学生的技能（听、说、读、写）学习能力也是畸形发展且不平衡：听、说训练完全被忽视，出现普遍性的"聋"和"哑"现象；即便是最受重视的"读"，也只停留于字面意义的理解，缺少对内容的深层意义和文化含义的深度挖掘，对阅读技能和策略的学习则更少；至于"写"，则是不到应考冲刺阶段不"显身"，原因是它挤占了原本有限的知识教学时间。当然，出现这种现象的原因十分复杂。但从心理学知识观看，这反映了对陈述性知识的过分重视、对程序性知识的片面理解和对策略性知识的漠视。

21世纪以来，轰轰烈烈的英语课程与教学改革的钟摆又摇向另一极端：在二语习得"用中学、做中学"和"在交际中培养交际能力"的思想影响下，教学中强调培养学生跨文化交际能力和外语思维能力，却忽视了语音、词汇、语法知识的学习和操练，结果学生在使用中出现大量的语言知识性错误，且这些错误未及时纠正。另外，知识与技能基础不扎实，学生的语言运用能力得不到提高，跨文化交际能力也难以呈现。

（4）英语教师要重视知识转化

针对我国英语教学中的问题，教师应在促进知识转化问题上有所作为。

第一，陈述性知识向程序性知识转化。在陈述性知识向程序性知识转化的过程中，关键是陈述性知识的程序化问题。美国心理学家安得森（Anderson）曾对"程序化"问题做过阐述。这一过程的核心是陈述性知识的技能化或能力化、程序化或自动化。在英语学科中，必要的语言知识是学生形成语言运用能力的基础。但仅掌握语言知识是不够的，它必须经过大量的练习和运用才能程序化，才能转化为语言技能和语言运用能力（程序性知识）。以英语现在进行时的教学为例，学生掌握了进行时的概念和构成形式，但在实际交际情境中却不知其意思，也不能理解和运用。这就说明他掌握的陈述性知识缺少程序化的过程。教师必须增加变式的练习。随着练习的增加，陈述性知识就能转化为程序性知识，最终形成自动化的交际技能。这时，学生不死记硬背那些语言知识，也能初步交际了。

第二，程序性知识向陈述性知识转化。陈述性知识可转化为程序性知识，程序性知识也可以转化为陈述性知识，即在使用程序性知识过程中加深对概念的理解，可获得新的陈述性知识，实现程序性知识向陈述性知识的转化。因此，在交际过程中，教师可以明示某些陈述性知识，让学生通过有意识的重构，将程序性知识转化为陈述性知识。如果没有这一步，很多学生可能在交际中表达流利，却漏洞百出，长此以往，就会出现语言的"石化现象"。为防止这一现象出现，程序性知识必须"陈述化"。如目前中小学使用的教科书大多先行培养学生的听说能力，教师须在学生掌握了一定的程序性知识后使陈述性知识明晰化，才能让学生重新认识学过的知识，以提升他们的语言意识，防止出现"课上兴高采烈，考场上黯然神伤"的现象。当然，掌握陈述性知识不是教学的终极目标，学生在理解知识、结构和概念后，还可以在创设的交际情境或真实的交际情境中进一步应用，以达到自动化运用语言的目的。因此，知识转化不一定是陈述性知识向程序性知识转化，也可以是两种知识相互转化。陈述性知识向程序性知识转化和程序性知识向陈述性知识转化是两种不同的学习路径，本质上无优劣之分，而是互为补充。选用哪种路径受到各种因素的影响，理想的学习方法是两者并用。

第三，程序性知识和策略性知识之间的转化。策略是一种特殊的、技巧性的程序性知识。如学生在运用知识进行听、说、读、写时，都会有意或无意地使用一些技巧性策略，这种策略实际上就是一种关于如何有效交际的程序性知识。学生学习英语不仅要学会将陈述性知识（语言知识）转化为程序性知识（听、说、读、写），也要学会将一般的程序性知识转化为策略性知识，以提高运用语言的效率。如在英语阅读中，学生针对不同的阅读目的和任务可采取不同的阅读策略：为了了解文章大意进行浏览阅读，为捕捉具体信息而采用跳读策略，为学习生词采取多种猜词策略。一方面，教师要在学生掌握一定语言知识的基础上，逐步培养学生的阅读能力。通过大量的阅读练习，学生能获得阅读的策略性知识，从而实现程序性知识向策略性知识的转化。另一方面，教师可有意识地训练学生的这种策略意识，以提高学生运用语言（程序性知识）的能力和效率。

另外一种策略虽然不涉及学生的认知过程，却对学生学习起着自我管理和自我监督的作用，那就是元认知策略。它在一般意义上回答了如何更有效地学习和思维，使学生对自己的学习过程进行调控。如明确自己的学习目标、制订学习计划以把握学习机会、反思经验与不足、总结有效的学习方法和进行自我评价，都属于元认知策略。

总之，策略性知识不仅可以帮助学生提高学习效率，让学生学得轻松、学得高效，还有利于学生进一步了解自己、管理自己，使学生最终成为具有较强自学能力的自主学习者。

综上所述，从现代心理学和心理学知识观的角度看英语课程与教学，不仅有利于识别英语课程、教科书、教学中不同的知识类型，还有助于教师认识到不同知识类型之间的连续性及相互转化的重要性，从而辩证地看待英语教学中的知识、技能和能力之间的关系问题。

（三）默会知识和外语课程与教学

1. 默会知识论

（1）明确知识和默会知识

1958年，英国科学家和哲学家波兰尼（Polanyi）在《人的研究》一书中明确区分了"明确知识"和"默会知识"："人类有两种知识。通常所说的知识是用书面文字或地图、数学公式来表述的，这只是知识的一种形式。还有一种知识是不能系统表述的，例如我们有关自己行为的某种知识。如果我们将前一种知识称为明确知识的话，那么我们就可以将后一种知识称为默会知识。"

明确知识是能够通过语言、文字或符号等方式表达出来的知识，其他类型的知识则为默会知识。默会知识是一种不能明言的知识，只能意会，不可言传。人们在日常生活中都能感觉到它的存在。从数量上看，它甚至超过明确知识。相较于默会知识，明确知识犹如冰山一角，而大量的默会知识则隐藏在冰山底部。

波兰尼不仅强调默会知识的存在，还强调默会知识的优先性。心灵的默会能力在人类认识的各个层次都起着主导作用。任何通过语言和其他符号呈现的明确知识都依赖于默会知识的存在，都必须有默会知识的支撑，人类的认知过程本质上是默会的。无论是明确知识还是默会知识，都是物质世界和现实社会生活在人的意识观念中的反映。因此，在外语课程与教学中，教师要关注明确知识，更要重视默会知识。

（2）默会知识具有个体性特征

默会知识还具有个体性特征。波兰尼的默会知识论强调认识和认识主体的不可分割性，反对"没有认识主体的认识论"，反对人的"淡出"。默会知识是一种个人知识。在明确知识的学习过程中，对知识获得起作用的是默会知识。学习者接受明确知识的程度或结果取决于本人能否用自己的默会能力赋予符号以意义，取决于本人能否充分发挥主观能动性和创造性，而且不同的学习者凭借各自的默会知识、主观能动性和创造性对同样的知识具有不同的理解。

默会知识是一种不能明言的知识，具有一系列与明确知识不同的特征：非逻辑性、非公共性、非批判性、情境性和文化性。

2.默会知识论对英语课程与教学的启示

传统教育过于注重学习书本知识或明确知识，教学就是教师传递书本知识和发展技能的过程。学校教育的一切，如教育目的、内容、过程、方法、评价，都围绕课本知识进行。默会知识似乎不是真正意义上的知识，也不是有价值的知识。由于获得的偶然性和随意性及不同于明确知识的传播途径，默会知识不易为学校教育所重视和支持。它在传统教育中没有合法地位，学校教育从根本上忽视了它的存在及作用。

波兰尼提出的默会知识论，为研究教育问题提供了一种新思维。他让人们认识到，学校教育中不仅存在着大量的明确知识，还存在着大量的默会知识。"从类型上看，既存在着教师的默会知识，也存在着学生的默会知识；既存在着有关具体的教学内容的默会知识，又存在着有关教授和学习行为的默会知识，还存在着有关师生交往和学生之间交往的默会知识；既存在着与语言知识学习有关的默会知识，又存在着与社会知识学习、自然知识学习等有关的默会知识；既存在着与教学过程有关的默会知识，又存在着与教学空间有关的默会知识。如此等等，不可计数。"默会知识论的价值不仅在于它区分了两种不同类型的知识，更在于它论证了人类认知过程的默会本质，由此拓展了人们对知识的复杂性的认识，从而改变了知识只有以明言方式传递才合理的看法。

如果说波兰尼从认识论的角度论证了默会知识，那么心理学家则通过心理学实验和分析证实了内隐学习的存在。有关默会知识的研究已经明确显示，人类可以在无意识地努力的情况下学习知识，并且这种学习似乎大有潜力。这一研究结果激发了人们的想象，激励着教育工作者将理论运用于学校教育的实践。默会知识论应用前景十分广阔。

语言学习是一个反复实践的过程，仅靠明确知识的学习不足以达到运用语言进行人际交流的目的。学习者必须依赖默会知识理解明确知识，并且通过大量的语言实践发展默会认知的能力。从默会知识论角度看待英语教学，可得到如下启示：

（1）关注学生的默会知识，凸显学生个体的主体性

传统的教学只重视明确知识的传递过程，教师把自己定为知识"传递者"，将学生视为"无知"的知识接受体，学生个体的默会知识完全被忽视。我们应认识到，学习者来到课堂不仅带来了眼睛、耳朵和嘴巴，还带来了各自的默会知识。他们身上存在着一系列影响个体学习知识的"个体协同性因素"，包括个体经验、情感、判断、评价、想象、直觉、理智、激情、信仰、困惑、责任等。这些知识虽然是隐性的、不明确的或不完善的，但对于学习者的学习具有支撑作用。教师不仅要认识到这些知识的存在，还要发现和研究它们。

教师教学时必须将学生不能明言的默会知识纳入考虑范围。教科书呈现的一般都是明确知识，学生依赖自己的默会知识对教科书内容进行独特的理解、阐释、综合和运用。默会知识具有个体性特征，学习者接受明确知识传授的结果取决于本人能否用自己的默会能力赋予明言符号以意义。学生是学习认知的主体，因此教师在研究教科书内容、结构及教学方法时必须考虑以下问题：学生已经掌握了哪些明确知识？学生在相应问题上可能会运用哪些默会知识和默会的认识模式？由于生活背景、学习经验和文化背景的差异，学生的默会知识和默会认识也有所不同，如何帮助学生显现默会知识和默会认识模式，并对它们进行检验、反思、修正和利用？教师在引导学生阅读文章时，应对学生具备的知识有所了解。教师不仅要善于调动和利用学生的默会知识，让学生对文章中的知识、内容和结构进行理解，还要引导学生进行合理的猜测、推理和判断。当学生因文化背景不同导致其默会知识干扰他们正确理解时，教师也要予以纠正。总之，教师要善于挖掘和利用学生的默会知识，使深藏于冰山之下的默会知识对学生学习明确知识发挥积极的作用。

（2）为学生提供大量"理解性输入"，促进语言学习和习得

美国的心理学家和教育家克拉申（Krashen）曾经提出"输入假设"理论，认为教师为学习者提供大量的"理解性输入"有助于语言习得。

他区分了语言"习得"和"学习"两个概念：习得是在非正规教学（自然环境）中无意识地获得语言能力的过程；而学习是在正式教学中有意识地学习语言规则的过程。尽管克拉申提出的学习是习得之果，而非习得之因，学习不能导致习得的观点过于片面，但在自然情境中无意识习得有助于正式情境中的有意识学习。因此，自然的语言输入就显得十分重要。从默会知识论的角度来看，习得强调通过默会的方式获得语言能力的过程，学习则是明确知识的接受过程，而且明确知识的接受也必须以默会知识为基础。克拉申强调语言输入（听和读）对语言习得的重要性，承认语言学习有一个"沉默期"，当输入进行到一定程度时，学习者就可以自动地输出（表达）了。因此，我们认为，他相信学习者具有用默会的认识方式来习得语言的运用能力，而学习者学习语言知识（明确知识）也必须借助自己的默会知识。不难看出，语言习得说也强调默会知识的重要性。

"理解性输入"是指稍超出学生现有水平的语言输入，克拉申曾用"i+1"加以说明："i"指的是学习者目前的语言水平，"i+1"则是稍超出目前水平的阶段。学生凭借一定的情境和语境、超语言信息以及有关知识使理解得以产生，从而从"i"阶段过渡到"i+1"阶段。这种看起来自然的理解过程正说明了学生默会知识的存在和重要作用。因此，教师在课堂教学情境中应为学生提供足量的自然的可理解性语言输入，让他们充分调用自己的默会知识，促进默会学习。默会知识本质上是一种理解力。因此，与传统的语言知识灌输相比，让学生接受大量的语言输入以促进其默会学习的方式显得更为自然，从某种意义上说，也更为有效。

(3) 为教学内容提供更多情境支持，提高学生的理解力

无论在语言习得阶段，还是在明言表述阶段，默会知识都具有极大的影响作用。儿童以惊人的速度习得母语来实现人际交流、应对外部信息和事件，这可归结于儿童默会的力量。学习者在母语环境中学习外语或第二语言时，由于缺乏足够的默会知识的支持，不能像运用母语那样

自如地运用外语。

默会知识的作用启示我们：即使学生在语言学习初期，也不必先进行明确的语法知识教学，而应当通过提供适当的语言情境，促使学生运用默会的方式学习语言技能和习得语言运用能力。情境以整体的方式作用于人，人通过对情境的把握和领悟，从而理解语言、运用语言。教科书中的知识多为明确知识，而明确知识的讲授必须根植于学生默会的理解之中。由于默会知识具有情境依附性，教师必须针对教科书内容设置丰富多样的情境，让情境自动地唤醒默会知识，促使学习者默会地理解语言和语言运用的规则。为教学内容提供情境支持的本质目的是提高学生的理解和运用能力。

同时我们应认识到，无论承认与否，默会知识都在教育教学活动中自发地产生影响。它对明确知识的影响既可能是正面的，也可能是负面的。我国学生学习英语的最终目的是能进行跨文化交际和沟通思想情感。而跨文化交际的障碍不仅来源于显性的社会规则，也来源于隐性的社会规则。人们的交际行为受到根植于社会文化传统的潜规则的约束。因此，教师设置情境也要考虑到默会知识体系，使学生的默会知识体系得到检查、修正或应用，减小其对教学过程的消极影响。

（4）重新看待英语学习过程中活动和语感的价值

在我国，英语是作为一门外语来进行教学的。当发现有的学习者能熟练地运用英语，却不知道为何如此运用时，我们会说他具有良好的"语感"。语感究竟为何物？其实，我们可将语感视为对语言的默会认知能力，是凭直觉对语言的把握和领悟。那么，学习者如何获得这种默会能力呢？

明确知识一般通过正规的教育教学传播，为人所共享，而默会知识则主要通过经验来获得，即通过实践途径来获得。这是波兰尼及其他研究者的共识。因此，教师不能忽视默会知识的存在。教育教学既要强调实践能促进明确知识的学习，又要重视默会知识对明确知识的推动作用。英语教学也如此，既要加强教科书中的练习和课堂中的语言活动，操练语言技能，巩固语言知识，也应重视默会知识对理解和运用英语的能力的促进作用。如今，英语教学界比以往任何时候都重视活动和语感。很多人都知道活动和语感有巩固语言知识、操练语言技能、提高交际运用语言的能力的作用，但很少有人想到它们还有别的价值。这其实是明确知识观在起作用。如果从默会知识的角度来看，活动和语感不仅能唤起学习者已有的默会知识和默会认知模式，帮助他们完成任务，还能通过人际交流和互动，来检查和修正各自的默会知识和默会认知模式。更为重要的是，活动过程中生成和丰富了明确知识以外的默会知识，激发了学生默会学习的热情。这一过程实际上也是形成语感的过程。不仅如此，这种默会的认知过程已经超出了语言学习的"语感"范畴，还拓展到与问题情境相关的默会认知模式以及情感、态度、信念和价值观念等方面。

第二节　高校英语教学改革历程与现状

一、中国现当代高校英语课程的演进

现代英语教学大体分为四个阶段。第一阶段是 1949 年至 1985 年的起步与摸索阶段。这一阶段的主要特点是高校英语教学的教科书、教学方法、教学要求等内容均不明确。第二阶段是 1986 年至 1998 年的规范与发展阶段。这一阶段的主要特点是高校英语教学在国家教委的统领下，走向规范、有序发展，制定并实施了全国统一的教学大纲，编写了高质量的教科书，探索了新的教学方法。第三阶段是 1999 年至 2002 年的调整与改革阶段。这一阶段的主要特点是高校英语教学为了适应日益提高的学生英语水平和社会需求，探索新的教学目标、教学任务。第四阶段是 2003 年至今的提高与深化阶段。这一阶段的主要特点是高校英语教学走向多元化、自主化发展。

下面我们就每个阶段进行详细的介绍与总结，以展示中国现当代高校英语教学的发展过程。

（一）高校英语教学的起源与探索阶段

1949 年中华人民共和国成立后，我国当时的高等外语教学的工作中心在俄语教学上。到 1952 年院系调整时，全国仅剩北京大学、南京大学、复旦大学、武汉大学等八所院校开设英语系。一直到 1956 年编制第二个五年规划时，中央才发现 1952 年的院系调整过度减少了英语教学的覆盖率，不利于吸收发达国家的科学技术和发展同西方发达国家的友谊，于是同年颁布草案，决定扩大英语教学的覆盖率：高中英语教学面扩大、高等院校（特别是综合院校和师范院校）英语专业陆续恢复和增设，高校英语教学秩序也得到恢复。同年，上海交通大学凌渭民教授编写的供理工科学生使用的英语教科书《英语》正式出版。

改革开放以后，英语越来越受重视，高校英语教学工作走上正轨。1980 年，我国制定了第一个统一的高等院校教学大纲——《公共英语教学大纲》（供高等学校理工科本科用）。该大纲首次以政府文件的形式确定了英语在高校教育中的地位，结束了公共英语教学各自为营的无组织状态，提出了国家对高校公共英语教学的统一要求。该大纲在实施过程中遇到了诸多困难，且教学对象仅限于理工科本科生，于是国家教委于 1985 年颁布了理工科本科用的《大学英语教学大纲》，于 1986 年颁布了文理科本科用的《大学英语教学大纲》，进一步规范高校英语教学。自此，我国的高校英语教学进入了一个有文件指导和约束的稳步发展时期。

（二）高校英语教学的规范与发展阶段

统一的教学大纲（特别是 1986 年颁布的文理科本科用的《大学英语教学大纲》）公布以后，我国高校英语教学有了明确的奋斗目标，开始走上了有纲可依的规范化发展道路。以教学大纲为依据，《大学英语（文理科本科用）》（1986 年上海外语教育出版社出版）、《新英语教程》（1987 年清华大学出版社出版）、《大学核心英语》（1987 年高等教育出版社出版）等符合我国英语教学实际的教科书陆续出现，并在实践中不断改编、修订，逐步受到了国内高校教师及学生的青睐，成为我国此阶段主要的英语教科书。

为了检测高等院校学生对英语基本技能的掌握情况，国家教委于 1987 年开始实施全国高校英语考试（College English Test，后简称 CET）。该考试分为两个等级，达到一般要求的为四级（CET4），达到较高要求的为六级（CET6）。作为一种大规模、标准化测试，高校英语考试不仅是对我国高校英语教学成果的一种检验，对我国高校英语教学也具有指导作用。通过标准化测试，教师不仅可以发现院校之间、院系之间、学生之间的不同情况，从而分类指导，还可以发现学生对英语的掌握情况，以便为英语教学与大纲的制定提供参考。事实证明，高校英语四、六级考试不仅对高校英语教学有着深远影响，在社会上也很受重视，被用人单位作为衡量大学毕业生素质的一个主要指标，得到了社会的普遍认同。从这些方面来说，高校英语四、六级考试的设立是非常成功的。因教学秩序稳定、师资水平稳步提高和英语教学稳定发展，高等学校新生的英语水平较 1985 年和 1986 年教学大纲制定初期有了明显提高。随着改革开放的深入，社会对英语能力强的大学毕业生的需求量也有了较大增长。

（三）高校英语教学的调整与改革阶段

随着高校英语教学的发展，原有的教学大纲已不适应时代发展的需求。一方面，随着教学秩序的恢复、教学制度的完善、教育环境的稳定，我国小学、初中和高中的教育都获得了较大发展，英语更是受到前所未有的重视。部分发达地区和大城市甚至从幼儿园或小学三年级就开设英语课，社会办学的英语辅导班、兴趣班也迅速发展。结果便是大学新生的英语水平较以往有很大的提升，原有的教学大纲已不再适合新入学的大学本科生。随着改革开放的深入和我国加入世界贸易组织，社会对外语人才的需求急剧增长，对应届大学毕业生的外语应用能力也提出了更高的要求，原有的教学大纲已远远落后。

鉴于此，国家教委高教司从 1996 年 5 月起，在广泛的、多层次的社会需求调查的基础上，征求专家、学者、一线教师的意见后，于 1999 年将原来的理工科教学大纲、文理科教学大纲合二为一，制定了统一的

《大学英语教学大纲》（修订本），这是"教学大纲的一大进步"。1999 年颁布的修订本教学大纲强调学生的交际能力，并在继续强调阅读能力的同时，注重听、说、读、写、译的能力的全面发展。在修订本教学大纲的指导下，一批内容全新、理念先进、体系完整的教科书逐步出版发行。比较具有代表性的是复旦大学和上海交通大学联合编写的《21世纪大学英语》、浙江大学编写的《新编大学英语》、上海外语教育出版社出版的《大学英语》（全新版）和外语教学与研究出版社出版的《新视野大学英语》。这些教科书内容新颖、设计合理、时代感强、配套练习丰富，并配有多媒体课件及自学辅导书，受到了高校英语教师和学生的广泛好评。

与此同时，为了适应时代发展需求，高校英语四、六级考试自 1999年 5 月起开始加入口语考试，以全面提高学生的英语运用能力。口语考试的推行，使四、六级考试进入一个相对完善的新阶段。四、六级考试可以对学生的听、说、读、写、译等各项技能进行全面的鉴定，在很大程度上推动了高校英语教学改革的进行。

需要指出的是，1999 年制定的针对全体非英语专业本科生的《大学英语教学大纲》（修订本），虽然认识到了听、说、写的重要性，但仍将阅读放在英语教学的第一位，忽视听、说能力的培养。即使安排听说课，也主要是以备考为目的进行听力训练，结果使学生养成打勾画线、猜答案的思维习惯，这极不利于培养真实环境下的口头交际能力。这也是在新大纲颁布后的第三个年头（即 2002 年），教育部就果断决定启动新一轮高校英语教学改革的原因。

（四）高校英语教学的提高与深化阶段

在新媒体时代背景下，仅仅按照传统的教学方式教学已经不能适应当前的教育要求。因此，高校教师应充分重视对英语教学的改革与创新，充分利用新媒体的特性来有效弥补传统教学方式的不足。在实际的英语教学过程中，教师应该结合学生的实际情况制定有效的教学策略，注重教学手段以及教学内容的创新，全面激发学生的英语学习兴趣。通过利用新媒体技术手段，在原有教学模式的基础上进行创新，教师可以借助多媒体来为学生创造有利的教学情境，促使学生更好地融入教学情境中，提高英语课堂教学效率。除此之外，教师利用多媒体进行教学，可以全方位拓展学生的思维，并给学生提供更多独立思考的机会。在实际教学中，教师可以通过开展小组讨论活动，加强学生之间的互动与交流，同时为学生创造良好的学习环境，使他们能够充分体会到新媒体教学带来的乐趣，将注意力转移到英语学习上来。

英语是高校新生必修的一门科目。对于英语专业的学生而言，英语学习水平直接关乎他们日后的就业。因此，高校领导以及教师应该高度重视英语教学。如何才能更好地激发学生学习英语的积极性，是高校英语教师共同面临的问题之一。新媒体的出现为解决这一问题提供了有利的条件。在新生刚进入大学校园时，高校可以充分借助新媒体工具来宣传英语在整个大学教学中的重要性，引导学生形成正确的英语学习观念，让学生清楚地了解到英语学习的益处。在新媒体时代背景下，高校在开展英语课程时，应充分利用多媒体工具进行特色网络课件的研发，并利用移动互联网来加强与学生之间的互动。在研发过程中，教师可以鼓励学生积极踊跃地参与其中，并提出自己的意见。这样有利于激发学生对英语学习的兴趣，提高学生主动参与的积极性。在课下，教师还可以组织各种各样的英语竞赛活动，并利用网络平台进行投票，提高学生的参与度，同时还能够促进英语教学的有效推广。

以往，高校英语教学中所用到的教学方式是传统的灌输式教学，整个课堂教学基本上由教师在台上讲解来完成，整个教学过程过于机械化、缺乏趣味性，从而导致学生逐渐失去对英语的学习兴趣。而且这种方式并不能够实现教师与学生之间以及学生与学生之间的有效沟通，因此英语教学效果并不理想。但是，新媒体时代到来后，新媒体已经逐渐成为高校教学中的重要教学工具，进一步拓宽了学生获取知识的渠道，极大地丰富了英语学习内容。在新媒体时代背景下，教师应该及时转变教学观念，英语教学的改革与创新需要重视实践教学环节。高校英语教师可以采用主动式实训教学方式进行教学,这种方式更加侧重实践教学环节,有效弥补了传统教学重理论轻实践的问题。开展主动式实训教学不但有利于实现理论教学与实践教学的有效衔接,同时还有利于提升学生的综合运用能力,充分发挥英语学习的效用,对改善当前的英语教学质量具有一定的促进作用。

二、高校英语教学改革的现状

(一) 实施教学存在误区

具体而言,现行高校英语教学有忽视培养学生读、写能力的倾向。新一轮教学改革为广大英语教师提供了多媒体、网络等教学形式,教学大纲也着重发展学生的听、说能力,因此,部分高校英语教师在英语教学过程中有弱化学生读、写能力培养的倾向。高校英语的教学对象主要是非英语专业学生,无论是在校学习还是在工作岗位上,接触英语的主要方式是阅读。为了适应信息社会的发展需要,同时为交际打下扎实的基础,应增加英语语言知识的输入,逐步加大学生的阅读量,拓展阅读的广度和深度。因此,强调培养学生的听、说能力,并不意味着弱化读、写能力。此外,新一轮高校英语教学改革的另一个误区与语法能力的培养有关。

由于受交际教学法的影响,部分高校英语教师认为,语言教学的目的在于交际,学生只要能够达意,语言教学的任务也就完成了,对语言的准确性要求不必太高。而事实证明,语言的准确性和流利性是同等重要的。在培养学生交际能力的同时,应该采取交际语言教学法。现行高校英语教学改革也存在过度依赖多媒体、网络等先进技术的趋势。毋庸置疑,多媒体、网络等现代教育技术为高校英语教学提供了样式新颖、材料多样、内容全面的教学手段,并已经在大学外语教学中取得了明显的效果,为高校英语教学改革和人才培养做出了积极的贡献。但教师仍需要发挥课堂教学在外语学习中的作用,切忌不假思索地使用多媒体教学新模式。

(二) 教学过程出现机械化倾向

所谓机械化倾向，主要是指用机械训练代替教学中应实现的丰富的教学任务。其主要体现在三个方面。

1.英语教学过程不重视主动学习

传统教育观视教学过程为教师单向传授知识的过程。如今，教学过程是教与学统一的过程，这是众所周知的。这是因为人们逐渐认识到教学具有教师向学生传递教学内容，并使学生掌握的本质特征。但是，这个过程并不是传统所理解的将知识直接灌输给学生，学生直接拿来就可以。学生必须积极主动地学习，独立思考、独立研究，真正地学会独立学习。当然，这并不意味着教师在教学中处于被动应答的地位。教学过程既不仅仅是教授的过程，也不仅仅是学习的过程，而是教师与学生交互作用的统一的过程。教与学的关系是相互影响、彼此依赖的关系。

2.英语教学活动中教育意义欠缺

英语教学的中心目标是丰富学生的英语语言知识和培养学生的英语技能，使学生具备参与英语活动所需要的知识、技能和能力。但是，英语教学过程不只有此项任务，它同时是教育过程。英语教学在传授该学科知识与技能的同时，也应该使学生增长见识，提高对世界、对社会的基本判断力，并形成基本的人生观、价值观和态度。这些是学科教学中共有的教育性目标，英语教学也不例外。英语教学的教育性目标并不是附着于英语知识与技能的教学，而是在教学活动的开展过程中实现的。也就是说，学生在教学中采用什么方式学习将会深深地影响他们的态度与性格。如果学生只是被动地接受教师所给予的东西，或是机械地模仿、背诵教师灌输的东西，往往会养成盲从及屈从的态度与性格。与此相反，唤起学生积极的探究精神，引导他们逐步依靠自己的力量来解决学习问题、发现知识，他们就会养成独立地、创造性地实现目标的态度与性格，形成锲而不舍的顽强意志与品格。

3.语言知识掌握过程中弱化理解与思维

在英语教学中，英语知识的掌握是发展听、说、读、写技能和形成文化意识的基本前提，因而受到教师们的高度重视。但是，在什么意义上把握知识的概念，许多教师并不清楚。所谓英语知识不仅包含相关的事实与现象，还包含英语的特质、相互间的关系和语言规则。因此，教师在教授英语知识时不能仅仅将其作为信息来掌握，还要使学生在语言关系和规则的意义上进行把握，并将其转化为自身的理解与能力，在生活中灵活运用。这就要求英语知识的教学与学生的认识达成统一。当然，对学习英语的学生而言，英语知识具有间接性和人为性，学生在学习英语的过程中不可能像学习自然科学知识那样经过科学探究的过程，而要在英语材料的归纳与发现中，通过比较、分析、抽象和综合形成对英语知识的深层次把握。在英语教学中，学习知识的过程与学生认识的过程是统一的，这要求学生主动学习，尤其是要激活思维。

（三）研究视角存在局限性

英语教学如何结合学生学习英语的特点与潜能设定教学目标？如何结合学生学习英语时遇到的困难进行有效的转化？如何认识与把握不同年级学生的学习任务与能力间的相关性，以便更有效地使英语教学真正成为学生主动、健康成长的育人资源？这些都是英语教学领域所研究的问题。

我国英语教学改革的思路基本还是在英语语言文化的框架内，对各年级英语教学的起点、问题、转换机制等缺乏实践性认识，对各年级学生学习英语的特点、问题及其实现机制缺乏过程性认识，对各种类型的英语教学目标、任务、过程、逻辑与方法等也缺乏本土化的认识。

就整体与部分的关系而言，教师需要根据生命成长的状态进行思考与实践，既要从生命成长过程整体审视某一年龄段的学生的成长使命，又要整体审视某一学科教学的特殊价值与意义，也要从生命与教育实践的动态关系整体把握教学的起点与最近发展区。

第三节　高校英语教学的发展趋势

每个人都出生于一定的社会和文化环境中，比如家庭、社团、社会阶级、语言体系等，而且最终将建立起许多社会联系。一个人所处的社会环境，将影响他（她）的思考和行为方式。个人如何对这些影响做出反应，或者说哪一种影响最大，通常难以预料。但无法否认的是，语言和交际是人类经验的核心。

一、三维关系中定位英语教学的当代使命

（一）我国当前社会背景下英语教学的时代使命

对于当前我国时代发展与社会转型所内含的精神而言，可能一大串的列表也未必能够详尽地描述时代精神特征的不同层面与不同维度。但有三个特征是当代人或未来较长时间内人类必然要面对的事实，这三个特征可概括为全球化、自主化与多元化。

（二）语言与文化视角下英语教学的文化使命

一直以来，外语教学的关注重心是学生对外语语言形式的学习，基本不顾及语言内容的价值，语言形式与语言内容因此割裂开来。尤其是在语法大纲主导的年代，许多教师严格按照根据语法大纲所编写的教科书进行教学，很少注意开发外语教学内容对学生的养成性价值。比如听说法强调听与说，倡导刺激—反应、对话记忆、语法训练和口语技能等方面的学习。学生说外语其实只是重复教师的语言、背诵对话或进行各类机械训练，很少处在意义化的、情境化的语言输入环境中学习，没有在自然语境中运用记忆性材料的机会。20世纪60年代，外语教学界倡导认知法，开始关注较有意义的语言运用与创造，但这种方法关注较多的是语法的机械训练，学生仍然很少有时间在真实的语境中运用外语。20世纪70年代，外语教学界掀起了交际语言教学法，开始关注学生的学习需要和交际的性质。

这一外语教学法很快风靡世界很多国家，逐步改变外语教学观。人们意识到外语不仅是语言学科，还是一门关于文化的学科，这门学科的

教学应有效丰富学生的文化知识，开阔学生的视野。许多国家要求高校重新将语言内容的学习纳入外语教学中。比如美国在1996年的《外语学习标准：准确迎接21世纪》中指出了外语语言和文化学习的文化价

值在于：它可以使人们与不同文化背景下的人们进行有效沟通；学生能够走出自己文化的阈限，开阔眼界；可以培养学生认识自身语言和文化的洞察力；可以促使学生更好地在对比中认清自己，理解其他文化背景下的人们，以及彼此的紧密联系；有助于学生将来充分融入地球村和参加市场建设行动；外语语言和文化的学习也是学生充实已有文化容量的直接途径之一。目前，我国也正处于多元文化背景下，培养学生正确的文化意识与观念已成为当前各门学科教学无法回避的共同任务。英语教学作为了解异国文化的重要载体更具有独特的价值。

（三）青年成长中英语教学的育人使命

英语教学变革最终要落实到人的发展上。目前，人们越来越深刻地认识到语言对人的发展的价值。其中，语言与思维的关系更是教学界关注的重心。

我国日益重视英语课程在培养学生素质方面的任务。英语教学应该与其他学科教育共同努力，促进学生素质的全面发展，提高学生的人文素养，增强实践能力和创新能力。当前高校英语教学所回答的核心问题之一，就是将育人价值落实到不同年级、具体英语教学内容以及不同的教学任务之中。

二、当代英语教学的育人价值观

随着英语教学改革的发展，我国对英语教学目标及育人价值的认识一步步加深，并逐渐与国际接轨：从单纯的关注语言知识的学习，到语言知识与语言技能并重，最后到关注语言技能的掌握及语言综合素养对学生发展的价值。随着我国新一轮课改的推进，英语课程改革也与整个课程的基本精神保持一致，站在学生发展的角度，突破了语言观对英语教学的影响。所有这些，都是我国近几十年来英语教学界的巨大进步，加深了人们的认识。在此基础上，结合实践探索，当代英语教学的育人价值观便形成了。

（一）语言知识的教学价值

在以往语法大纲为主导的思路下，语言知识通常被理解为语音、词汇、语法等内容。但随着英语功能型大纲的推行，语言知识通常被理解为包括语音、词汇、语法、功能和话题等内容。尤其是功能和话题的加入，使得英语知识的社会性语言功能和意义功能得到重视。但过于重视话题和功能的意义，淡化或弱化了语音规则、词汇规则和语法规则对中国学生学习英语的价值。当代高校英语教学不仅认同语言知识的内涵应包括功能与话题，而且认为引导学生发现英语语音、词汇和语法规则的特点，对于学生高效、规范地学习英语的价值同样不可忽视。胡春洞教授的基本观点是："英语学习系统，从语言学层次上看，有语言和言语两方面。前者包括语音、语法、语义、语用、句型和词汇，后者包括听、说、读、写和话语及功能。前者是社会普遍性的，后者具有个人特殊性；前者是构成语言能力的要素，后者则是语言的表现；前者规律性强，后者变异性强。在英语学习中，言语要重视，语言也要兼顾，不要把两者对立起来。现在有一种偏激主张，认为只要学习功能项目和句型就行，用不着学习语法，其实英语语法本身就是功能和句型的进一步概括，是规律的总和。所谓交际功能只不过是基本语法功能的演化，而不是另起炉灶。流行的所谓交际能力，同样也是语言能力的发展，而不是平地起楼台。学英语应该学语法，只是不要死抠语法，不要在语法概念和语法分析上纠缠不休。学习英语语法，主要是掌握词、句、文或话语的结构特点和规律，各种结构的关系和转换，以及一定的结构所具有的意义和功能，或一定的意义和功能所对应的结构。这样学习语法，就是用活的方法学习活的语法。语言的其他方面，如语音和词汇的学习也应该采用活的方法学习活的语音与词汇，不死抠孤立的单音，不死记孤立的单词。这样的学习，就是以语言学习为手段，而（且）以言语学习为目的。"（《英语学习论》）

（二）语言技能性教学（主要包括听、说、读、写）的育人价值

听、说、读、写对于中国学生言语技能的培养具有同等重要的价值，英语教学中不应该忽视甚至抛弃读与写，因为它们对于中国学生掌握英语具有重要作用。中国的汉字是音、形、义三结合的表意字，学生掌握

汉字往往习惯于首先从字形上进行视觉理解与记忆。教学如果只强调通过听和说来理解与记忆音和形，那么，不但不能发挥学生原有的学习优势，还不符合学生的记忆策略，学习效果也会大大降低。一些教师平时会发现，有的孩子能够讲得出较为流利的英语口语，但几乎无法进行同等水平的书面阅读，这与教师忽视读、写技能的培养有关。

实际上，"听"与"读"是接受性学习，但未必是被动式学习；"说"与"写"是输出性学习，未必是主动式学习。这取决于学生在学习过程中的状态。

(三) 学习能力的价值

在英语教学改革中，教师在培养学生英语知识和技能的同时，还强调培养学生的英语学习能力。知识是能力的基础，能力是知识的运用与进一步发展的基础。两者在学生成长中有不同的价值，相辅相成。

在能力培养方面，许多人受交际法的影响，认为英语教学主要是培养学生的外语交际能力。这种认识仍停留在将语言作为交际工具的认识层面。而从学生作为一个整体的、主动发展的人的角度看，学生的思维能力、自主学习能力以及合作学习的能力更具有根本性。

(四) 开阔学生的文化视野

从一定的意义上讲，语言是形式，文化是内容，两者不可分离。学习英语不能脱离英语文化，了解英语文化是准确而得体地使用英语的基础。文化包括风俗、习惯、地理、历史、信仰、生产、生活等许多方面。学习英语，不但要比较英汉两种语言的差异，还要比较两种语言所属的文化。开阔学生的文化视野，让学生了解英语国家的社会文化知识，为培养跨文化交际能力打下了基础。在英语学习中，一方面要注意文化差异，另一方面要注意文化认同和语言认同。

在英语教学改革的过程中，当结合具体的学习内容认真分析与体悟时，师生会越来越深切地体会到英语因特殊的语言文化形式向学生打开了一个个了解异域社会文化的窗口：一方面，通过学习了解到所学语言地域的节日餐饮文化、社交礼仪、异国风情、文化传统、风俗习惯等社会文化知识；另一方面，在培养学生运用英语进行交际的过程中，学生学会了如何根据实际需要恰如其分地运用已学的社会文化准则，理解、说明与建立我国文化与英语语言文化之间的平等观念，培养了发现异域文化新信息和使用新信息的能力。所有这些都是英语教学的独特育人价值。

因此，高校英语教学改革不再仅仅把英语国家的社会文化知识作为背景，而是明确将学习英语国家的社会文化知识作为育人的手段。教师往往采用两种方式：一是渗透方式，将英语国家的社会文化知识融合于教学之中；二是以主题文化课的形式，通过比较中外文化的方式，在拓宽学生的文化知识面的同时，培养学生平等的文化意识。

（五）培养学生良好的英语学习品质

在我国，英语是一门外语，学生学习英语缺少相应的语言环境，很难像学习汉语一样在不知不觉中习得英语。除了课堂教学外，英语学习还需要学生充分根据自己在课堂上的理解水平和具有的能力，在课外展开自主学习。而这需要学生具有一定的意志力和坚持不懈的毅力。

此外，高校英语教学改革提倡从学生发展状态出发，激发学生的思维和兴趣，从学生的生活出发，贴近实际生活，使学生在学习过程中对学习感兴趣、有话可说，形成积极的学习动力，还能够积极地进行创造性学习。这些有关学习的意志、毅力、兴趣、自信心、勇于实践和创造性学习的品质，似乎很抽象，在学生的英语学习中却是至关重要的因素。从小学到大学，与中文学习和数学学习相比，英语学习在当前学生的学习中所占时间最长，至少需要16年的学习时间。学生如果在中小学学习这门学科时没有养成良好的习惯，在以后的英语学习中就会很吃力。

总体而言，高校英语教学改革的育人价值最终指向的是学生整体素养的提升，在注重量的意义之外，更强调质的意义。学生能够通过英语学习成为一个能够掌握自身命运、自主发展、学会合作的人。

第四节　新文科背景下英语学科专业知识现状及展望

近年来，高等教育领域在大力推动"新工科""新农科""新医科"以及"新文科"建设，教育部高等教育司原司长吴岩曾指出，高等教育创新发展势在必行。2018 年，教育部决定实施"六卓越一拔尖"计划 2.0。《教育部关于加快建设高水平本科教育、全面提高人才培养能力的意见》明确指出，到 2035 年，要形成中国特色、世界一流的高水平本科教育，为建设高等教育强国、加快实现教育现代化提供有力支撑。其中，特别值得注意的是"新文科"。高校英语是建设"新文科"的重要组成部分，更应该在专业建设方面有所突破。新文科的建设是要推动哲学、教育学、法学、社会科学、经济学等学科与新科技革命的交叉融合，培养更多应用复合型人才。与传统文科相比较，新文科旨在通过学科融合与重组、跨域与交叉，利用新技术为学生提供综合性的跨学科、跨领域学习。新文科理念的提出不仅对英语专业人才培养提出了新的要求，更为英语专业课程的建设及教学内容、模式、观念、创新教育等打开了一个全新的局面，提供了新的方法。本节将结合高校的实际情况，浅谈未来高校学生在新文科理念下如何实现专业学习的进步。

一、新文科理念

新文科以推动全球的新一代科技革命、新阶段社会经济发展和中国特色社会主义建设为发展背景，突破了我国传统文科学术思维发展模式，以继承和创新、交叉和融合、协同和共享为主要途径，促进了多学科的交叉融合，推动了我国传统文科的更新升级，以及传统学术模式导向向研究需求模式导向转变，从传统学术的深度发展向学术需求模式导向的发展转变，从传统专业服务分割向交叉专业融合服务转变，从基本适应专业服务向技术支持专业引领服务转变。

二、新文科背景下高校英语学科专业知识现状

2017 年，美国希拉姆学院（Hiram College）提出了"新文科"的概念，主张破除专业壁垒，以继承和创新为主要方式，推动传统文科升级，培

养跨学科的思维能力，提高学生的理解能力，改变传统方式。新文科的出现，不仅对英语学科带来了挑战，也带来了宝贵的机遇。作为建设新文科的重要组成部分，大学的外语专业更是一步步地进行改革和创新。但就当前的情况而言，大学外语教学仍然以传统外语培养方式为主。高校逐步进行了创新和改革，具有发展优势，但也面临着许多问题。

（一）面临的问题

1. 教师因素

（1）以传统教学为主，以多媒体和新式教学改革为辅

课堂教学主要讲书里的知识点，未延伸至相关领域去提升学生的人文素养，未能有效达到启发学生思考未来专业发展的目的，导致学生被动地接受知识，不能很好地实践，具体表现为输入与输出不对等。

（2）部分教师缺乏创新能力

教师在教学内容和课程建设方面主要以培养方案为准，缺乏创新和一定的科研能力。因此，教师需要紧跟时代步伐，终身学习，不断更新知识体系和观念，从学生的实际需要出发，引导学生改变学习思维、学习方式、学习观念，提升学习效率，将理论知识与实践结合，有效培养英语专业学生的听、说、读、写能力和翻译能力，实现新文科教学下英语专业的发展创新。

2. 学生因素

（1）学生自身基础薄弱

部分学生仅局限于学习学校的课程，视野不够开阔，自学能力较差。虽然教师通过各种平台（如 FiF 口语训练系统、批改网、可可英语和灯塔阅读等）提升学生的听、说、读、写能力，但学生的专业知识能力也未能得到太大的提高。

（2）语言环境不佳导致学生口语能力较差

由于大部分学生只在课堂使用外语，因此学生的语言交际能力较差，缺乏较强的表达能力。就英语口语而言，因为课程短、课时少、学生没兴趣等原因，学生语言输出较少，常常在使用外语时闹出笑话。大部分

学生依赖于中文来构思，没有形成英语语言的思维模式，久而久之便形成了我们所说的中国式英语。

（3）学生缺乏专业知识素养

英语专业学生在教育方面的知识输入有待增加，需要主动学习，构建跨学科知识的相关体系，形成自己独特的理解，从而融合不同的学科，全面发展。学生可以通过了解不同的专业，搭建不同学科的互通有无的学习平台，相互促进，共同发展。从实际访谈可知，学生对新文科的了解很少。学校需要完善教育制度，丰富教育手段，建立教育平台，转变教育思维，创新教育模式，推进课程建设，让新文科建设取得成效，不断为社会培养应用型人才。

（二）发展优势

1. 师资力量雄厚

近年来，地方本科院校在向应用型转型的过程中，不断增强自身的师资力量，通过借助软件来促进学科专业发展。因此，在接下来的新文科建设中，雄厚的师资将会为专业建设提供智力支持，最终为社会培养出适应地方经济社会发展要求的应用型、复合型英语人才。

2. 课程开设合理

新文科建设的途径之一是通过课程的开设及改革实现学科之间的交叉与融合，因此课程的开设非常重要。专业课中的英美文学课、新闻听力课等，将英语与文学、新闻结合在一起，既教授了学科知识，也让学生们拓宽了知识面。

三、新文科背景下地方高校英语学科专业未来的发展

"新文科"是相对于传统文科而言的。英语作为一个传统学科，既面临着学科危机、时代的挑战，同时也迎来了宝贵的机遇。

（一）面临的挑战

随着国家综合实力的不断增强，我国在国际上的作用和地位明显提高，参与海外交流活动的人数明显增加，与世界各国在政治、经济和文化等方面的交流越发频繁，对外语老师的需求也不断增加。这些为国内

英语教学创造了新的发展机会，但同时也给国内英语教学带来了挑战。

1. 人才质量下降，市场供过于求

近几年，高等教育规模不断扩大。虽然英语专业非常热门，但专业知识较单一，英语专业质量降低，英语专业人才质量也随之下降。随着高等学校英语专业扩招，英语专业人才过多。由于市场上的英语专业人才供过于求，很多人毕业相当于失业。而就业率的降低，对在校学生学习的积极性产生了很大的影响：学生的学习热情急剧降低，不少学生放弃学习。另外，由于学生多，学校管理难度加大，这给英语专业的建设也带来了很大的挑战。

2. 英语学习多元化

在以往的传统教育理念和教学模式下，英语专业的教学目标旨在培养学生的笔试能力，而口语表达和语言技能得不到足够的训练，导致学生语言运用能力很差。但在新文科理念的影响下，传统的教学培养方案和教学活动已不能适应改革的需要，英语教学开始与新文科结合，多元化发展。过去，英语教师通常将英语作为一门知识来学习，而现在更多的是将英语作为一种交际工具。

英语的多元性使教师和学生在学习英语的过程中，不仅注重语言知识的学习，更关注对自身英语运用能力和语言交际能力的训练。今天的英语老师在课程教学中一定要考虑到不同学生的学习动机和要求，既要教授语言知识，又要培养英语运用能力和跨文化交际能力。

3. 学生过度依赖信息技术

随着各种信息技术的出现，学生使用翻译软件或口语培训软件的现象非常普遍。各种应用软件在为学生提供方便的同时，也让学生对软件的依赖性越来越强。电子词典、电子书籍、翻译机器的出现，以及计算机、网络和多媒体的应用，导致学生的自主翻译能力和学习能力减弱，学生的口译和笔译能力也逐步减弱。

（二）迎来的机遇

1. 学科不再单一，就业不再局限

在传统的教学中，学科设置单一，各学科之间联系不紧密。新文科的出现，打破了这种局面。它以交叉与融合为主要途径，使得学科知识多样化发展。近年来，高校对新文科的逐步实施，不仅丰富了英语学科知识，提升了英语专业学生的综合素质，也拓宽了学生的视野，让学生的思维得到发展。

新文科的发展使得英语与经济、法律、旅游、新闻等学科融合在一起，大大扩宽学生的就业选择面，提升毕业生的就业率，使英语专业学生除了从事教育工作，还可以从事与国际贸易、翻译、语言研究和国际旅游等领域有关的工作。随着新文科的发展，英语学科有望多元化发展。

2.打破学科发展的壁垒，实现跨学科交流与发展

随着高校不断的改革与创新，各学科之间不断融合发展，互相合作。在新文科建设的推动之下，英语专业学生不仅掌握了扎实的基础知识和较强的运用能力，还掌握了丰富的人文知识和创新能力。

跨学科的发展使得英语与不同学科结合在一起。在新文科背景下，高校未来有望打破学科发展的壁垒，实现跨学科、跨领域的交叉与融合，为社会培养出更多的复合应用型人才。

自新文科理念提出以后，越来越多的学校进行改革与创新。在新文科建设的推进下，学科的改革与创新似乎是时代发展的必然。而英语作为传统学科，必然会面临机遇、困难和挑战。随着外语学科内涵和外延的变化，人才培养观念的转变和教学模式的更新是大势所趋。但传统并不意味着一味地守旧、停滞不前，层出不穷的教学理论的强势介入未必引领正确的行进方向。因此，高校更要精准分析当前的现状，找出问题所在，并切合实际情况进行改革与创新，突破学科发展的壁垒，通过跨学科的继承与创新、交叉与融合、协同与共享等新方式找到更符合学科发展的新道路。学科革新并不是一蹴而就的，无论是学校本身还是学生，都应做出调整与改变。

第二章　高校英语教学的基础理论

第一节　英语教学与图式理论

一、图式理论概述

（一）图式的概念及发展

"图式"一词源自古希腊文，原意为"形象、外观"，最早出现在康德的著作中。康德清晰地论述了在感性直观和知识性概念之间建立联系的是人类的知性过程。在这个过程中，起主要作用的就是图式，图式是连接直观和概念所需要的中介。

图式概念进入心理学领域后得到了高度重视。英国实验心理学家巴特利特（Bartlett）用重复回忆的手段研究记忆的过程，提出记忆积极地把新信息同图式表征的旧知识加以联系和加工，是反复推敲的构造。图式即过去经验和知识的主动性组织结构，新知识的构成即图式的激活和空档的填充，任何信息加工的过程都离不开图式。

瑞士著名心理学家皮亚杰从认知发展的角度将图式看作认知的起点和核心，认为图式是认识事物的基础。当图式发生改变时，认知会通过同化、顺应和平衡这三种方式跟着变化。在遇到新图式时，可利用已有图式去理解接受，即同化。同化成功就达到认知平衡状态；如果不能理解新的信息，人就会对已有图式加以修正、调整去顺应新图式，达到认知平衡状态。

20 世纪 70 年代后期，随着计算机科学理论、信息论等现代理论的渗透，现代图式理论逐渐完善成熟。美国人工智能专家鲁梅哈特（Rumelhart）、安德森（Anderson）等为完善这一理论做出了重要贡献。在现代图式理论中，图式被解释为一种受先前经验的影响的记忆结构。

图式在人脑中构成的一切知识都可以被划分为细小的单元组块和系统，不仅包含知识本身，还包含这些知识如何被运用的信息。对新信息的理解即是将其对号放入已有经验构成的图式中，正确地激活已有图式。

研究还发现，图式形成后，会随着时间、既有经验、实践、情境等因素发生变化，需要不断巩固正确图式和修改错误图式，形成较为稳定的长时图式立体结构，在运用时才能快速准确地达到理解的目的。具有较多学科图式的学习者能运用较完备的已有图式理解和整合新知识，更好地实现新旧图式的同化，达到认知结构发展的目的。

（二）图式的主要分类

图式一般分为语言图式、内容图式和形式图式三种形式，这三者在阅读过程中互相作用，共同决定读者对文本的理解程度。

语言图式指语言知识及运用语言的能力，在阅读过程中发挥基础作用，是读者有效运用语言进行阅读的前提。只有掌握了一定的语言图式，具备扎实的语言基本功，人才有可能实现对文本信息进行解码或编码，才能检索和激活文本线索的已有图式。内容图式指对文本材料主题的熟悉程度，包含丰富的文化色彩。词汇是构成语言的基本材料，在特定文化背景下或情境中会形成不同的含义。

当无法根据字面意思来掌握词汇的含义时，学生就需要通过语言所处的文化背景来掌握词汇的含义，进而去理解文章的主旨。假如缺少背景知识，即便对语言图式有充分的了解，也不能有效理解文章，无法抽取相对应的内容图式，阅读理解就会存在片面性。

形式图式是读者对文本结构、体裁和形式的熟悉情况。形式图式的建立有助于读者从结构和逻辑上分析文章的布局和脉络，揣摩作者的意图和思路，补充其他图式不足时缺少的图式信息，做出正确的预测和理解。在日常生活中接触到的书面资料较为丰富，主要包括各种应用文，比如信函、请柬、备忘录、行程计划等。在阅读过程中，读者需要掌握各种文体的特征与规律，通过阅读资料获取对应的信息，开启头脑中对应的图式，进而达到迅速理解内容的目的。

二、图式阅读对英语教学的意义

（一）为提升高校学生英语阅读理解水平提供指导

如果对阅读本质和过程缺少科学系统的认识，学生就很难对阅读学习进行有效的自我监控和评估，也很难发现阅读理解过程中出现的问题并提出解决方法。图式英语阅读策略教学和词汇策略教学能够帮助学生从宏观上重新审视阅读理解过程，解决阅读障碍，增强图式策略意识，对不同水平的高校学生均具有启发和指导作用。

（二）对英语阅读教学有一定的参考价值

英语图式阅读教学策略有完整的理论支撑和科学体系，在实践中有明确的思路和流程，改变了枯燥单一的传统阅读教学模式。以学生为本体，设计有效的教学活动，将图式理论具化在阅读教学实践中，并根据实际效果不断反馈、总结、修正，增强了阅读教学的有效性，为以后的教育教学工作提供了更多的实证支持和理论补充。

（三）对高校生课外英语阅读学习有一定的指导意义

阅读学习中，课堂教学很重要，保持阅读兴趣、加强课后阅读、培养良好的阅读习惯同样不可或缺。英语图式阅读教学策略帮助学习者建立科学的阅读学习观，从图式理论的视角加强全局观和系统意识，为学生多渠道、多角度地构建立体化的图式知识体系提供了指导，有助于英语阅读的长效自主学习。

三、图式理论在英语教学中的应用

从20世纪60年代起，各国学者将图式理论应用到英语阅读教学中，从各个视角分析并探索了图式理论在英语阅读教学中的作用，对提升学生阅读效果、提高学生阅读能力起到了积极的作用。

阅读者的基本语法词汇知识能帮助阅读者有效筛选阅读的材料信息，帮助开启相关内容图式与形式图式。对于二外学习者来说，基础语言图式的匮乏必然会影响到阅读和理解的准确度。各种词汇和句法构成了阅读文本，唯有展开"意义支持"，才可以实现"意义构建"，才能理解作者要传达的信息。因此，在语言图式教学方面，大学生更多采用具有意义倾向的词汇学习策略，且词汇的学习和理解与个体英语的熟练程度显著相关。语篇理解是词义理解的一个重要因素。只有当部分词汇被记忆后，猜词的准确率才会提高，对词义的记忆也会更牢固。从语言图式的角度去理解和学习词汇、语法、句法，将词汇学习和阅读学习结合起来，比直接学习和记忆单词、语法更加有效。

内容图式教学研究成果比较丰富。阅读材料的语言隐晦难懂，学生不能灵活应用"自下而上"的信息处理手段时，只能通过"自上而下"的模式来解决。如果学生已经具备良好的形式图式、内容图式，即使出现有难度的字、词、句及语法问题，内容图式也可以弥补语言图式的不足，因此就产生了"内容图式对语言能力较低读者的影响更深刻"的观点。文化背景知识作为阅读理解必须掌握的课外知识，其重要性有时远远超过语言基础知识。因此，唯有有效整合与应用语言知识系统与非语言知识系统，我们才可以充分理解文本信息，掌握知识内容。

近年来，图式理论的研究更加深入细致，涉及材料选择、阅读前导、阅读思维模式等外语阅读教学的各个方面，以及中等教育和高等教育的各个层次。学者王梅在研究中阐述了在阅读教学中丰富学生形式图式、内容图式和语言图式的重要性，并将图式理论应用于阅读教学的三个阶段。学者李波从形式、内容和语言图式三个方面，对比讨论了学生的阅读理解能力，并提出了相应的阅读教学模式。学生不仅要理解阅读材料，积极思考更有利于图式的完善和系统化。学者陆亚丽倡导英语阅读中要培养学生的"立体思维"模式，培养阅读思维的主动性、完整性、发散性和逻辑力。

语言图式是阅读理解的基础，是理解的载体。无论学生处于什么水平，教师都应从实际出发，运用合适的、有针对性的策略和方法帮助学生充实语言图式，消除理解障碍。其中，中高水平学习者因为既有语言图式比较丰富，再加上图式词汇策略，能更好地巩固和拓展新图式。而低水平学生因已有图式不全，需要花费更多的时间去夯实基础，因此图式词汇策略的效果在阅读理解中并没有体现出来。

在实际教学中，教师应考虑到不同水平学生对词汇的不同要求，从图式角度出发，多设计相应的教学任务。比如学唱英文歌、用关键词编故事、词汇接龙等，既能激发学生的学习兴趣，又能通过互动快速丰富语言图式。

教师是阅读教学中的另一个重要角色。有学者指出，教师对阅读策略的更新更有助于策略训练的实施。当文本信息和已有图式不匹配时，需要一位"组织者"来补充缺失的图式，缩小差距，帮助学生进行有效的阅读。学者陆亚丽根据相关实验数据来解析母语思维对英语学习的影响，指出教师应发挥作用，帮助学生利用已有知识背景，并学会处理母语和英语思维在阅读中的关系。因此，将理论研究与教学实际相结合，需要策略训练者提高理论学习素养，在实际训练过程中根据学生的行为和课堂反馈发现问题、改进策略，并采取有效措施。

在实际教学过程中，学生个体的水平必然存在种种差异。国内外有关不同水平学生的阅读差异及干预教学的研究不多。英国语言学家赫德森（Hudson）发现，图式理论对高、中、低水平学生的阅读水平的提高有促进作用，且图式对阅读理解的效果主要体现在低水平的学生身上。学者谭茗兮在对学生进行图式阅读教学后发现，低水平学习者的阅读成绩提高幅度大于中、高水平的学习者。学者王哲对148名高校生进行了议论文图式训练，发现实验班学生的议论文阅读理解水平提高了，且在分布式训练中，低分组的成绩提高幅度明显好于高分组。

阅读理解是一个复杂的心理过程，单凭一个理论很难解释彻底。随着图式理论与外语阅读研究的深入发展，很多学者发现了图式理论存在的不足，并提出了一些应对办法和借鉴不同理论的新主张。学者刘丹丹提出读者单凭背景知识去理解作者的意图很容易产生误解。她认为既要有高层次的阅读技巧，又要重视对单词、句子等的解码能力。学者付丽芳用问卷调查的方式，发现图式理论在阅读理解的运用中受到语言知识、母语思维和文化差异、阅读策略、情感因素、学习者个人因素以及文本难易程度等六个因素的影响。学者钟鸣提出语篇分析模式的应用能弥补图式理论过分强调背景知识的不足。

第二节　英语教学与支架理论

一、支架理论概述

支架本来是指建筑房屋过程中搭建的脚手架。支架理论是由美国著名心理学家与教育学家布鲁纳等人在吸收并发展俄国心理学家维果茨基（Vygotsky）的"最近发展区"理论的基础上提出的。"最近发展区"是由独立解决问题所决定的实际发展水平与在成人指导下或者在与能力较强的同伴合作过程中，通过解决问题所决定的潜在发展水平之间的距离。成人的指导或同伴的帮助发生在学习者的实际发展水平与潜在的发展水平之间，即学习者自己无法独立完成某项任务的水平与经过他人的帮助可以完成任务的水平之间的距离。因此，成人不仅需要了解学习者现有的发展水平，还要了解学习者潜在的发展水平，并明确两者之间的距离，从而向学习者提供帮助。

支架最重要的作用是帮助学习者向"最近发展区"迈进。支架是创设情境的过程，使学生容易进入或获得预期结果，随着学生技能的娴熟，逐渐撤回并将职责交给学生。这种观点表明支架式教学的要素包括三个方面：一是创设情境，即将学习者引入问题情境；二是探索，即学习者在教师或同伴的帮助下获得预期结果，随着学习水平的逐步提升，他人的指导成分一步一步减少；三是再探索，即教师最后完全撤回支架，让学习者独立地探索。支架式教学的特点是根据学生的需要给他们提供帮助，并在他们能力增长时取消帮助。支架式教学主要表现为，当学生面临新的或较难的学习任务，自己无法独立解决时，教师要为他们提供帮助。随着学生能力的逐步提升，教师的帮助逐渐减少，以便把学习的责任从教师转到学生身上。这种教学模式与我国高校培养学生自主学习的教育目标是一致的。

二、支架理论在高校英语课程教学中的应用

知识的建构是在一定的情境下，借助他人（教师或同伴）的帮助即

通过人际协作交流活动来实现的意义建构过程。支架式教学主要包括创设情境、探索、再探索、协作和效果评价五个环节。现以教师指导学生探索学习"莎士比亚"为例，探讨支架式教学模式的五个环节在高校英语文学课程教学中的具体应用过程。

（一）创设情境

教师通过创设问题任务把学生引入一定的问题情境。问题任务主要是指新的学习内容或有难度的任务。在创设问题任务时，教师应明确学生当前的知识水平，根据学生将要学习的概念框架布置难度适中的任务，难度不能过大，否则学生容易产生挫败感，不利于学生的进一步学习。"控制问题解决过程中的挫折感"是支架式教学的特征之一，因此教师要根据学生的实际认知水平布置预习任务。

学生对莎士比亚了解不多，之前只对英国文艺复兴时期的特征有大概的了解，因此布置的任务难度要适中。教师应先要求学生通过课本了解莎士比亚的生平和创作特征。虽然"莎士比亚"这个学习主题对于学生来说有一定的难度，但学生只要在掌握背景知识的基础上借助课本就可以掌握。也就是说，教师捕捉到了学生的"最近发展区"。

通过创设问题任务，学生对"文艺复兴"这个已有的认知进行更深入的思考，即探索英国文艺复兴时期伟大的作家莎士比亚。在课堂上，教师应在把握学生现有的认知水平及我国文学教学现状的基础上创设问题任务，并将学生引入"莎士比亚的创作主题"的问题情境。教师在创设问题任务时，应激发学生的学习兴趣，让学生积极主动地参与到教学活动中。"激发对学习任务的兴趣"是支架式教学的另一特征。同时，教师也掌握了学生的现有水平情况，即学生在上节课学习了"英国文艺复兴时期的特征"。在此基础上，教师可以先从学生感兴趣的话题导入问题。例如，英国文艺复兴时期的特征是什么，代表人物有哪些。师生共同讨论之后，得出结论：和欧洲文艺复兴时期一样，英国文艺复兴时期的主要特征是人文主义，莎士比亚是英国文艺复兴时期最重要的作家。由此让学生明确"人文主义"是莎士比亚重要的创作主题，把学生引入

"莎士比亚的创作主题"的问题情境。通过设置问题，教师让学生在实际的认知水平——"英国文艺复兴时期的人文主义"的基础上，对"莎士比亚的人文主义"进行深入的思考。

（二）探索

将学生引入"莎士比亚的创作主题"后，教师要引导学生进行探索。在探索环节，教师向学生提示有价值的资源，提供明确的方向，确定学习目标。探索环节是师生共同解决问题的过程，教师需要与学生进行互动。支架必须是互动的、协作的。学生与教师进行了两次会话，表明学生在教师的"支架"作用下，发展水平逐渐得到提升，最终可以独立探索。学生与教师的第一次交流表明，通过与教师的互动，师生共同解决了问题，学生的能力得到了提升，穿越了第一个"最近发展区"，这时教师的指导作用较大。通过师生的第二次交流，学生的能力会再次得到提升，学生迈向了下一个"最近发展区"，并能独立解决问题，这时教师的指导作用逐渐减小。

学生在阅读课本的基础上与教师进行第一次互动："我对莎士比亚的生平及其创作主题有了比较清晰的认识，但不知道他的作品如何体现人文主义的创作主题。"在教师的指导下，学生达到了"最近发展区"，掌握了莎士比亚的创作主题，但也引出了下一个问题。此时学生就需要教师的帮助："你可以突破课本，阅读莎士比亚的《哈姆雷特》，并探讨人文主义的具体体现。"学生在阅读《哈姆雷特》之后，再次与教师进行了交流："《哈姆雷特》不仅体现了人文主义，而且体现了人性。"在教师的支架作用下，学生再次达到了"最近发展区"，即《哈姆雷特》体现了莎士比亚的人文主义的创作主题。

教师首先要鼓励学生，让他们看到成功的希望，同时要让他们明确努力的目标。"你是否阅读莎士比亚的其他剧作来证实这一主题呢？"学生可以沿着这样的思路再进行探索。通过教师的支架作用和一次次的探索，学生的能力会逐步提升，最终教师完全撤回支架，由学生进行独立探索。通过着眼于学生的"最近发展区"，教师为学生提供带有难度的内容，有利于调动学生的积极性，发挥他们自身的潜能，使他们超越"最近发展区"达到下一发展阶段的水平，然后在此基础上达到下一个"最近发展区"。学生通过积极主动的探索以及与教师的互动，能够独立建构意义。教师与学生的对话性交流，可以为学生提供足够的指导和支持。通过师生交流，学生可以形成总体的学习思路，而教师为学生提供了一种概念框架，即事先把复杂的学习任务加以分解，以便把学生的理解逐步引向深入。

（三）再探索

随着学生学习能力的提高，教师的指导逐步减少，最终完全撤回支架，由学生自己选择方法进行独立的探索，决定探索的方向和问题。在这个环节中，教师让学生积极主动地展开学习，并通过学习建构自己所理解与探索到的、真正属于自己的知识体系，从而跨越"最近发展区"。

在阅读莎士比亚其他剧作的基础上，学生明确了自己的见解：莎士比亚的剧作不仅是人文主义的体现，更是人性的体现。学生可以通过阅读莎士比亚的其他剧作，来证实莎士比亚的人文主义的创作主题，也可以通过阅读英国文艺复兴时期其他作家的作品来证实人文主义是英国文艺复兴时期的创作主题。这些都需要学生通过独立探索来实现。通过阅读莎士比亚的原著，学生对英语文学原著产生了极大的兴趣，从而提高了阅读、欣赏及理解英语文学作品的能力。再探索莎士比亚的创作以及文艺复兴时期其他作家的人文主义创作主题，可以培养学生对文学作品的理解能力，使其人文素质得以提高。但是，教师要提示学生，其观点需要在协商、讨论的基础上才能确定。

（四）协作

再探索结束后，教师需要及时组织学生进行分组协商、讨论，便于学生深化当前所学知识，完成意义建构。在英语文学课上，教师组织学生讨论"莎士比亚的剧作是人文主义的体现"这一主题。教师根据学生的不同知识基础和性格特征对学生进行分组，让学生对这一主题展开讨论，最后每组推选一名学生发言。在多人合作解决问题时，参与者积极参与、共同合作，这种不同主体间互动的必然结果是参与者对会话和所要解决的问题产生了不同的理解。

在小组讨论时，学生在小组内各抒己见，互相学习；小组代表发言时，他们听取其他小组的观点，共同协商，相互促进，全班学生互为支架。学生在教师与同伴的帮助下完成了意义建构，对英语文学的审美水平和鉴赏能力得到了提高。

（五）效果评价

支架理论认为，评价要与学习者在一个新的具有挑战性的语境中运用和组合多种能力相契合。支架式教学要求确立多种评价模式。英语文学课程学习的评价包括平时成绩（学生的探索学习过程）和期末考试成绩（学生的卷面成绩）两部分，平时成绩和期末考试成绩按照比例构成总成绩。在培养学生能力、提高学生素质的同时，要让学生奠定扎实的基础。

支架式教学的效果评价主要发生在学生的探索学习过程中，包括共同评价、协作评价和自我反思。在英语文学课程教学中，全体学生共同评价同学探索学习的过程。仍以探索和学习"莎士比亚"为例，教师以学生的探索学习过程为例说明了其能力逐步提升的过程，学生获得了自我价值感。同时，学生也向其他同学表达了未来计划继续探索莎士比亚的其他剧作所体现的"人文主义"，其他学生可以督促他进一步探索学习。在课堂上，全体学生思考教学内容，看是否达到了既定的学习效果，是否完成了对所学知识的意义建构，并对所学内容进行反思。通过探索学习，学生不仅可以掌握课本知识，还能学到许多课本以外的知识。更重要的是，他们的自主学习能力与研究能力等都会得到提高。另外，学生通过反思探索过程，认为自己要多与其他同学合作，多与教师进行交流，学习效果会有明显提升。

英语文学属于开放的学科，文学作品不存在唯一的绝对的阐释。支架式教学可以让学生最大限度地参与学习的全过程，不仅可以激发学生的学习兴趣，培养学生阅读、欣赏及理解英语文学原著的能力，提高学生的语言基本功和人文素质，还可以着重培养学生的学习能力和研究能力，提高学生的综合素质。同时，支架式教学也对教师提出了更高的要求，教师需要熟悉学生的"最近发展区"，在搭建支架时要适度，既不能包办太多，又不可放手太晚。总之，教师应合理地搭建支架，使学生沿着支架逐步攀升，成功跨越"最近发展区"，从而最大限度地提高学生的学习能力。

三、基于支架理论的翻转课堂教学在大学英语课堂教学中的作用

（一）有利于提高教学效率

目前，大学英语课堂以大班教学为主。在传统的大学英语教学中，大班教学不利于教学效果的充分发挥，教师以课堂讲授为主，无法面面俱到，照顾到每一个学生。而在支架式理论和翻转课堂教学结合的过程中，学生对教学内容提前熟悉和理解，提出疑惑，教师通过搭建支架，一步步解决学生的疑问。这有利于督促学生学习，将课堂学习时间和课下学习时间有效结合，提高教学效率。

（二）有利于提高参与度

在传统的大学英语教学模式中，学生以被动接受教师讲授的知识为主，无法真正成为课堂教学的主体，参与度较低。而在基于支架式理论的翻转课堂教学过程中，学生由被动听的客体变成了主动参与的客体、教学的主体，教师成为引导者和督促者，教师和学生的互动与交流频率增加了。翻转课堂视频等学习资料的引入，激发了学生的学习兴趣。学生需要通过提前观看视频发现自己的问题和不足，做好充分准备，在课堂教学中提出问题。同时，学生与小组成员和教师的交流增加了，提高了学生学习英语的兴趣和课堂参与度。

（三）有利于提高学习自主性

翻转课堂教学能实现的一个前提是学生课前自主学习。随着网络技术的发展，学生可以通过网络教学平台和移动设备提前学习，可以利用课余时间在宿舍和家里学习和观看翻转课堂视频，利用网络软件参与讨

论，而不受时间和空间的限制。这极大地提高了学生学习的自主性和灵活度，提高了教学教率。

（四）有利于评价方式的转变

传统的教学模式在教学活动结束之后，以终结性评价为主进行评价，但这种评价模式并不适用于翻转课堂教学。翻转课堂教学涉及的过程和环节较多，在各环节和过程中进行评价更加适合，这就促使教学评价方式由终结性评价向形成性评价转变，或者将二者结合。课前预习、课堂讨论、小组活动、作业完成等环节都可以进行评价，翻转课堂教学更加注重过程评价，有利于促进英语学习和实践，实现教学效果。

第三节　英语教学与人本主义学习理论

一、人本主义的理论基础

（一）马斯洛的学习理论

马斯洛是美国心理学家、人本主义心理学的主要创立者。他提出了需求层次理论，包括基本生理需求、安全需要、归属与爱的需要、自尊需要和自我实现的需要。上述需求是由低级向高级逐级发展的，人在低级需要获得满足后开始追求高级需要的满足。

自我实现是马斯洛人格理论的核心。他认为，个体之所以存在，之所以有生命意义，是因为要实现人的内在价值。在教育领域，受教育者首先是人，然后才是学习者，这是解决学习问题的前提和关键。在他看来，学习者要充分挖掘自身潜能，不断超越自我，这是学习者个体价值实现的必然选择。教师应当对学习者加以积极引导，为学习者创造良好的学习环境，而不是利用外界力量来胁迫和压制学习者学习。

基于人的自我实现的需要，马斯洛提出关于教育的五个原则。一是自我同一性原则。教育应该减少或消除学习者内心的矛盾和精神上的分裂，帮助学习者认识到自我与非我的统一，即个人与社会和自然的统一。二是启发性原则。为了激发和培养学习者的创造性思维，不仅要培养学习者的逻辑思维能力，更重要的是激发学习者的非智力因素。三是美育原则。重视音乐、舞蹈、美术等艺术教育对人格的塑造作用。四是超越性原则。实现对自我的超越和对文化的超越，培养具有批判精神的人。五是价值原则。通过激发学习者的内在价值，使学习者获得对生命及其意义的更深层次的认识。

(二) 罗杰斯的学习理论

罗杰斯是美国心理学家、人本主义心理学的主要代表人物之一。他认为教育的最终目的是培养全面发展的人，主张以学习者为中心来组织各种教学实践活动。他认为只有以学习者为中心才能促进学习者自我学习、自我实现、自我发展，才能培养学习者的独立性、自主性和创造性。

罗杰斯在《学习的自由》一书中详细解释了他的观点。一是教师要帮助学习者增强对自我的理解，积极为学习者创造轻松和谐的学习氛围和学习环境，激发学习者的学习潜能。二是教材应当反映学习者的实际生活，能够反映目的语的社会文化特征，切合学习者的能力水平。教材的选择应当由学习者自主决定。三是教师要尊重学习者的内心感受，建立有效的沟通交流渠道，帮助学习者积极调节和疏导由各种因素引起的心理问题，给予每个学习者展现自我的机会。四是努力激励学习者积极主动地自主探究新知识，使其培养浓厚的学习兴趣，如此才能取得良好的教学效果。五是学习者不是被动地接受教师灌输的知识内容，而是主动地探索、建构知识，注重培养自主学习能力，学会自我管理、自我评价和自我提高。六是鼓励学习者多参加社会活动，培养自我求知能力。

(三) 康布斯的学习理论

康布斯 (Combs) 认为，想要了解一个人首先要了解他是如何对自己和周围世界进行感觉和知觉的，这些具体的感觉和知觉汇聚起来就构成了一个人的信念系统，而一个人的信念直接决定和影响他的具体行为方式。比如，教师认为某一个学习者行为怪异，不能仅仅去矫正学习者的某一具体行为，而是要了解怪异行为产生的原因。康布斯认为，学习者做出怪异行为很可能只是为了引起教师的注意而已。

康布斯认为，学习活动的目的不仅仅是使学习者获得某一学科专业领域的具体知识和专业技能，更重要的是培养学习者的认知能力，即在已有知识的基础上探索、建构新知识的能力。所以，并不是教师将编写好的教学资料提供给学习者以后，学习者就会自然地真正地习得知识，因为知识的真正含义并不是直接显示于教学资料的表面，而是巧妙地隐藏于其中。这就要求学习者善于从教学资料中发现问题、探索问题并解决问题，才能领悟到教学资料所蕴含的意义。康布斯强调人的发展应当是全面的发展，教育要满足学习者在知识技能、情感表达、意志品质等多方面的需求，使学习者各方面的能力素质得到全面、均衡的发展和提高，以培养学习者健康、健全的人格，而不能仅仅机械地教授学习者具体的知识或谋生的技能。这样学习者就会在社会工作和生活中正确地处理好人与人、人与社会的复杂关系，为自己的发展创造良好的外部环境。这是教育的根本目的，也是语言教学的重要内容。所以，教师应当结合学习者的基础条件、性格特征、能力水平、成长需求等各方面因素，创设一个活泼自由、充满挑战、互助合作，学生学会自我尊重和尊重他人、善于调节个人生活的学习情境，为学习者的全面健康发展创造基础条件。

二、人本主义学习理论的主要观点

从以上内容可以看出，不同的人本主义学习理论由于形成条件和研究背景的差异侧重于强调学习的不同侧面，但都是基于人本主义的自然人性论。各种理论观点存在联系，主要体现在以下几点：

第一，人本主义认为，人们在理解探讨、建构关于自然界、人类社会和思维方式的概念体系时要基于一个基本的出发点，那就是关于人的概念和意义。人本主义心理学强调天赋人性，关注学习者的内心世界，把个人的思想、意愿与情感等因素放在所有人发展的最为重要的中心地位，要求从人的主观意识出发，从整体上研究人的动机、人格。它批判行为主义理论，反对把从动物研究实验中得出的结论简单移植到人类身上，用以解释人的行为方式，强调既要研究人的外在行为方式，又要研究人的内在思维特征。它对弗洛伊德的精神分析学说进行批判，反对把研究精神病人这一特殊群体所得出的结论推理到正常人身上，强调把人的内在心理活动的特征规律作为研究的重点。

第二，人本主义认为，在学习过程中尤其要强调学习者自主的思想，以学习者为学习主体，以学习者能力素质的全面发展为核心，以学习者自主学习能力培养为目标。人本主义鼓励学习者充分发挥主观能动性，根据自己的需求制订合适的学习计划，选择合适的学习方法，管理分配自己的学习时间，跟踪监控自己的学习进度，反馈和调整自己的学习要求，评价和反思自己的学习效果，在知识的探索建构过程中追求个性发展，提高能力素质，实现自我价值。

第三，人本主义理论认为，每个学习者都有潜在的能力，教育的任务就是试图挖掘并释放每一个学习者的潜在能力。这就要求教师在教学过程中充分了解和分析每个学习者的基础条件、能力水平、个性差异和智力结构等因素，针对不同学习者的个性化学习需求创设有针对性的、多层次的、可选择的、顺序递进的教学情境系统。这样才能真正做到因人施策、因材施教，实现学习者的自我发展和自我实现。

现代教育技术、信息网络技术等现代技术的迅速发展及其在教学过程中的广泛应用，极大地方便了学习者的学习，为学习者呈现了更加丰富多彩的学习资源和更加多样化的学习渠道。知识信息的呈现展示方式、收集整理过程不再受到学习者所处的时间条件和空间条件的制约，学习者可以在任何时间和任何地点以任何方式进行学习，使得人本主义学习理论的主要思想观点得到最大限度的实现，有效更新了学习者的思维方式，极大地丰富了学习者的学习策略，理论上为学习者自主学习能力的培养和发展提供了无限可能。

第五，人本主义学习理论既重视学习者自主学习能力的培养，也重视学习者自我修养的形成，提倡学习者的全面发展。通过建立沟通交流、合作互动、协作分享的学习方式，设计一系列丰富多彩、形式多样的学习活动，使学习者的个体学习有效融入群体学习中去，以个体学习成效推动群体学习发展，以群体学习氛围带动个体学习进步，从而营造出和谐、平等、民主的学习氛围，对塑造学习者的人格特质发挥积极的作用。

同伴教学或者分组学习是群体学习经常采用的有效方法，一些高校还采取了设置学习者自主学习中心的方式将个体学习与群体学习有机结合起来。

三、基于人本主义学习理论的教学模式

（一）全身反应法

全身反应法（Total Physical Response，TPR）是由美国心理学家阿舍尔（Asher）于 20 世纪 60 年代初提出的。该教学法继承和发展了帕默尔的通过动作学英语的做法，吸取了心理学中记忆痕迹理论的观点，倡导把语言和行为联系在一起，通过身体动作进行语言教学。阿舍尔认为二语习得和儿童习得母语的过程有相似的地方。在儿童学习母语时，他们最初是通过动作对父母的指令做出反应的。小孩学会说话之前已经能听懂成人的指令，所以母语的学习是先理解再表达。二语学习也应如此，首先要培养学习者的听力，然后再要求学习者用口语表达，再发展读和写的能力。在教学过程中，教师首先用目的语发出指令，并运用身体语言进行示范演示，等学习者理解指令后，再让学习者通过模仿教师的演示完成动作，然后边说边做，从而感知并理解和掌握语言。

然而，阿舍尔提出的全身反应法主要来源于儿童学习母语的经验，一般适用于语言学习的起步阶段，不适用于内容复杂的教学。一些比较抽象的概念、单词和句子难以用这种方法进行完整、准确的表述，造成教师在解释一些抽象事物的时候会遇到很大的困扰。

阿舍尔主张以句子为基本教学单位，重视语言内容和意义的理解，提倡整句学习、整句运用。他认为语言学习应以学习祈使句句型为主，其他的句型需要根据教学任务和要求酌情使用，采取这种学习方式可以帮助学习者快速理解目的语，尽快实现语言知识的长时记忆，通过一段时间的积累能够较好地奠定语言基础，有效减轻学习压力，有利于培养学习者实际运用语言进行交际的能力。然而，过多地使用祈使句句型不利于中高水平的学习者学习较深层次的教学内容。因此，它必须同其他教学方法结合使用。

阿舍尔借鉴了人本主义心理学关于情感因素在学习中具有重要作用的观点，认为理想的语言教学应该为学习者提供大量可理解的输入。在教学过程中要以宽容的心态对待语言运用过程中的表达错误，只纠正一些比较严重的语法错误，同时需要注意方式和方法。这样做有利于减少学习者的心理负担，培养愉快的学习情绪。学习者将所有输入变成可接收的信息，然后再转化为输出，对学习者的语言输出不做严格要求，不强迫学习者发言，允许学习者在预先做好准备的情况下发言。

阿舍尔认为，应当提供一个与实际生活紧密相连的、轻松活跃的教学环境和语言情境，让学习者在身临其境的体验中、在多种多样的活动中、在循环反复的练习中学习英语。TPR 教学设计中包含了大量的游戏活动、角色表演、小组竞赛等课堂活动，必须以教学目标为导向，掌握好课堂活动的节奏和运用形式，对教师的课堂教学的管理能力提出了很高的要求。此外，他还认为，每个学习者都是一个独特的个体，他们各有不同的优势和特点，存在各种形式的差异。全身反应教学法十分重视学习者的感官体验，在教学过程中广泛运用视觉、听觉、触觉在内的多种语言表达形式，有利于调动学习者的学习积极性。

总之，全身反应教学法具有很强的兼容性和灵活性，在教学中一般不会作为一个完整的教学模式单独运用，而是嵌入其他教学方法中着重解决初学者在理解某一具体问题或语言概念的困惑。

（二）暗示法

暗示教学法又称启发教学法，是由保加利亚心理学家洛扎诺夫（Lozanov）创立的一种语言学习方法。他的研究主要受到了心理暗示疗法成功案例的启发。

1.教学过程

洛扎诺夫把教学过程分为阅读理解、朗读聆听、配乐听说三个部分。讲授新的课程单元时，教师首先通过丰富的表情和肢体动作对相关教学内容和背景知识进行概括介绍，然后播放轻柔的背景音乐，和着音乐的节拍，以饱满的激情朗读课文材料，学习者在轻松愉快的氛围中陶醉于教师的配乐朗诵所营造的语言情境中。与此同时，教学过程中注重听力与口语能力的训练，鼓励教师与学习者进行交谈。这样一个轻松的教学情境可以有效激发学习者的潜能，使学习者产生超强的记忆能力，不知不觉地记忆所学的材料。

2. 基本观点

暗示教学法的基本观点是，学习过程以学习者为中心，不仅包括有意识活动，还包括无意识活动，既是一种理智活动，也是一种情感活动，强调学习活动的整体性，注重发挥整体的功能。这些观点主要基于以下几个方面的理解。

第一，人具有可暗示性（也可以理解为人的可意会性、可启示性、可影响性）。暗示能力和效果的形成受到很多因素的影响，比如发出暗示的一方和接受暗示的一方在智力结构、社会地位、从事职业、语言能力等方面的差异。发出暗示的一方在各方面明显优于接受暗示的一方，就会形成较强的暗示能力和较好的暗示效果。

第二，人具有无意识心理活动，这是一种非理性活动。人在进行理性活动的过程中同时伴随着非理性活动，这是产生暗示效果的重要因素。

第三，人具有非注意心理反应。在谈话过程中，听话者的注意力大部分集中在说话者谈论的具体内容上，这就是注意心理反应。同时，听话者也常常不知不觉地被说话者的语音语调、面部表情、动作姿态等外在因素吸引，听话者的一部分注意力被分散了，这就是非注意心理反应。

第四，人具有心理上和生理上的各种潜力。洛札诺夫认为学习者缺乏信心是最大的心理障碍，要创造轻松愉快的学习氛围和教学情境，以减轻压力，促使学习者主动挖掘并发挥潜力，使学习者产生超常的记忆力、想象力、思维能力等。也就是说，在教学中，教师要对教学步骤和教学方法进行精心设计，采取联想暗示、启发、强调等多种语言表述方式和教学组织形式，使学习者形成一种无意识的心理状态，关注学习者非理性因素对教学的影响，通过积极的心理暗示，激发学习者的学习动机和学习兴趣，帮助学习者克服在学习中的恐惧心理，提升学习者对自身的学习期望，在轻松愉快的状态下获得更好的学习效果。

3. 应用策略

（1）正确运用教师权威

教师的权威是在教学过程中自然形成的，表现为教师对学习者的严格要求、关心爱护和平等相待，具备精深的专业知识、完善的知识结构，动作表达方式规范，具有健康的人格特征。树立和运用好教师的权威有助于学习者在课堂教学中更好地集中注意力，更乐于接受教师讲授的知识，更容易接受教学中的隐喻和暗示，有利于学习者提高学习效率、增强学习能力。

（2）正确运用稚化技术

稚化是指成年学习者借鉴了儿童在学习过程中放松的心理状态、自发性的探究心理、强烈的好奇心等行为特点。稚化技术能够帮助成年学习者消除不利的、固有的暗示。教师主要通过营造轻松愉快的教学氛围、形成主动积极的教学导向、运用灵活多样的教学方法等途径达到稚化的目的，以消除学习者沉闷、压抑、恐惧和畏难的心理状态。

（3）正确运用无意识交流

来自教学环境和教师的表情、手势等无意识刺激对学习者具有不可忽视的重要影响。教师要注重教学环境的设置，在教学过程中要保持轻松愉快、热情洋溢的精神状态，促进学习者进行积极的无意识心理活动，激发学习者学习的自信心。

（4）正确运用高超的教学艺术

教师要通过自学、反思和参加培训，培养高超的教学艺术，尤其要努力学习大量的心理学专业知识，熟练掌握心理暗示技巧，才能在教学过程中有效利用暗示时机，恰当使用暗示形式，不动声色地达到暗示效果。然而，在学习者人数较多的教学环境下，教师对学习者施加的暗示往往难以为大多数学习者所察觉和理解，对教学效果的影响并不大。

洛札诺夫提出的暗示法最初来源于研究如何提高语言教学中的记忆能力所进行的教学实验，在其他能力的培养上效果是否明显还有待进一步验证。

（三）沉默教学法

沉默教学法是 20 世纪 60 年代由美国心理学家、数学家格特诺（Gattegno）在结构主义理论的基础上提出的，是人本主义教学理论的重要流派。格特诺在 *Teaching Foreign Languages in Schools：The Silent Way* 和 *The Common Sense of Teaching Foreign Languages* 这两部著作中对沉默教学法原理进行了详细说明。

1. 教师教学的要求

沉默教学法提倡教附属于学的原则，认为教师的首要任务不是如何设计教案，不是考虑以何种形式向学习者讲授课文材料，而是如何鼓励学习者主动积极地思考和探究，要求教师在课堂上尽量保持沉默，强调课堂教学以学习者为中心。学习者是学习的主体，注重培养学习者的自主学习和独立学习的能力，要求学习者在学习过程中对自己的学习承担责任，在没有教师干预的情况下自己找出语法规律。在教学过程中，教师由知识的讲授者变成了学习的引导者。教学的目的是培养学习者综合运用语言的能力，而不是单纯积累知识。所以对一些自主性较差的学习者来讲，沉默法可能并不适合。

沉默教学法突出强调学习者学习的自主性，相对而言忽视了教师主导作用的充分发挥。在教学过程中，教师如果对学习者在语言表达中出现的比较严重的语音和语法错误不能及时发现和纠正，长此以往必然会对学习者运用语言的准确性造成很大的影响。

2. 教具的运用

充分利用各种简单、标准的直观教具是沉默法的鲜明特色。其中最为典型的教具是菲德尔图表、奎茨奈棒等。格特诺认为，通过这些教具进行相关教学内容的辅助示范，可以创造一种生动活泼的课堂气氛，帮助学习者直观地理解知识的难点和重点，有利于激发学习者的好奇心和想象力，有利于培养学习者的创新思维能力，从而让学习者更快速地掌握所学知识。但是，语言学习中遇到的一些抽象的理论概念和复杂的语法结构必须依赖教师的讲解和示范。仅仅依靠简单的道具，很难系统地学习一门语言。

3. 课堂互动

在沉默教学法中，教师的作用就是给学习者创造一个运用语言的环境。教师根据学习者的需求确定课堂活动的内容和形式，鼓励学习者尽可能多地运用语言进行表达和交流，充分调动学习者的主观能动性，使学习者积极参加课堂活动，通过与同学的互动来达到学习效果，让更多的学习者通过大量的语言实践活动掌握外语交际能力。因此，沉默教学法把培养学习者的听说能力放在最重要的位置，尤其是即兴讲话的能力，在此基础上进一步培养学习者的阅读和写作能力。

但是沉默教学法也存在明显的缺陷：要求教师在课堂中尽量少说话，很少对教学内容做出比较详细的解释说明，也不对教学内容做过多的重复。当学习者出现语言表达错误时，教师不是立即指出，也不是直接予以纠正，而是寄希望于在课堂活动中由其他学习者发现并提出改进建议。但依靠同学来指出自己的错误，不但不及时而且还可能并不正确，而学习者依靠自己的体会来逐步认识错误在短期内也无法做到。这导致学习者可能在很长一段时间内一直重复错误的发音或语法，浪费学习时间。

第四节　英语教学与多元智能理论

一、多元智能理论的概念

多元智能理论主要是强调个体在特定的环境下解决问题和创造的能力，而且它强调的智能并非传统的语言能力或逻辑能力，而是多个独立的以多元形式存在的整合型智能。从该理论的分类来看，人的智能分为八个方面，即语言智能、数学逻辑智能、空间智能、身体运动智能、音乐智能、人际智能、自我认知智能、自然认知智能。受教育环境和个人能力的影响，不同个体的智能表现存在明显的差异，因此在教育过程中要关注不同个体的智能特点。此外，多元智能理论认为不同的智能有着同等的价值，指出教育者应对八种智能予以同等的关注。最后，多元智能理论也强调实践性和开发性，关注受教育个体的综合能力，提出教育者要重点开发，这是决定个体多元智能水平高低的关键。

二、多元智能理论在高校英语文学课程教学中的应用

（一）更新教学理念

教师应树立正确的教学理念，英语文学教学与实用英语教学同等重要，相辅相成。教师还应该深入研究多元智能理论，并将其纳入实践教学活动中，充分发现自己的智力优势和缺陷，理解学生的个体智力差异，从而提高自身的专业能力和学生的多元化发展水平。另外，教师应熟悉英语文学课程的特点。英语文学具有强烈的文学品格，主要反映了英语国家的风俗习惯、文化习俗和人文精神。

（二）优化教学资源

文学史与文学作品相结合的教学原则应充分体现在英语文学课程的教学中，以优化教学资源。教学内容的设计应尊重学生个体智力的差异性和完整性。目前，中英文学教材在网上有多种教学资源，如何设计适合地方高校英语课程的教学内容是关键。教师要熟悉教材，也要充分利用教材。根据多元智能理论，每一个学生都会在各种智力中表现出卓越的智力，而优秀的智力被称为"智力优势"。因此，教师应考虑每个学生的智力需求，合理选择和优化教学资源。

（三）丰富教学模式

多元智能理论强调"以个人为中心"的重要性，尊重学生。学生是课堂参与的主体，教师教文学阅读的时候，应在要求学生阅读英文书的前提下，让学生思考作者的创作风格、作品的意义，并在课堂上讨论。它不仅培养了学生的数学逻辑智能，而且提高了学生的语言智能。在文学传统、文化背景和文学术语的教学中，教师应将教学方法与教学技巧相结合，使学生既能兼顾不同的智力，又能系统地学习教师所灌输的知识。

（四）关注学生的个体智能差异

由于生活环境、家庭背景和遗传因素的影响，学生的认知能力、兴

趣、性格、智力等方面都有差异。因此，他们的学习方式、方法、习惯和能力也有较大的差异。这就要求教师对学生进行全面的认识，尊重学生的差异，灵活运用教学方法和手段，使教师的教学方法与学生的学习风格紧密结合，使学生通过多渠道学习相同的知识点。

（五）加强英语自主学习平台建设

加强英语自主学习平台建设不仅需要依靠课堂学习，更依赖于课外自主学习，因此加强自主学习平台建设是十分有必要的。教师可以利用网络资源和书籍资源来构建学生自主学习平台。教师建立交流平台(如QQ、微信、微博) 后，学生可以在平台上独立学习，也可以与他人交流，向他人推荐优秀作品。这不仅体现了学习的灵活性和人文性，而且弥补了课时的不足。

（六）丰富评价方式

传统的评价方法主要基于考试，强调学生的语言智能和逻辑测量，往往忽视学生的其他智力测试。目前，许多地方高校仍然采用这种评价方法，评价的内容过于依赖教材。根据加德纳(Gardner)的多元智能理论，英语文学课程评价应考虑学生智力的差异性，多角度地理解学生的智力。因此，教师应丰富评价方式，给予学生公正、客观、全面的评价。

第三章 高校英语教学理论与实践创新

第一节 个性化教学与实践

一、个性化教学

传统教学对学生一刀切，忽视学生的个体差异，难以调动学习者的积极性，教学效果大打折扣。在当今社会竞争日益激烈的情况下，个性化教学的开展显得尤为重要。本节就来讨论与个性化教学相关的问题。

（一）个性化教学概述

关于个性化教学的定义可谓"仁者见仁，智者见智"。我们先来看一些比较有代表性的观点。詹金斯（Jenkins）在《个性化教学策略》一文中使用"个性化教学"等词汇来描述个性化教学，将其含义概括为以下两点：一是特别强调每一个学习者的需要、天赋、学习风格、兴趣和学术背景；二是要求学习者不断进步。阿兰(Alan)对"个别化教学"和"因材施教"两个术语的含义进行了细分。在阿兰看来，"个别化教学"往往与非正规的课堂教学联系在一起，强调的是学习者可以按照自己的节奏来安排自己的学习日程和学习进度；"因材施教"侧重于师生之间、学习者与学习者之间、学习者与学习资源之间的互动。《韦伯斯特词典》将"个性化"的含义总结为以下三点：①保持个性，培养一个有特征的人；②使个体进入自我管理的状态；③调整或顺应个体的需要或特定环境。

尽管上述观点所使用的术语各不相同，但它们都不同程度地体现出个性化教学的一些内在特点。综合上述观点，所谓个性化教学就是以了解和尊重学习者的个体差异为前提、以最大限度地发展每个学习者的能力为目标、以充分调动学习者的学习自主性为方式、以灵活多样的教学形式为依托的教学模式。

（二）个性化教学的原则

教学的组织原则是教学活动的基本准绳，决定着教学活动的质量与效果。个性化教学要想实现理想的教学效果，也必须遵循一定的组织原则。具体说来，我们可以从以下几个方面来把握其原则。

1. 形式的个性化

只有将学生内在的动力激发出来，学生才能充分发挥潜能，并逐渐养成自主学习的行为习惯，学习才可能达到预期的目标。因此，采取什么样的教学形式就成了至关重要的问题。对学生而言，学习活动是发生性的。这就意味着教学必须是个性化的，要受到学生的经验、意向、兴趣、水平、需要等因素的影响。教师应对学生情况进行汇总和分析，并在此基础上采取小班教学、个别辅导、小队教学、同伴辅导、探究性学习、合作学习、自主学习等多种形式来弥补传统教学的不足。此外，教师还应在实践过程中不断总结经验、不断创新。

2. 手段的个性化

现代科技的发展尤其是现代信息技术的发展为教学提供了更多可供选择的手段，为个性化教学提供了强大的物质基础。这些技术不仅提供了许多硬件设备，如录音机、投影仪、电视、电影、电脑等，还提供了许多储存容量大、功能强大、界面友好的软件与应用系统，如网络、音频视频播放软件、多媒体课件制作软件等，为个性化教学的有效实施创造了更加便利的条件。因此，教师应充分利用校园文化资源、乡土和社区资源、广播电视手段、计算机技术手段、网络技术手段等，将个性化教学更好地向前推进。

3. 目的的个性化

目的的个性化就是通过教学，我们要培养的是个性化的人才，而不是规格化、标准化的人才，不是千人一面，而是人人生动活泼，具有丰富多样的表达方式，具有冒险和创新精神。

教师们认真对待每个学生的特质、兴趣和学习目标，并尽可能地帮助他们发挥自己的潜能。此外，教师应根据教学内容、教学对象的不同创造性地设计各种适宜的、能够促进学生充分发展的教学方法与策略，使学生能以向他人展现他们所学的、所理解的内容的方式去了解和掌握教学材料。随着时间的推进，学生会积极主动地寻求与自身智力相匹配的教学机会，最大限度地发挥自身的潜能。这样，教学的个性化色彩越来越浓，学生与学生之间的差异也越来越明显，大大增加了学生学习成功的可能性。

4. 理念的个性化

理念就是理想的观念，换句话说，就是我们追求的观念。教育理念的个性化意味着我们所追求的不是标准化的教育，而是内涵丰富、多姿多彩的教育教学，是独特的教学。

美国教育家爱默生（Emerson）曾说："教育应该像人一样广泛。人的无论什么都应该得到充分培养和表现。如果他是灵巧的，他的教育就应该使这种灵巧表现出来；如果他能用思想利剑对人们进行甄别，教育就应该把他的思想利剑亮出来并使他锐利起来。"可见，每个学习者都各不相同，教师不能忽视学习者之间的智力差异，也不能假设每个学生都拥有（或应该拥有）相同的智力潜能，而是应该努力确保每个学生所接受的教育能最大限度地发挥其智力潜能。个性化教学以了解每一名学习者的智力特点为前提，强调在可能的范围内发展不同的教学方式，使具有不同智力的学习者都能受到同样好的教育。教师不应使用刻板的印象或固定的方式去看待学生，而应在了解每个学生的背景、学习强项、兴趣爱好的基础上，确定采用最新的学习框架去做最有利于学生学习的教育决定，从而确定最有利于学生学习的教育方式。

5. 内容的个性化

内容的个性化可以从理论与操作两个层面来分析。从理论层面来看，教学内容的个性化包括两个方面的内容。

（1）个体的多样性与课程的选择性

不同的学生倾向于不同类型的学习活动，如创造性学习、理念性学习、经验性学习或理解一个主题、构思一个故事、描述一个人物的特征等。个性化教学就是要人尽其才，使每个学生的潜能与优势都得到最大限度的发挥。因此，建立课程选修制度，适应学生主体的多样性是促进学生个性自由发展的必由之路。从操作层面来看，应优化教学资源，结合学生情况开展选修课程。此外，还应进行课程的分化统整，做到在分化中统整、在统整中分化，使课程的设置与安排尽量与学生的个性化差异相符合。

（2）自我的完整性与课程的综合性

个性化教学以培养学生的自由人格为目的。冯契先生认为，自由人格就是有自由德性的人格，在实践和认识的反复过程中，理想化为信念，成为德性，就是精神成了具有自由的人格。这种自由人格是在"基于实践的认识世界和认识自己的交互作用过程"中实现的。因此，课程的综合性就显得十分重要。课程必须具有一定的综合性，这是培养学生自由人格的前提和基础。

（三）个性化教学的实施

在个性化教学的具体实施中，教师决定着教学理念的选择、教学目标的制定、教学活动的安排以及教学效果的好坏，是最重要、最核心的环节。在开展个性化教学的过程中，教师应从以下几个方面来努力。

1. 营造宽松的教学氛围

实践表明，在高度焦虑的状态下，学生处于一种被压迫的状态，学习效果并不理想，更谈不上培养创造性。人只有在一种较为自由的状态下才能够发挥创造性，达到好的学习效果。在这样的环境中，学生没有任何顾虑和压力，心理安全、自由，不必担心自己没有按照教师的要求去做而受到指责或批评。可见，宽松、自由的教学氛围，是促进学生个性发展的前提条件。教师应尊重学生的个性、禀赋和选择，建立平等的师生伦理关系，使学生有展示个性和发挥潜能的舞台，这样学生才能找到学习的乐趣和奋斗的动力。

2. 提升个人的综合素质

个性化的教师，是指那些对教育教学理念有独特的见解并采取与之相适应的教育教学行为方式的教师。教师的个人气质、性格等人格特征在教学活动中的表现，主要包括教师的个性化教学观、知识结构、能力结构、教学艺术和管理艺术等。个性化的教师既有自己独到的见解，又能遵循教学的基本原则，是个性化教学有效实施不可或缺的重要条件。因此，每位教师都要努力提升个人素质，加强自己的理论修养，积极探索、努力创新，争做优秀的个性化教师。

3. 采取个性化的教学策略

每个学生在学习能力、学习经验、兴趣爱好和心理特征等方面都有自己的特点，在学习的每个环节都会表现出个体差异。因此，在教学过程中，教师应针对性地制订适合不同学生的教学计划，并采取灵活多样的教学策略。下面这些策略可以有效帮助教师解决在个性化教学过程中遇到的问题。

（1）自主学习教学策略

自主学习策略充分尊重学生的自主性，教学活动以学生为中心，使学生在积极主动的意义建构中形成自己完整的人格。自主学习是个性化教学的基本精神，应体现在所有个性化教学的实践中。基于教学单元的自主学习策略运用较为广泛。其具体操作步骤如下：

第一，制定行为目标。行为目标就是可以操作的目标。行为目标包括各阶段为不同特点的学生设计的学习目标，通常由专家、教师和家长根据现行的各种教材、教科书、补充读物制定。

第二，设计教学单元。教学单元的根本目的是使每一个学生都有适合自身特点的学习计划。教学单元包括教材、学习路径、媒体利用等项目，在教材的结构、进度、广度、深度、媒体、环境等方面都不尽相同。

第三，设计学习评价系统。评价系统以标准参照测验为基本形式。

经过一段时间的学习后，学生可以自行决定是否接受测验。若通过测验，学生可进行下一单元的学习；若学生未通过测验，教师应及时给予指导以帮助学生掌握学习内容。

第四，建立计算机教学辅导和管理系统。计算机辅导与管理系统可以使教师实时追踪学生的学习状况,从总体上把握学生的学习进展情况。

(2) 同伴辅导教学策略

同伴辅导是学生配对的个性化教学策略,指在多样化教学情境中,教师安排学生通过一对一的搭配促进学生互相帮助的教学策略。同伴辅导可以通过以下三种方式展开:一、不同年级的学生之间互相辅导,通常是高年级学生辅导低年级学生。这种方式不仅可以帮助被辅导者提高学习水平,还可以帮助学生发展社会性品质。二、两个学生之间互相帮助,共同参与学习活动。这种方式的扩充形式是合作学习。三、同一班级内学生之间互相辅导。这种方式最为普遍。

(3) 风格本位教学策略

教学风格指教师在教学过程中的稳定的行为样式,涉及教师的情感和态度等个性特征。教学风格的核心是行为和方法策略在一定时间范围内的稳定性。因此,只有积累了丰富经验的教师才能够谈及风格本位教学。风格本位教学策略要求调整教学环境,以适应不同学生的差异。社会心理学家鲁宾(Rubin)提出了改进型、信息型、程序型、鼓动型、互动型、陈述型六种教学风格类型。

风格本位教学策略需要教师在课程教材方面进行改革,提供契约活动包是最常用的方法。契约活动包是为那些倾向于结构化学习的学生或追求自我选择的学生提供的教材大纲,代替了课程教材,向学生提供可供选择的作业,以满足个性化教学的需要。学生完成一项活动的同时要记录达到每一个目标的经验。

(四) 影响大学英语个性化教学的因素

1.学生因素对个性化教学的影响

(1) 学生的英语基础知识

在中国,绝大多数学生在小学就开始学习英语。但我国各小学的师资与教学条件存在巨大的差距,城市与乡村的英语教学水平也存在着很大的差别,造成入学大学生的英语水平参差不齐。

(2) 学习模式的转变

中学英语学习模式向大学英语学习模式的转变是影响学生大学阶段的英语学习的一个重要因素。长期以来，我国的大学英语教学一直存在着与中小学教学脱节的问题。由于长期以来没有对大、中、小学的整体外语教学进行系统的研究，形成了各自为政、各行其是的外语学习缺乏渐进性的局面。其后果是整个外语学习耗时长、效率低。另外，由于教学内容上的重复和交叉，学生产生了厌学情绪，学习外语的积极性不高，同时也造成了教育资源的浪费。

（3）学生的学习兴趣与学习动机

动机是直接推动有机体活动以满足某种需要的内部状态，是行为的直接原因和内部动力。有机体的各种行为和活动都是由动机所引起的。动机由内驱力和诱因两个基本因素构成。内驱力是指在有机体需要的基础上产生的一种内部推动力，是一种内部刺激。诱因指能满足有机体需要的物体、情景或活动，是有机体趋向或回避的目标。学习动机是影响学生学习活动的重要因素，不仅影响学习行为的发生，而且影响到学习的进程和学习的结果。

学习兴趣就是学习者对所学知识的一种喜好的情感。学习者的学习兴趣是学习者学习态度的一个重要方面。学习兴趣会对学习者的学习动机间接地产生重要的影响。学习者对学习材料、教学活动是否感兴趣，会影响学习者的学习情绪和学习效果。因此，大学英语教师在教学中应考虑学生的实际情况，教学进度不能太快，教学要求要适当，应采取从易到难、由少到多的循序渐进的教学方法。同时，教师应注意解决学生，尤其是基础较差的学生，在英语学习中遇到的实际困难，提高他们对学习英语的兴趣和信心，进而提高英语教学的效果。

（4）学生学习英语的策略与方法

关于学习策略的含义，国外学者的看法各有侧重。查莫特（Chamot）认为学习策略是学生采取的技巧、方法或者刻意的行动，其目的是提高学习效果和易于回忆语言的形式及内容。鲁宾认为学习策略是有助于学习者自我建构的语言系统发展的策略，这些策略能直接影响语言的发展。

尽管对策略的定义存在明显的分歧，但是学习策略始终被认为是学习者学习成功与否的重要因素之一。

2. 教师因素对个性化教学的影响

(1) 教师的教学观念

教学观念是人们对教学和学习活动内在规律的认识的集中体现，有什么样的教学观念就会产生什么样的教学行为，教学行为受教学观念的支配。由于种种原因，目前许多大学英语教师仍然秉持传统的应试教学观念。某些学校教师对四、六级考试认识不到位，把重点放到了片面追求通过率和应付考试上，为考而教、为考而学，在教学中忽视了学生英语应用能力的提高。

教育应把人的发展作为出发点和归宿，教育的目的应是提高每个学生的素质，使他们通过亲身体验加深对学习价值的认识，在思想、情感、意志、精神境界等方面都得到升华。只有这样，才能培养出适应当今世界发展要求的人才，才能真正抓住教育和教学的精神实质。

(2) 在教学手段上，主要采用"黑板＋录音机＋粉笔"的方式

在教学手段方面，我国的外语教学多年来基本沿用"黑板＋书＋粉笔＋老师＋课堂"的方式，现代教育技术没有得到很好的应用，多数学校缺少高质量的教学软件，即使使用多媒体教学也只停留在将黑板搬到屏幕上。在对某大学的大学英语教师在课堂上采用的教学手段的调查中发现，大多数英语教师的教学手段还是比较传统的"黑板＋录音机＋粉笔"，而计算机、语音设备等现代化教学手段的使用率比较低。

这种传统的"黑板＋录音机＋粉笔"的教学形式，一方面不能为学生的英语学习创设学习和应用语言的情境，不利于学生英语综合应用能力的培养；另一方面缺乏教学上的互动，不能体现学生在英语学习上的主体地位，也不能为学生的英语学习提供自主性支持，不利于个性化教学的开展。

(3) 遵循"讲解—接受"的教学模式

长期以来，我们的外语教学一直保持着教师主讲、学生主听的课堂

教学模式，而且多数是大班上课，属于传统的单向式课堂教学。这种教学模式能在短时间内灌输大量的知识，大幅提高学习成绩，在教育史上发挥过重要的作用。但随着时间的推移和形势的变化，它的弊端也日益显现出来：难以培养学生的创新精神和创新能力，阻碍学生个性和特长的发展，不适应当今社会经济和文化发展的要求。

（4）在教学内容上，侧重知识传授，忽视能力培养

在现代社会，获得能力比单纯掌握知识更为重要。知识只有转化为能力，才能够有效地发挥作用。个性化教学与传统教学的最大不同就在于：个性化教学的目标主要在于培养学生的能力；而传统的应试教育以知识的传授为教学目的，培养的学生往往高分低能，难以满足现代社会发展的需要，同时也束缚了学生个性的发展。

（5）评测方式

长期以来，大学英语教学存在着注重知识传授、轻视能力培养的现象。教学评估体系则将考试作为学习的终极目标，使考试等同于评价。

许多教师在对学生学习的评价上，使用终结性评价较多，使用形成性评价偏少。大多数教师习惯将分数作为评价语言能力的手段，测试手段单一，存在缺陷，无法真实、全面地了解学生的语言综合应用能力和个性化学习能力的养成与发展程度。

（五）实施大学英语个性化教学的对策

1. 转变教学观念

转变教学观念，真正实现以学生为主体、以教师为主导的大学英语个性化教学。大学英语教学多年来一直以培养学生具有较强的阅读能力和一定的听、说、写、译能力为目标。《大学英语课程教学要求》则将大学英语的教学目标定位为培养学生的英语综合应用能力，特别是听说能力，使他们在今后学习、工作和社会交往中能用英语有效地进行交流。同时，增强其自主学习能力，提高综合文化素养，以适应我国社会发展和国际交流的需要。教学从以教师为主的课堂教学转变为以学生为主的课堂教学。同时，还要摒弃应试教育的思想，树立培养学生英语应用能

力与全面发展个性的教学观念。

2. 教学形式多样化

第一，采用大班和小班授课相结合的班级授课形式。大学英语的语言能力主要分为语言的基础知识和语言的应用能力。听说课程主要是体现师生间和学生间的互动，宜采用小班授课的形式；而语法、词汇、阅读性的课程，主要以教师的讲解为主，即使大班人数多一些对教学效果也不会有太大的影响，所以可以适当地使用大班授课的形式。这种大、小班授课相结合的授课形式，适应不同课程的需要和要求，易于提高教学效果，而且可以在一定程度上解决大学学生多、教师不足的问题，节省一部分教师的精力和时间，使他们有充足的时间去学习、充实自己，不断提高自身的英语水平。

第二，第一课堂教学与第二课堂教学相结合。第二课堂教学能克服第一课堂教学中时间、教学教材等因素的制约，以灵活的方式、新颖的内容激发学生的兴趣，将学生的被动学习转化为自主学习，可发展学生自主学习的能力。同时，第二课堂教学也是对第一课堂教学的有益扩展。通过第二课堂教学，学生可以加深对第一课堂所学知识的理解。理解了的东西就容易记得住、用得活，用的过程也就是把语言知识变成语言能力的过程。内容广泛、形式多样的英语第二课堂，不仅培养了学生的主动性和创造性思维，同时也符合现代教育、教学理念所倡导的充分考虑学生个性特点的民主教学观念。

3. 教学手段现代化

多媒体技术的普及和网络技术的发展对外语教学产生了巨大的影响。随着英语教学观念的转变、教学模式的改革，将以多媒体、网络为代表的现代教学手段引入英语教学势在必行。多媒体及网络教学有着很多传统教学无法比拟的优越性，主要表现在如下几个方面：①创造优美的视听环境；②多感官刺激，强化记忆；③学生可以自主学习，调整学习进度；④信息量大，节省时间。大学英语教师在教学中可以采用以信息技术、网络技术与多媒体技术为依托，以学生个性化自主学习为主的教学模式。

4.改革测评机制

第一，适当使用开卷的测试方式。目前，我们大学英语测试主要采用闭卷的形式，客观题的比重过大，不利于检测学习者的创造性思维与使用有效的策略和方法解决问题的能力。在开卷试题中应增大写作和翻译的比重，以评测学生灵活运用所学知识解决问题的能力。

第二，大规模的标准化测试与学生的自我检测相结合。学生的自我测试、自我评价可以帮助学生对自身的学习进行有效的调控，可以使学生不断调整自己的学习策略与方法，从而最终获得适合自身特点的个性化学习方法与策略，为以后自主学习能力的养成打下坚实的基础。

第三，教师出题测试与上机测试相结合。在计算机上进行英语测试要比在传统的试卷上进行测试更能体现测试、评价的公正性。计算机不会受情感因素的影响，而教师在阅卷过程中难免有失公正。计算机上的试题，由于计算机的声音与画面或图像的完美结合，更能体现出真实性和情境性，更有利于学生学习和使用英语。

二、个性化教学的实践

（一）个性化的学习目标

个性化的学习目标对于不同的学生有不同的标准，相应的学习过程、采取的方法也因人而异。因此，教师应根据学生的需要、兴趣和潜能来进行教学设计，依据不同学生的智力特点和认知发展规律，遵循由简到难的原则，为不同层次的学生制定合适的学习目标。这一目标允许学生用不同的时间和速度来完成，学习中途也可以调整。例如：在要求学生记忆单词时，要求英语基础好的同学全部掌握（包括发音、拼写、意义、词性及常见用法），甚至还可以要求他们掌握看到的大纲词汇以外的单词；对于一些基础薄弱、背诵单词确实有困难的同学，可以适当降低要求，帮他们缩小范围，要求他们背诵一些常用的较重要的词汇。教师要设法使每个学生体验到学习的快乐和成就感。

（二）个性化的教学方法

个性化教学强调以学生的个性差异为出发点,以学生的兴趣与需要为中心,以班级教学的调适与分化为基本方向,以每个学生能力与个性的最大发展为目标,培养学生的主体精神、参与意识、独立思考能力和创造能力,创设多元化的情境,使每一个学生都有机会展示和发展自己的强项,从而使每个学生在各自的基础上获得进步,使教学质量全面提高。

1. 自主选材的英语演讲

英语演讲是我们设计的课堂教学的第一个步骤。每堂课前,由值日生到台前用英语演讲,内容包括报刊上的时事热点、好文章、故事或学生感兴趣的话题。值日生在课前先将自设的一个问题板书在黑板上,以便于其他学生在听的时候捕捉信息。演讲结束后,其他学生根据问题自由抢答。

通过这个活动,学生可以将平时在阅读中读到的好文章与同学共享,同时也可以提高自己的阅读能力与选材能力,进一步增强上台演讲的自信心和成就感,从而提高学习兴趣,对其他同学也会起到激励作用。英语演讲让更多的学生提高了听力和阅读能力,扩大了知识面,演讲者的口语、胆量、个性都得到了锻炼和发展。这样的活动打破了教材的局限,体现了个性教学的优势。

2. 激趣、开放的课堂导入

课堂导入是激发学生学习兴趣的重要措施。如果导入成功,学生从一开始就会进入状态,从而积极主动地参加教学活动。教师通过英文歌曲、趣味游戏、多媒体、图片、讲故事、情景对话等多种方式创设情境,让学生情不自禁地去看、去听、去想、去做,为进入主题做好铺垫,使每个学生自信地学习,并有所作为。

3. 自主合作的学习方式

自主学习是指"以参与求体验,以创新求发展"的教学,能够有效促进学生发展的教学,能够激发学生的学习需要和兴趣的教学,给学生充分展示自我的空间和舞台。

（三）个性化的作业

教师设计作业时要关注不同学生的不同需要，让每个学生都能体验到成功的喜悦，使学生的积极性得到保护，个性得到张扬。

1. 书面作业

书面作业偏重于基础知识的巩固和积累，突出教材的重点和难点。学生只要上课认真听讲，在书本或者听课笔记上就能找到相应的答案。这类作业一般分为两种：一是学生必做题，二是学生自选题。这样既让基础稍差的学生跳一跳就能摘到"果子"，又避免出现基础较好的同学"吃不饱"的现象。

2. 预习作业

教师在英语课堂教学活动中，以抛砖引玉的方式先给出一些预习题，让学生思考，然后再进行讲解。在此过程中，学生开动了脑筋，启发了思维，获得了满足感与愉悦感，使得学生爱学、乐学。教师只有摸索钻研过，才知道怎样正确地引导学生去学、去做。

3. 拓展性作业

拓展性作业是教师根据教学需要，设计出与教学目标相关的作业。这种作业源于教材，又高于教材。各层次的学生都能根据自己的基础和能力完成这种作业，而且效果很好，能够考查学生能否把熟知的知识和技能运用于新的环境。

另外，为了给学生更多地运用英语进行交际的机会，发展学生的个性，教师可以设计和组织具有趣味性、拓展性的课外活动。如组织英文书写、演讲、单词接龙等比赛，以及成立英语角、演唱英语歌曲、开设英美风俗文化知识讲座等，让学生在这些活动中互相促进，共同提高英语水平和个性化学习的能力，长久保持学习英语的兴趣。

第二节　ESL 和 EFL 教学与实践

一、ESL 和 EFL 教学

（一）ESL 与 EFL 的定义

关于 ESL（English as a Second Language）在《牛津高阶英汉双解词典》中的解释如下：作为第二语言的英语（教学）（教学对象所在国英语为第一或第二语言）。EFL（English as a Foreign Language）的解释为：非母语的英语教学，作为外语的英语教学。

（二）ESL 与 EFL 的差异

1. 教学对象不同

从 ESL 的定义我们可知，在 ESL 的教学对象所在国，英语为第一或第二语言。其教学对象大致可以分为两大类：一是移民到英语为第一语言的国家（如英国、美国）的外国移民后裔，英语与其日常生活息息相关；二是英语不是该国或该地区的第一语言，而是其官方语言的国家（如新加坡、印度）的居民，英语是其政府、司法、新闻媒体、教育和医疗等系统的正式用语。

而在 EFL 教学对象所在国家或地区，英语既非第一语言，也非官方语言。其教学对象大致可以分为两大类：一是英语既不是第一语言也不是官方语言的国家（如中国、日本）的居民；二是官方语言是第一语言和英语之外的另一语言的国家（如莫桑比克、纳米比亚）的居民，他们的第一语言为当地语。这些国家的英语学习者，缺乏沉浸式的英语学习环境。英语水平的高低对其生活质量并无特别明显的直接影响，因而其重要性较低。

2. 教学条件不同

EFL 以课堂教学为主要信息输入源，学生在课堂外除了复习功课和参加英语角等第二课堂活动，很少接触英语。ESL 学习者除课堂教学外，在生活中就沉浸在良好的英语环境中，如日常生活中接触到的广播、电视、报刊、对话等都使用英语。而 EFL 学习者从教育的某一阶段开始，

才以自己的第一语言为媒介来学习英语。如在我国大部分地区，学习者从小学高年级才开始以汉语为媒介来学习英语。

3.EFL 与 ESL 学习者的学习动机不同

学习母语以外的语言的动机大致可以分为工具型学习动机和融入型学习动机。所谓工具型学习动机，是指学习者学习某一语言，是把该语言当成一种工具，去达到某一目的，满足某种需要。而 ESL 学习者的学习动机属于融入型。所谓融入型学习动机，是指某一语言的学习者学习该语言的动机是融入当地社会。这一类学习者要想融入当地生活，就必须理解当地人的生活方式及语言表达方式，能够在不同的场合恰当地运用目标语言。

（三）EFL 环境下大学英语教学存在的问题

随着大学英语教学改革的发展，很多教师已尽可能多地给学生提供语言活动机会，教学内容也拓展到文化、交际等领域。但是，学生在中学的学习过程中形成了固有观念，对大学教学内容的领会容易出现偏差。有些同学甚至感慨"高中授课内容比大学多得多""不讲语法，语法都忘光了"。

另外，在相当长的一段时间里，通用英语教学在我国的大学英语教学中占主体地位，很多学校为了响应培养复合型人才的号召开设了几门专业英语课。这些课程大多数在教法上与精读课雷同，重点放在句子的语法分析上，久而久之，使部分学生产生"专业英语很难、很无聊"的心理。目前，高等院校英语教师在讲授专业英语时面临的最大挑战是缺乏教学所涉及的专业知识。

（四）EFL 与 ESL 的教学效果

EFL 教学的目的当然是尽可能使学习者达到尽可能高的英语水平。但不可否认的是，EFL 学习者不可能达到英语母语使用者的水平。并且可以很肯定地说，ESL 学习者的英语水平要比 EFL 学习者高得多，ESL 学习者可以达到的水平更接近以英语为母语的人的英语水平。从掌握的词汇数量到运用的熟练程度、语法规则（基本结构）、俗（俚）语、语体的运用等各方面都可以很清楚地显现出差异来。首先，从基本语言知识（词汇与结构）上来看两者的差异。中上水平的 EFL 学习者已掌握一定数量的常用词汇和基本结构，但对词汇与语法结构的掌握大多只限于基本意义。

ESL 学习者掌握的词汇数量要多很多，对词义的把握也更全面，在语法结构方面虽然有时也会犯一些错误,但总体上看已经能够熟练运用。例如：base 可以表示"基础""碱"；fry 可以表示"煎""鱼苗"；rape 可以表示"强奸""油菜"。大多数的 EFL 学习者大多只能掌握上述各词的第一项词义，而 ESL 学习者则基本上能掌握第二项词义。区分近义词，对 EFL 学习者来说很难，对 ESL 学习者来说则不在话下。比如：test 与 examination，前者表示平时的测验，后者表示正规的考试；rob 与 loot，前者表示（单独的、趁人不注意的）抢劫，后者表示（公开的、众多人同时在公共场所进行的）洗劫。这两组词对 EFL 学习者来说不容易区分，而对 ESL 学习者来说很容易区分。此外，EFL 学习者很少能运用成语、俗语，也很难根据场合来正确使用正式或非正式语体。从总体上来看，两者在语言的四个基本技能方面，差异也很明显：EFL 学习者的被动技能（阅读、听力）要大大强于主动技能（说和写），其中阅读能力最强，听的能力次之，说和写的能力最差；而 ESL 学习者的四项基本技能的训练和发展则比较均衡，阅读能力在四项基本技能中并不显得特别强，但写作能力相对来说仍是最弱的。

二、基于英语口语 ESL 和 EFL 的实践

（一）教学准备

课前准备是教学活动是否成功的第一步，而教学目标的分析、教学材料和方法的选择是课前准备的三大环节。

1. 目标分析

人们认为教学目标的定义有狭义和广义之分。狭义的教学目标指的是学校根据国家所定的教学目的及学生自身现有的生理、心理和认知发展水平而制订的教学计划。它与学校和课堂相关联。而广义的教学目标指教学目的或教学计划，实质上就是把社会的需求转变为教育的要求。总而言之,教学目标指的就是师生通过教学活动预期达到的结果或标准，是对学习者通过教学以后将能做什么的一种明确的、具体的表述，主要

描述学习者通过学习后预期产生的行为变化。那如何对教学目标进行分析？我们主要从三个方面进行分析。

（1）目标关键词化

目标关键词化指的是教师在制定某学科的课时目标时，使用具体、明确、有针对性特征的词进行表述，以使目标更加明确，具有可操作性、可检验性。根据布卢姆（Bloom）的教学目标分类，我们把课堂教学目标分为认知、情感和心理运用。这三个方面构成课堂教学活动所要实现的整体目标。因此，教师应把教学目标视为一个整体。每一个教学目标的分类都应按照从简单到高级的梯度对目标水平进行描述，每一梯度都建立在原有水平的基础上。对我们而言，最大的困难就在于如何区分相邻分类的关键词。当我们面对的是不清楚、不明确的教学目标，或是在陈述教学目标时表述不清楚、不明确时，如何解决这个问题呢？教师应多参加集体备课或是多听课，在备课前或听课后互相讨论，分享彼此的观点。

（2）目标行为化

行为目标以显性的、具体的、可操作的行为描述形式来展示课程目标。它的早期倡导者博比特（Bobbitt）认为，科学的时代要求准确性和具体性。因此，课程目标必须具体化、标准化，具有某种程度的客观性，并试图为确定课程目标提供一套操作程序。

2. 选择教学材料

（1）教学材料选择的生活化

教学材料选择的生活化，指的是教师在教学的准备过程中，设法把学生所要学习的知识和现实生活相互衔接。这样极易激发学生学习的热情和积极性，从而更好地帮助他们理解和内化知识。

（2）教学材料选择的结构化

每门学科都有各自的结构。结构指的是系统的诸要素之间相对稳定的联结方式或组织方式。布鲁纳在《教育过程》中指出，不管选择什么样的学科，我们都必须使学生理解这门学科的基本结构，学习结构就是学习各事物之间相互联系的方式。教师只有组织有结构的教学材料，才有利于学生对知识的迁移和理解。

（3）教学材料选择的情境化

教师可以利用能利用的情境来有效地实现教学目的，如果没有可利用的情境，则可以通过各种方式借助各种教学仪器创设情境，其目的是把学生引入一种特定的情境中，激发他们的兴趣，使他们积极讨论问题，通过自己的发现去习得知识。

3. 教学方法的选择

对于口语学习而言，发挥学生主体性的小组合作学习不可或缺。这源于语言本就是交流的工具，离开了人际交流，我们便无法学好它。在进行小组教学时，教师应尽可能根据学生的水平、能力进行分组，这样在交流过程中不至于使小组成员因为与其他组员水平相差太大而感到沮丧。组员应该具有一定的稳定性，不宜经常变化，为的是让学生在一个熟悉的团体中最大限度地自由发挥。为了更好地组织好小组活动，每个小组应该有组长。小组长是教师和学生进行交流的桥梁，可以由学生推选或教师指定，其职责在于代表学生的意见，协助教师进行课堂教学。开展小组活动时，教师不再是课堂的主宰者，而是一位协助者、指导者。在巡视过程中，教师要引导学生小组讨论的方向，参与学生的探讨，随时给予学生帮助，提供建议，同时尽可能让学生使用英语讨论，最后倾听小组选派出来的代表发言并对他们的发言进行总结。

通过小组讨论，学生的语言运用能力得到了加强。在共同的讨论中，通过不断地进行思想、情感交流，学生拓宽了知识面，同时也促进了创造性思维的发展，发现了自己的不足，认识到问题所在，在练习中提高了自己的口语水平。在集体合作中，学生更能意识到集体合作的重要性，增强团队精神。这时语言的学习不再是词汇的叠加，而是语言和文化在交际中的灵活使用。

（二）教学过程

教学过程可以选择互动教学法。互动教学法是指在教学过程中充分发挥教师和学生双方的主观能动性，形成师生之间相互对话、相互讨论、相互观摩、相互交流和相互促进的一种教学方法。不同于传统的以教师为中心的"满堂灌"教学法，也不同于放任学生自发学习的"放羊"式教学方法，它是现在被大家一致认可和接受的方法，被广泛地运用于 ESL 和 EFL 的课堂教学中。

在进行互动教学时，必须注意以下几点：一、教师应确定明确的目的，做充分的准备。例如，在学生提问前，教师应明确地向他们讲明提问的主题、内容和要求，以免学生的提问脱离主题，不至于学生上完一堂课后不知道所学为何物。在学生向老师提问，涉及教师的隐私（如工资、年龄等）时，我们应将有关中外文化差异的知识及时地传授给学生。二、在互动教学中，教师既要起示范作用，也要参与到对话中。教师可以和一名学生编对话，然后向全班学生示范。对于学生所提的问题，教师可以和学生一起讨论和回答。要做到这点，教师在口语课堂中，不仅要视学生为课堂的主体，对他们在课堂中所展示的聪明才智予以鼓励和赞许，也要具备较强的课堂掌控能力。当学生的积极性被调动起来后，课堂上往往会出现一些问题，这就要求教师具有较强的应变能力，发挥引导作用，迅速让学生回到上课状态，按教学目标有序地进行教学。

第三节　ESP 教学与实践

一、ESP 教学

（一）ESP 的定义与特点

ESP（English for Specific Purposes）即专门用途英语。这一概念兴起于 20 世纪 60 年代，也被学者称为特殊用途英语或专业英语。对于 ESP 的定义，国内外学者有不一样的意见。哈钦森（Hutchinson）和沃特斯（Waters）认为，ESP 是基于学习者需求的一种语言学习方法或途径，ESP 的关键是分析和满足不同学习者的不同需要。学者麦凯（Mackay）提出，专门用途英语往往为某一职业的特点和要求服务，一般指为实用目的而采取的英语教学。

在国内，学者对 ESP 定义的研究始于 20 世纪 70 年代。杨惠中先生认为，ESP 教学的教学目标、教学方法、教材方面都有特定性。伍谦光认为，ESP 教学应该是为了适应学生的某个明确的实用目的而进行的英语教学。蔡基刚认为，ESP 是 EGP（English for General Purpose，一般用途英语）的延续或扩展，国外 ESP 的现状就是未来中国 ESP 教学的发展方向。

综上所述，国内外学者对 ESP 的定义具有以下特点：① ESP 是一种为某一专业领域服务的英语教学；② ESP 教学与 EGP 不同，应该依托特定专业或职业领域进行教学；③需求分析是 ESP 教学的关键。

（二）ESP 的分类

1. 罗宾逊两分法

罗宾逊（Robinson）以学习者的学习经历为标准，将专门用途英语分成职业用途英语和学术用途英语两类。罗宾逊的分类可以使专门用途英语教学明确每个阶段的教学任务，避免专门用途英语教学混乱，因而对专门用途英语教学的课程设置极具指导意义。

2. 达德利·埃文斯和圣约翰两分法

达德利·埃文斯（Dudley Evans）和圣约翰（St. John）以职业领域为标准，将专门用途英语划分为学术用途英语与职业用途英语两种类型。按照这种分类方法，学术用途英语和职业用途英语很大程度上是相互联系的。以广告英语为例，它既可以用于广告学专业学生的学术研究，又可以适应广告设计人员的职业需要。

3. 大卫·卡特三分法

大卫·卡特（David Carter）把专门用途英语划分为受限英语、学术和职业英语、特定主题英语。具体说来，受限英语常常只适用于某一个特定的行业或职业。离开了这个环境，受限英语将无法用于正常有效的交流。学术用途英语和职业用途英语之间没有绝对的界限，二者在一定时候可以相互转化。而特定主题英语则与未来的某项需求相关。

4. 哈钦森和沃特斯三分法

哈钦森和沃特斯以学科类别为标准，将专门用途英语划分为科学技术英语、商务贸易英语、社会科学英语三个类别。

上面的四种分类是从不同的角度展开的，因此很难判断哪一种分类好，哪一种分类不好。但是，每一种分类都将学术用途英语与职业用途英语列为必选项，认为这两者是专门用途英语教学不可缺少的部分。这种共识极大地促进了专门用途英语教学的研究。

（三）ESP 需求分析

布林顿（Brinton）认为，"基于需求"的教学原则尤其体现在特殊用途英语教学和职业导向的程序教学当中。布林顿等在对 ESP 教学深入分析后指出，语言大纲应该考虑到学习者最终对目的语的使用，而且学习者认为使用含有信息的内容且与自己有关时可以提高学习动机，进而能够促进语言的学习。布林顿认为，ESP 教学是一种以特定目标为导向的英语教学，必须建立在需求分析的基础上。张晓娜指出，ESP 需求分析的实施包括掌握学习者目前的外语水平和学习目的。总的来说，ESP 需求分析就是以特定目标为导向，对语言学习者的目标情境和学习情境的需求进行分析。国内外学者普遍认为，需求分析对 ESP 教学至关重要，是 ESP 教学的基础和中心。

（四）课堂教学的原则

1. 教学内容与教学形式要与其自身特点相结合

哈钦森和沃特斯曾指出，专门用途英语并非一种专门教授英语变体的教学。事实上，为特定目的而使用的语言并不意味着它本身是与其他形式不同的特殊语言形式。尽管专门用途英语的学习范围广泛，但没有理由认为专门用途英语的学习过程和一般用途英语的学习过程不同。

通过上述言论，我们可以得出两个结论：①专门用途英语的教学内容虽然特殊，但这并不意味着它是一种特殊的语言形式。事实上，它和一般用途英语在本质上是一致的。②专门用途英语和一般用途英语有区别，这种区别主要体现在教学目标上。由于学习者的组成和所处学习阶段不同，专门用途英语和一般用途英语对学习者的培养重点和要求均有所不同。一般用途英语强调学生在日常生活中听、说、读、写、译的技能；专门用途英语则重点培养学生在专业领域中听、说、读、写、译的能力，使学习者最终能够达到运用英语获取所需专业信息的目标。由此可见，一般用途英语是专门用途英语的基础，而专门用途英语则是一般用途英语的延展和拔高，二者在教学上各有特点。

2. 与双语教学区分开来

专门用途英语和双语教学看似相近，实则有着本质的区别。二者的教学目标不同：专门用途英语教学的根本目的在于提高学生的英语交际能力；而双语教学的根本目的在于向学生传授专业知识。以市场营销英语为例，其本身和用英语讲授市场营销专业课有着本质的不同。市场营销英语重点在于讲授市场营销领域中的英语特点、句法规律和表达方式。其本质是一种英语教学，其课程也应该归属于英语专业。而用英语教授市场营销的重点在于传授系统、完整的专业知识，英语只是一种教学语言而已。其本质是市场营销教学，其课程应该归属于市场营销专业。

3. 以学习者为中心和遵从语言教学的相关要求

从哈钦森和沃特斯对专门用途英语的定义来看，专门用途英语是一种以学习者为中心的语言教学方式。专门用途英语教学必须关注学生的需求，突出学生的课堂主体地位，一切教学活动都应以学生为中心，这一点是由其含义所决定的。

4. 处理好与其他教学要素之间的关系

专门用途英语与一般用途英语、教学法、教材、教师都有着紧密的联系。对这种联系把握得是否到位以及处理得是否得当都直接影响着课堂教学效果。

二、课堂教学内容的设计

教学内容的设计是以教学目标为基础，基于 ESP 需求分析对教学的具体内容、范围、深度进行设计，力求保证最优的教学效果。教学内容的设计是课堂教学设计的重要组成元素。做好教学内容的设计，应该做到以下几点。

1. 阶段性需求分析，挑选难度适中的教学内容

教师应该根据学生的实际能力水平挑选难度适中的教学内容。这需要英语教师不定期对学生做阶段性的需求分析。需求分析是一个动态可变的过程，学生对不同单元、不同专题的了解程度、学习兴趣、可以接受的难易程度都是不一样的。因此，除了总体教学设计需要需求分析，每一单元或专题的教学内容设计也应该做好需求分析。教师可以通过阶段性的需求分析，对学生的学习动机、原有知识技能水平、学习需求及目标等信息进行调查，力求设计符合学生需求的、难度适中的教学内容。

2. 以实用知识为依托的教学内容设计

当前的教材以英语专业学生在未来的工作中可能会遇到的工作场景或任务设置教学内容。例如，对于跨境电商这一领域而言，并没有特定的章节专门介绍跨境电商工作所使用的 ESP 商务英语。因此，为了让商务英语的教学内容更加适应学生的学习需求和社会需求，教师应该对教材内容做适当的调整、取舍与补充。

3. 注重教学内容的拓展和延伸，培养学生的跨文化交际能力

在进行教学内容设计时，教师不能仅围绕教材内容进行设计，还需要针对学生 ESP 需求分析结果，对教学内容进行拓展和延伸。

大部分学生表示除书本知识外，还希望学到各国的风俗人情、国际礼仪、不同语种的简单表达等知识。另外，有企业负责人在访谈中表示，希望学校在培养学生的过程中注意对学生跨文化意识的培养。结合学生的学习需求和企业的人才培养需求，学校不仅要提高学生的英语水平，还应该培养学生的跨文化交际能力。交流群体来自世界各地，涉及不同国家的文化背景。跨越文化障碍，避免文化冲突，是业务交流顺利开展的重要保障。因此，英语教师应该在教学内容设计上，加入不同语种的称呼语、见面和辞别时的简单对话，以及不同国家的饮食喜好、社会风俗、消费习惯等内容，丰富学生的跨文化知识，提高学生的跨文化交际能力。

三、课堂教学策略的设计

教学策略的设计是课堂教学设计的中心环节。教学策略是指以一定的教育思想为指导，在特定的教学情境中，为实现教学目标的制定，并在实施过程中不断调整、优化以使教学效果趋于最佳的系统决策与设计。根据 ESP 需求分析结果，我们提出以下课堂教学策略的设计意见。

1. 在落实 EGP 教学的基础上重点开展 ESP 教学

由于 EGP 和 ESP 具有很大的交叉性和重合性，一般用途英语教学和商务英语教学无法完全分离。进一步说，ESP 商务英语课程应该在 EGP——一般用途英语课程的基础上开展。扎实的英语基础是学好 ESP 商务英语的关键。然而，通过对学生英语水平的调查发现，技工学校跨境电商方向的学生英语基础普遍比较差，属中等偏下水平。针对技工学校跨境电商学生的实际情况，商务英语教师不应该直接跳过相应章节的 EGP 教学内容，仅围绕 ESP 商务英语进行教学，这样会让英语水平不高的学生跟不上。反之，教师应该让学生注重基础知识的积累，提高学生听、说、读、写、译的能力，在落实 EGP 教学的基础上，重点开展 ESP 英语教学。

与一般用途英语不同，商务英语是涉及各种商务活动的专门用途英语，在词汇、句型、语篇特征上具有明显的专业性。因此，ESP 教学也要体现专业性这一特点。例如，在商务英语词汇方面，学生在实际工作中经常使用缩略语、专业名词、正式用语及新词等。跨境电商人员在实际工作中经常用 QS（质量标准）、IM（进口）、BIZ（贸易）、WK（星期）、NU（新的）等缩略词。另外，在跨境电商贸易过程中，如果涉及商务电函沟通，电函应行文简洁、具体、准确且表达委婉，并且经常使用套语。商务英语教师应该以跨境电商行业为依托，引入真实的教学材料，在落实 EGP 教学的基础上，重点开展 ESP 专业教学。

2. 采用多样化的教学方法

（1）合作学习

合作学习，可以理解为分组教学法。合作学习将单个的学习个体通过自由组合或者教师干预组合的方式分成一个个两人以上的学习小组。

合作学习是互助互爱、互教互学的互补学习过程。合作学习的过程中，团队成员面对荣耀或挫折的时候共同进退。合作学习让学生在团队归属感的带动下提升自我效能感，提高学习能力和协调能力，对促进学生全面发展起着重要作用。例如，技工学校的学生自主学习意识普遍较差，有时甚至迟到、旷课，部分同学担心自己的表现导致团队其他成员扣分，因此不旷课、不迟到。因此，合作学习对学生起到了一定的鼓励和约束作用。

(2) 情境教学法

情境教学法在商务英语教学中较常用，也是学生喜欢的一种教学方法。情境教学法是指教师根据教学目的和教学内容，为激发学生的学习兴趣，有目的地创设形象、生动、有趣的学习场景，设置系列教学活动的过程。通过情境教学，学生能够更具体、直观地了解商务工作场景，更好地在实践中融合已有知识与新授知识，大大激发了求知的热情和学习兴趣。在实际教学过程中，教师应该针对教学内容选择符合学生实际情况的情境创设方式。常用的情境有以下几种：①以实物或者实际工作场景为依托的实体情境。实体情境有助于学生实在地感知真实环境，加深学生对新授知识的印象。②模拟情境。通过角色扮演、多媒体视频播放、跨境电商平台操作等方式模拟真实的工作场景，让学生代入买家、电商客服、网页优化师等身份参与到真实的贸易流程，提高实际工作能力。③教师情境。让学生担任教师这一角色，根据教学目标对教学内容进行备课、讲解。从课程准备到课堂讲解这个过程有助于学生梳理知识、掌握知识。总之，教师在使用情境教学法的时候，应该结合学生需求分析和教学内容实际综合考虑，科学合理地安排教学，力求得到最优的课堂教学效果。

3. 提倡联合授课的教学模式

根据某学校跨境电商方向教学计划得知，跨境电商方向的学生除了商务英语这门专业核心课外，还开设了网店推广技巧项目等专业课。根据对学生的访谈结果，学校将商务英语教材与跨境电商方向的其他专业课教材进行比较。经对比发现，商务英语教材内容与其他中文专业课部分章节的内容有许多共同点，在某种程度上，可以理解为对应章节的英文版。为了让学生更好地把商务英语知识与跨境电商专业知识应用于真实的工作场景中，学校应该提倡专业教师与商务英语教师联合授课的教学模式。这样一来，学生可以通过课堂将商务英语与跨境电商专业知识融为一体，减少了"消化再转化"的中间环节，能够让学生更好地掌握教学内容。

联合授课是指商务英语任课教师根据教学内容和教学需要，选择与跨境电商专业教师共同完成课堂教学过程的教学模式。联合授课前，商务英语任课教师应该与相应的专业教师联系，共同备课并确定主讲教师和辅助教师的工作分工。这样，学生用相同的课堂时间，却达到双重的学习效果。联合授课的教学模式在促进学生高效学习的同时，也有利于教师实现优势互补，提高师资水平。综合以上原因，在对跨境电商方向的学生进行教学的过程中，应该提倡联合授课的教学模式。

四、课堂教学环节的设计

课堂教学环节设计是指教师在课堂教学过程中，对各个教学环节的设计与处理。课堂教学环节设计，直接影响着课堂教学效果。ESP 需求分析调查显示，学生对商务英语课堂教学环节的满意度不高，超过七成的学生认为目前的课堂教学环节有必要改进。因此，商务英语任课教师应该重视教学环节的设计，力求在有限的教学时间内提高课堂教学的成效。综合分析调查结果，我们针对课堂教学环节设计提出几点建议。

1. 根据实际情况，适当调节教学环节

当前商务英语课堂教学环节主要以"传递—接受"为主，主要分为"课程导入、知识新授、探究学习、巩固展示、总结拓展"五大部分。由于教学时间、教学内容、教学方法及课型（新授课、复习课、练习课、综合课）的不同，课堂教学环节也灵活多变。教师应该根据实际教学情况，对实际教学环节进行适当的调整。例如，在练习课上，由于教学内容比较枯燥，教师可以根据技工学校学生的特点，增加"课前热身"和

"课后拓展"环节。这里所说的"课前热身"可以是列入学生综合评价的具有延续性的教学环节。

2. 以学生为中心，精心设计每个环节

以学生为中心，精心设计、合理安排每一个教学环节是课堂教学成功的关键。那么，教师应该怎样精心设计每个教学环节呢？在设计教学环节之前，教师应该根据学生的 ESP 需求分析结果确定每堂课的教学目标，再根据教学目标剖析教材，从而生成课堂教学内容。教学目标和教学内容的确定应该以学生为中心，以适用为度。首先，在"课程导入"环节巧妙地"导入"是课堂教学效果的保障，可以激发学生的学习兴趣。"课程导入"的方法灵活多样，可以选择音乐、画面、视频、实物、游戏、问题导入等方式。其次，从"课程导入"到"知识新授"环节，教师应该注意教学环节的过度与衔接。在"知识新授"环节，教师应该尽量避免"一言堂""满堂灌"的教学方式。教师应该以学生为中心，根据教学内容设计相应的教学活动。例如：可以通过对教学内容中的知识点的提炼形成商务情景剧本，让学生通过情景剧排练达到学习目标；也可以将教学内容细化成一个个小任务，采取情境教学法，让学生以团队的方式自选任务，代入教师角色，对相应知识进行讲解。

3. 充分利用教学媒体，活化教学环节

教学媒体是指在教学过程中所涉及的、需要的各种工具。皮连生、刘杰认为，教学媒体可以分为传统教学媒体和现代教学媒体两种。其中：传统教学媒体是指教科书、黑板、粉笔、挂图、标本、模型、实验演示装置等；现代教学媒体包括幻灯片、投影仪、广播、录音、录像、电影、电视、计算机等。随着"互联网 +"时代的到来，众多新型的教学媒体应运而生，对于教师充分利用教学媒体设计课堂教学环节起到了添砖加瓦的作用。

第四章　跨文化语言交际

第一节　文化、语言与交际

　　人类在发展过程中创造了文明，形成了文化。无论是指南针、造纸术还是电灯、电话，都是人类共有的财富。人们在享受科技文明的同时，赞叹人类的聪慧。不同国家、不同种族的物质文明比较容易让人接受，但是不同国家、不同种族的文化中与自身文化存在巨大差异的精神文明却难以让人理解。今天，全球化所带来的跨文化交际是国际公认的 21世纪公民的核心技能之一。随着外语教学在全世界范围内的蓬勃发展，不同的语言已经不是障碍，真正的障碍是人们对不同语言下的文化模式和文化传统的不理解和不接受。

一、文化

（一）文化的定义

　　《现代汉语词典》中关于文化的定义就有三个，其中一个很宽泛的解释就是："人类在社会历史发展过程中所创造的物质财富和精神财富的总和，特指精神财富，如文学、艺术、教育、科学等。"它包括两方面的内容：一方面泛指人类物质财富和精神财富的总和；另一方面又特指文学、艺术、科学等。20 世纪 80 年代以来，关于文化的讨论也有两种。一种从广义层面认为文化是人类区别于其他动物的独特创造，包括人类所创造的一切成果，即物质成果和精神成果，主张文化是人类所创造的物质财富和精神财富的总和，同时又把文化分为三个层次：第一层次是物质文化，它是经过人的主观意志加工改造过的；第二个层次主要包括政治及经济制度、法律、文艺作品、人际关系、行为习惯等；第三个层次是心理层次，或称观念文化，包括人的价值观念、思维方式、审美情趣、道德情操和民族心理等。另一种从狭义层面界定，认为文化就是人类所创造的精神成果。在文化学或文化人类学中，"文化"一词通常指人类社会区别于其他动物的全部活动方式以及活动的产品。就这一概念的核心内涵而言，它的意义是明确的。然而，在实际研究中，专家们给的定义却五花八门。

（二）文化的表现形式

一种文化系统的内部往往呈现出不同的姿态。美国文化人类学家克罗伯（Kroeber）和克拉克洪（Kluckhohn）将文化分为外显文化和内隐文化。他们认为，只有真正理解了内隐文化才能理解文化的本质。

文化是一个大范畴，广义的文化包括人类改造过的自然或自然物和政治、经济、艺术、哲学、民俗、心理等社会生活的各个方面。它可以分为实物、风俗习惯和制度、思想产品和心理意识等多种层次。文化可以被广义地定义为某一特殊社会生活方式的整体，如罗马文化、阿拉伯文化、华夏文化等。同时，这一整体中的部分，因为能够体现该文化的特色也可以被称为文化。

（三）文化的作用

1. 文化的社会作用

文化是一种精神力量，在人类认识世界、改造世界的过程中，可以转化为物质力量，对民族、社会的发展产生深刻的影响。先进的、健康的文化对社会发展产生推动作用，落后的、腐朽的文化对社会发展起阻碍作用。

文化对人类与社会也有其他方面的作用。从广义上说，文化提供了人类社会用以维持自身系统的三大要素：结构（structure）、稳定（stability）与安全（safety）。从狭义上说，文化的功能在于给社会成员提供一个起心理与言语作用的情境，指一群人日常生活的环境。

2. 文化的教化作用

文化通过其中蕴含的知识体系、价值观念、思想信仰和行为规范等规范人们的行为，使人们有效地适应社会环境和社会关系，在行为上与社会要求保持一致，尤其是在思想信仰和价值观念方面与社会要求保持一致。

3. 文化对经济的作用

文化能凝聚人心、振奋精神、更新观念、开阔视野、提高素质，从而推动经济发展。

4. 文化对个人的作用

文化可以帮助人启蒙心智、认识社会、教化思想、愉悦身心、陶冶性情，获得精神上的满足。优秀的文化能够丰富人的精神世界，培养健全的人格，引领人前进，增强人的精神力量，促进人的全面发展。

二、语言

在很多文化分类中，语言都是重要的组成部分。了解语言的内涵、功能等，有利于理解语言在交际中的作用，以及在语言教学中进行文化教学的必要性。

（一）语言的定义

美国语言学家萨丕尔认为，语言是人类所特有的、非本能地使用自发创作的符号沟通思想、表达情感和愿望的交际手段。美国语言学家乔姆斯基在《句法结构》一书中指出：语言是一组（有限或无限的）句子，每个句子长度有限，并由有限的成分构成。语言学家对语言的定义虽然在表述上有区别，但都是从语言本质的角度出发。大多数语言学家的观点是：语言是用于交际的符号系统。

语言学家认为，语言是人类所特有的交流手段，动物也有各式各样的沟通方式（气味、舞蹈、声音等），却无法与人类的语言相比。我国古人也认为："人之所以为人者，言也。人而不能言，何以为人。"美国语言学家霍凯特（Hockett）提出了人类语言不同于动物沟通方式的几种区别性特征，具体包括：

语言的任意性，指符号与所指物之间的关系是任意的，即词素的音和义之间的组合是任意的，不是有意设计的。语言学家们在语言的任意性上达成了共识。

语言的结构二重性，指在语言研究中发现语言具有双重结构特征。在语言的高级结构中，语言是有意义的最小单位的集合，如词素和词；在语言的低级结构中，语言是序列化的切分成分的排列。这些切分成分自身没有意义，但是可以组合成意义单位。在语言结构中，低层次的语音单位组成高层次的更大的单位，叫作结构二重性。

语言的创造性，指我们可以理解和创造本族语言中无限多的句子，而且包括那些从未听过的表述。语言的创造性和能产性来自语言的二重性，说话者能够结合各个语言单位形成无数的句子。

语言的移位性，指语言既可以描述在场的事物，也可以描述不在场的事物。换言之，语言可以描述过去、现在、未来的真实的或想象的东西，甚至可以描述自身。

语言的文化传递性，指语言系统必须通过学习才能获得。尽管人类的语言能力需要一定的生物基础，但语言不以遗传方式传递。人们学习语言是文化现象，不是生物现象。

随着语言学研究的发展，语言的构成要素，如语音、句法、语意、语用等的研究都有了长足的进步，但是关于语言起源的研究还停留在假说阶段，如摹声说、感叹说、劳动叫喊说等。

"劳动叫喊说"认为语言起源于伴随劳动发出的叫喊。这种叫喊声演变为劳动号子，进而演变为原始语言。

然而，这些假说中可能创造出的词汇数量有限，不能概括人类语言的复杂现象。

（二）语言的功能

语言是交流的工具，所以语言的主要功能是交流。著名语言学家雅各布森（Jakobson）在著作《语言学与诗学》中定义了言语行为的六个要素：说话者、受话者、语境、信息、语码、接触，并在此基础上构建了语言功能框架。

英国当代语言学家韩礼德提出了语言元功能理论，认为语言具有概念功能、人际功能和语篇功能。概念功能构建经验模型和逻辑关系；人际功能反映社会关系；语篇功能反映了语言和语境的关系。

由于各种语言功能学说具有一定的重复性，北京大学教授胡壮麟总结了语言的七种主要功能。

1. 信息功能

语言反映思维的内容。记载和记录信息，是语言的重要功能。韩礼德所说的概念功能是信息功能。语言为表达内容服务，内容是说话者自我意识的内部世界。

2. 人际功能

人际功能是语言的社会功能，人们通过语言建立并维持在社会中的身份和地位。功能语法框架中的人际功能注重说话人和受话人的相互关系，以及在话语中表达的态度，即表明交际双方亲密程度的语气及称呼上的用词等。

3. 施为功能

语言的施为功能，即行事功能，指在正式场合使用的仪式化的语言，其结果可能改变受话者的命运、社会地位等，如婚礼、宣判、祈福等场合中持有话语权的人所说的施为性语言。

4. 情感功能

情感功能既可以体现为改变受话者情感的表达，如赞扬、责骂等，也可以是说话者自我情感的表达，如表示懊恼、愤怒或感叹等。

5. 娱乐功能

利用语言的音、意、节奏等进行游戏性质的表达和创作，如绕口令、儿歌、诗歌等。

6. 元语言功能

语言学研究语言，同时用语言记载和描述研究的过程和成果，语言的这一功能叫作元语言功能。

三、交际

交际无所不在。人们每天都在进行交际，有人存在的地方就有交际活动。日常生活中交际的例子不胜枚举。婴儿一降生就开始啼哭，啼哭就是婴儿与外界交际的方式。它代表的含义可能是"我饿了""我渴了"。交际，即使用符号和语言的能力，这种能力把人类与动物区分开来。交际是所有人类活动的基础。

（一）交际及构成因素

交际（communication）这一概念与"共同"密切相关，即"共同"和"共享"是交际的前提。只有来自同一文化的人们才能在很多方面实现共享，才能进行有效的交际。可见，交际与文化是密不可分的，交际是文化的一部分。文化就是一系列我们要学习和共享的代码，学习和共享文化的过程需要交际。不同文化背景下的人对交际有不同的理解，对交际的不同定义反映了不同文化的价值观。

西方文化把交际看作是传递信息的过程，强调交际的工具性功能。他们认为达到个人的目的就是有效的交际。而东方文化则认为除了发送和接收信息，交际更重要的目的是保持人际关系。他们往往认为保持人际关系比交换信息更重要。

交际的过程包括信息源、编码、信息、渠道、干扰、信息接收者、解码、信息接收者的反应、反馈及语境十个要素。

1. 信息源

信息源通常指具有交际需要和愿望的具体的人。信息源是消息的制造者。贾玉新指出：所谓需要就是指希望别人对自己作为个体而存在的认可，对自己思想的共享或改变别人态度和行为的社会需要；而愿望则是指试图与别人分享自己的内心世界的欲望。因为交际过程通常由一人以上参与，所以交际中通常有多个信息源共同存在。

2. 编码

交际过程中人们不能直接共享观念和思想，而必须借助符号。人们把思想以符号的形式表达出来,这个把思想转化成符号的过程称为编码。人们表达同一思想的符号并不相同，往往受到文化的影响。人们的思想可以通过语言或非语言符号的形式表达出来。

3. 信息

信息是编码的结果。编码是行为，是动词；信息是结果，是名词。信息表达了信息源想要分享的想法和感受，是信息源内心所思的具体表现。它是交际个体在时空中某一特定时刻的心态的具体写照。信息可以通过语言或非语言符号表达出来，包括词汇、语法和思想的组织，外貌特征、动作、声音以及个人性格的某些方面。

4. 渠道

所谓渠道就是传递被编码的信息的途径。渠道是把信息源和信息接收者连接起来的物理手段或媒介。信息传递的手段多种多样：可以是书面形式的，如书信往来、书刊、报纸、告示等；可以是电子形式的，如电话、电视等；还可以是声波和光波形式的，如广播、录音等。除了使用书籍、电影、录像带、电视机、电脑、广播、杂志、报纸、图片等传递信息，人们还可以通过味道、气味和触摸来传递信息。

5. 干扰

任何影响信息的因素都被称为干扰。干扰有很多种形式，大致归为三类：外部干扰、内部干扰和语意干扰。外部干扰指分散人们对信息的注意力的声音、图像和其他刺激物。外部干扰来自环境，阻止信息的接收。如你和朋友聊天时，直升机从空中飞过，你们听不到彼此说话，马达的轰隆声就是外部干扰。内部干扰指干扰人们注意信息的思想和感受。内部干扰指信息的发出者或接收者的思想和感受没有集中在交际本身，而集中在其他事情上。如上课时学生们饿了，想着午餐，而没有集中注意力听课。有时，人们的信仰和偏见也会成为内部干扰。语意干扰指信息源发出的信息符号包含多个意思而造成的干扰。

6. 信息接收者

信息接收者是接收并注意信息的人。信息接收者可以是有意图的，如他就是信息源意欲交际的对象；也可以是无意图的，如他恰巧听到了某个信息。交际通常是一个连续不断的、反复的过程。交际中，人们通常既是信息源，又是信息接收者。

7. 解码

解码是与编码相反的过程，也是对信息加工的心理活动。信息接收者积极地参与交际过程，赋予接收到的符号信息含义。

8. 信息接收者的反应

信息接收者的反应指信息接收者在解码后的行为。信息接收者的反应包括：对信息源的行为听而不闻、视而不见，不采取任何行动；采取了信息源所期待的行为或信息源不希望看到的行为。

9. 反馈

反馈是信息接收者反应的一部分，是被信息源接收到，并且被赋予含义的信息接收者的反应。不同的读者阅读同一本书后会有不同的反应，但是只有读者参与了某项调查，或者给作者写信谈了自己的感受，反馈才发生。反馈对交际十分重要，交际者可以通过反馈来检验自己是否有效地传达和分享了信息，以便及时对自己的行为做出调整。一般来说，面对面的交谈中，交际者得到反馈的机会最多。

10. 语境

语境是交际的最后一个组成部分。所谓语境，就是交际发生的场所和情景。语境可以是物理的、社会的和人际的。交际发生的语境能够帮助人们更加深入地了解交际。比如，人们了解了交际发生的物理语境，在某种程度上就可以准确地预测所要发生的交际。

（二）文化对交际的影响

语言是人们交际的重要手段。人们常常认为如果掌握了对方的语言就能够进行成功的交际。事实并非如此，文化在很大程度上影响了人们交际的方式。文化对交际的影响有两个方面，即对言语交际的影响和对非言语交际的影响。

1. 文化对言语交际的影响

文化对言语交际的影响体现在很多方面。前面我们已经讨论了文化对语言本身的影响，在此主要探讨文化对交谈模式和交际风格的影响。

（1）文化对交谈模式的影响

文化对言语交际的影响首先体现在对交谈模式的影响。交谈是一种重要的交际方式，人们的交谈模式因为各自的文化不同而呈现差异。人们一旦掌握了某种文化的交谈模式，与人交谈就是一种快乐的体验。

(2) 文化对交际风格的影响

来自不同文化的人们在交际风格上也表现出明显的差异，体现在下面两类交际风格中。

第一类是直接交际风格和间接交际风格。所谓直接交际风格，即交际中人们把自己的愿望或意图直接地表达出来。交际中人们更多的是依赖语言符号来传达信息。比如在美国，人们常使用"当然了""没问题""毫无疑问"等表达方式，来直接表达自己的观点。在交际中，人们强调语言的准确性。一般来说，西方国家或低语境文化的国家，如美国、英国、德国及加拿大等，多采用直接交际风格。

间接交际风格指在交际中人们会有意识地隐藏自己的意图，或者通过间接的方式表达自己的意图。间接交际风格的特点是使用含蓄的、含糊不清的语言。交际中，人们更多的是依赖非语言符号来传达信息，不依赖"言传"而更多地依赖"意会"，人们对意义的理解很大程度上来自语境。而且，在间接交际时，人们会尽量保全对方的面子，避免发生正面的冲突，以便保持良好的社会关系。一般来说，高语境文化，即受儒家文化影响较深的亚洲国家，如中国、日本、泰国及韩国等，倾向于使用间接交际风格。

第二类是个人交际风格与语境交际风格。个人交际风格指在交际中人们强调交际者个人的身份。使用个人交际风格时通常在句子中使用第一人称代词。例如，在英语中只有一个第二人称代词"you"。无论与朋友、陌生人还是与总统先生讲话，都可以使用"you"，而汉语中有"您"和"你"。美国人在交流中一般比较随意，很少使用正式的称呼，最常用的词语是"you"和"I"。

语境交际风格指在交际中人们强调角色和地位。社会语境决定了词汇的选择，尤其是代词的选择。例如，在泰国，人们在选择代词的形式时要考虑对方的地位与对方和自己的熟悉程度等因素。日本使用的是语境交际风格，其交际特点是使用很多敬语。交谈中人们要根据自己的地位和对方的地位选择恰当的敬语形式。

2. 文化对非言语交际的影响

文化对交际的影响不仅体现在言语交际中，在非言语交际中也有所体现。非言语行为和文化一样都是代代相传和后天习得的，都是历史和文化长期沉淀而成的某一社会共同的习惯。非言语交际在交际中占有重要的地位。有研究表明，在面对面的交际中，信息的社会内容只有35%是言语行为，其他都是通过非言语行为传递的。因此，了解不同文化在非言语行为方面的差异在跨文化交际中有十分重要的意义。文化对非言语交际的影响主要体现在以下几个方面。

（1）身势语行为

人们对动作和手势等符号赋予的意义呈现出文化的差异。同一个身势语动作在不同的文化中代表不同的含义。例如，"OK"这个手势，在美国表示"同意"等意思，在日本表示"钱"，在法国表示"零"或"没有价值"的意思，在巴西则是一个令人反感的动作。再如，点头这个动作，在大多数的文化中都代表"是"或"同意"的意思，也可以在打招呼时使用，而在阿尔巴尼亚和保加利亚则表示"不"或"不同意"。

表示同一个意思时，不同的文化会使用不同的身势语动作，这再次验证了符号与其代表的意义之间的任意性。例如：在美国和中国，竖起食指表示数字"1"；而在欧洲的大部分国家，竖起拇指表示数字"1"。不同的文化表示"再见"的手势也不同：在意大利和哥伦比亚，再见时，人们把手掌和手指随手腕前后摆动（与美国人表示"到这儿来"的手势一样）；而美国人则习惯左右摆动手掌和手指来表示"再见"。

（2）近体距离

近体距离是指每个人在交际时要求别人与自己保持一定的距离。一旦别人与自己之间的距离超过允许的限度，人们就会觉得不安和紧张。不同文化中人们对近体距离的要求也不同。在英美文化中，人们交际时保持的近体距离比较大。在并肩同行时，英美国家的人们会保持三四尺的距离。异性中国人同行时也往往保持类似的距离，而同性中国人会离得很近。在乘坐电梯时，在空间允许的情况下，美国人尽量与其他乘客保持较远的距离。而即使在只有两名乘客的情况下，阿拉伯人也习惯性地站在另一名乘客的旁边。

（3）色彩学

不同文化的人们对色彩赋予的含义也有差异。例如：在美国，白色代表纯洁，白色是婚礼的主色调，新娘的婚纱也是白色的；而在中国和日本，白色代表忧郁，是葬礼的主色调。又如，紫色在美国代表高贵和神秘，而在拉美国家则代表死亡。再如，红色在美国代表浪漫和激情，在中国代表喜庆和吉祥，而日本人则忌讳红色。

（三）交际的特点

交际是一个包含诸多因素的复杂过程。了解交际的特点能够帮助人们加深对这一复杂过程的理解。

1. 交际是动态变化的过程

交际是一个连续的不断变化的活动，而不是静止不变的。交际就像是一部动画片，而不是一幅图片。交际中人们说出的话语和做出的行为很快就被其他的话语和行为取代。在交际中，人们不断受到彼此发出的信息的影响，而且交际的各个构成要素之间彼此作用，所以交际处于不断的变化之中。

2. 交际是不可逆转的过程

一旦说了话，说出的话被别人听到并且赋予意义，我们就无法收回自己说出的话。交际一旦发生，就是一个完结的活动，就不能被收回，它是一个不可逆转的过程。

3. 交际具有符号性

符号是人们交际过程中传达和分享意义的媒介。交际中符号是人的思想的载体。符号可以是语言的或非语言的，可以是任何一个代表意义的词语、行为和物体。制造符号是人类特有的能力。动物之间也进行交际，但它们的交际与人类不同，不是以符号为媒介。符号的使用具有主观性，每一种文化的人们都使用符号，赋予符号不同的含义。

4. 交际是系统的过程

交际不是孤立地发生的，而是处于一个庞大的系统中。这个系统包括交际发生的场景、场所、场合、时间和参与交际的人数。

交际发生的场所在某种程度上也对人们的交际行为做了规定。在礼堂、饭店或学校，人的交际行为会呈现不同的特点。人们的行为，可能是有意识的或无意识的，深深根植于所在的文化中。

交际发生的场合也能够控制交际者的行为。人们都知道在礼堂中可能举行毕业典礼、话剧表演、舞蹈表演或者纪念活动。每一种场合都有特定的行为模式，每一种文化所规定的行为模式又各不相同。

时间对交际的影响不明显，常常被忽视。任何交际都发生在一定的时间区间，如正式的演讲和一般的谈话持续时间不同。人们也用时间进行交际。例如，在美国，人们就经常使用时间表和备忘录等，因而总能感到时间的压力。

参与交际的人数也会影响交际的过程。当你对一个人讲话和在一群人面前讲话时，你的感受和行为一定不同。

5. 交际是自省的过程

人们不仅用符号来描述和思考发生在周围的事情，还用符号来反思自己的交际行为。这种天赋使人们同时扮演着交际的参与者和交际的观察者两种角色。在交际过程中，人们同时观察、评价和调整自己的交际行为。从这个意义上来说，交际是一个参与者自省的过程。例如：有些文化中人们更关注自己，交际时会花很多时间和精力观察自己，关注自己在交际中的表现；有些文化中人们更加关注他人，交际中也会进行自省活动，但更多地关注他人的表现，而不是关注自己的表现。

6. 交际是交互式的过程

交际的交互性体现在交际中所有的参与者共同发挥作用，共同创造和保持意义。交际中，人们每时每刻都在同时发送和接收信息。

交际有过去发生的、现在发生的和将来发生的。人们对某一情景的反应受到自身经验、情绪和期待的影响。例如，当我们很了解某人时，我们会根据我们过去的认识和经验对将要发生的交际进行预测。将来也会影响现在的交际。例如，我们希望彼此的关系能够继续发展，就会自动地调节自己的言行，为将来实现自己的目的而做准备。

7. 交际发生在特定的语境中

所有的交际都发生在一定的语境中。交际发生的语境可以是物理语境、社会语境和人际关系语境。

物理语境指交际实际发生的地点：室内的或户外的、拥挤的或安静的、公开的或私人的、寒冷的或炎热的、明亮的或黑暗的地点。

社会语境指交际发生的不同社会场合，如婚礼、葬礼、课堂、体育比赛。每一种社会场合都对人们的交际行为有不同的期待和规定。例如，在西方国家，婚礼上新娘穿白色的婚纱，其他女宾不可以穿白色的裙子，否则会被视为不礼貌。上课时学生要注意听讲，不能大声喧哗。而在看体育比赛时，大声呐喊为运动员加油就是得体的交际行为。

人际关系语境指交际中交际双方所处的社会关系。人们对处于不同社会关系的人之间发生的交际行为有不同的期待。例如，师生之间的交际行为与好朋友之间的交际行为截然不同。同样，同事之间、家庭成员以及熟人之间的交际活动在话题的选择、说话的语气和态度等方面也各不相同。

第二节　文化与语言教学

语言教学在中国可谓历史悠久，古人学习四书五经，是希望自己的语言精练犀利、富有思想。随着社会的进步与发展，国际交流机会的增多，掌握一门或几门外语已成为衡量人才的一个必要条件，外语教学也随之发展。早期的中国外语教学工作者对外语教学理论的探讨并不重视。然而，经过时间的验证，人们发现单纯的学习语言不能满足跨文化交际的需要。语言是一种交流工具，学习语言的最终目的是交际。在交际中，仅掌握语言知识，即语法正确、语音标准是不够的。交际发生在语境中，很大程度受文化的影响和制约。

一、文化教学的目标与内涵

文化教学致力于传授人们交际所需的或与外语教学有关的文化知识，也就是研究两种社会文化的异同，使学生对文化差异保持高敏感度，并把它用于交际中，从而达到成功交际的目的。文化意识和跨文化交际能力的培养需要教师的帮助和引导，需要在英语课程教学过程中，把文化教学融入语言教学中。传统意义上的文化教学是教授目的语国家的历史、地理、国家机构、文学艺术以及影响理解文学作品的背景知识。

文化教学不仅仅是讲授不同国家的文化现象或者传授给学生一些文化知识，还要培养他们的跨文化交际能力。学生如果只是死记硬背一些文化知识，往往会在跨文化交际过程中因循守旧、不擅变通，但文化不是一成不变的。只有真正掌握跨文化交际的原理和技巧，才能以不变应万变，达到得心应手地进行跨文化交际的目的，这才是文化教学的真正内涵。

二、文化在语言教学中的重要性

外语学习由几部分组成，包括语法能力、交际能力、语言的准确性和对本族文化及其他文化的态度的转变。无论是对研究者而言还是对普通外语学习者而言，文化能力，即有关风俗、习惯、信仰和意义系统的知识，毋庸置疑都是外语学习不可缺少的一部分。许多教师已经把文化教学作为一个教学目标融入语言课程中。在过去十年中已经受到足够重视的交际能力，强调的是"语境"的作用。在不同的情境中，交际者应该得体地运用语言。语境中蕴含着文化规则，发生在具体语境中的交际行为受文化的限制。因此，交际者要实现有效、得体的交际，就要了解语言的语法知识（语法能力），也要解读语境所暗含的文化意义（交际能力或文化能力）。两种能力相互补充，形成交际能力。

仅仅把语言当作一种符号，只学习语法规则无疑是一种错误的观念。从某种程度上来说，如果只关注与语言有关的社会动态，而不熟悉社会和文化的结构，也可能在跨文化交际中发生误解。所以，外语学习就是外国文化的学习，在外语课堂中教授文化知识是毫无疑问的。我们应该讨论的是，文化的含义是什么，怎样才能将文化融入语言教学中。

文化语用失误比单纯的语言错误更容易在跨文化交际过程中造成不良的影响。因为受话者很容易发现表面的语言错误，如语法错误、语音不准确等。这种错误一旦被发现，受话者充其量认为说话者缺乏足够的语言知识，可以谅解，甚至会对说话者敢于交谈的勇气表示钦佩。而对于文化方面的语用失误，受话者却看得更重。如果一个能说一口流利外语的人出现语用失误，他很可能被认为缺乏礼貌或不友好。他在交际中的失误不会被归咎于语言能力缺乏，而会被看作行为粗鲁或充满敌意。所以，外语学习者在学习一门语言时不应忽视目的语文化。随着文化在语言习得中的重要性逐渐被肯定，语言教学研究者和工作者开始进一步探讨如何有效地在外语教学过程中渗透文化知识，于是就产生了"文化教学"这一概念。第二语言教学的目的主要是让学生把言语作为交际工具来掌握。寓语言教学于文化背景的目的之一是发现并排除干扰语言交际的因素。不同文化层的语用失误贯穿于英语学习和使用的每个阶段，因此，不同阶段的语言教学应与不同层次的文化教学有机地结合起来，从而建立一个相应的文化认知系统，以使学生的英语水平得到全面提高。

三、文化教学的原则

鉴于文化概念的复杂性和文化内容的广泛性，语言教学中增加文化教学内容或者渗透文化知识应该遵循一定的教学原则。

1. 实用性原则

所谓实用性是指文化教学应结合语言实际。由于文化是不断变化的，因此文化教学内容应是"共时"文化。在文化教学过程中，教师应尽量将文化背景知识具体化、形象化，避免过于抽象地讲解，否则学生会认为文化内容与日常交际脱钩，无实际应用价值。所学的文化内容与学生在日常生活中所涉及的主要方面密切相关，学生学习英语的兴趣才会更好地激发出来。

2. 阶段性原则

阶段性原则实际上就是要求文化教学内容遵循"由浅入深、循序渐进"的原则。学生的语言水平、接受能力因年龄而异，所以在文化教学内容的选择上应遵循"由简单到复杂，由现象到本质"的原则，先从表层文化入手，再逐渐渗透价值观念、信仰本质等深层文化。

3. 适度性原则

课堂所讲的文化知识点必须与课文内容密切相关。如果脱离课文讲文化则偏离了语言教学的目标，其结果是既讲不好文化，又教不好英语。文化是包罗万象的，内容广而杂，教师应鼓励学生进行大量的课外阅读，积累文化知识，以培养学生的自主学习能力，使其终身受益。

四、文化教学的内容

实际上，文化教学应该贯穿于语言教学的每个阶段。语言教学既然最终以语用为目的，就必然涉及语言文化教学。文化因素与语言形式的难易并不一定成正比，简单的语言形式也可能导致语用与文化方面的问题。教师在教学中自始至终要注意结合语用和文化因素，把语言形式置于社会语用功能的背景下进行教学，就能使语言知识富有生命力，使学生逐步提高跨文化交际能力。在教学中，我们应以系统性为原则，让学生学到较为全面的文化知识，为培养学生的跨文化交际能力奠定扎实的基础。具体到课堂教学中，文化教学可以概括为以下内容。

（一）教学中注重介绍词语的文化内涵

语言词汇是最明显的承载文化信息、反映人类社会文化生活的工具。词汇是语言的建筑材料，是理解文化的基础，也是学生在听力、阅读等方面的主要障碍。文化意义是指某一文化群体对客体本身所做的主观评价，不同文化的人对同一客体产生的联想意义不同。词语在文化上的差异是学好外语的一大障碍，因此，在词汇教学中要注意词语的文化意义在目标语和母语之间的对比。

（二）文化背景知识

背景知识是英语文化的重要组成部分。研究表明，在阅读过程中，理解文章的关键在于正确地使用已有背景知识去填补文中一些非连续事实空白，使文中的其他信息连成统一体。英语国家的民族文化、社会行为模式、历史、地理等方面的知识是学生产生合理的推测和联想的基础，有助于学生更好地理解文章的含义。

（三）教学中介绍英语的交际习惯和行为方式

文化制约着人们的一切行为，包括语言行为。不同的文化背景有不同的语言习惯和行为方式。在教学中，教师要注意培养学生对目标语与母语在交际习惯和行为方式差异方面的敏感性，提高学生的跨文化交际能力。

例如，在日常交往中英语国家的人喜欢谈论天气、地理位置等话题，而把年龄、工资、婚姻状况等作为禁忌话题。中国人打招呼时喜欢问"你吃了吗""去哪儿呀"；而英语中"Have you had your lunch?"（你吃了吗？），则表示向对方发出邀请的意思。再如：中国人在接受礼物时，习惯推辞几次才接受，当着客人的面打开礼物被认为是不礼貌的；而英语国家的人则习惯当场把礼物拆开，并且要赞美几句。教学中要让学生了解差异并以本族人的观点去理解目的语文化，使他们具备进行得体而有效的跨文化交际的能力。

（四）教学中比较价值观念和思维方式

在跨文化交流中，由于交际者双方都有各自的价值观念和思维方式，因此经常出现矛盾和冲突，导致跨文化交际难以顺利进行。价值观是任何社会和文化中的人们生活的准则，思维方式和道德标准是文化的核心内容。东西方截然不同的价值观赋予了两种语言不同的文化内涵：中国文化强调集体主义、权利距离、人际关系和谐、人与自然的和谐等；而英语文化则重视个人主义、人人平等、坦率直言等。东西方主要文化模式的差异反映了不同的价值观。在教学中，教师要让学生了解中英两种语言在价值观念和思维方式上的异同，使学生能在交际中做出正确的预测，完成有效的跨文化交际。

五、文化教学的模式

有效地开展文化教学，首先必须找到行之有效的教学方案或方法。

事实证明，教师不可能在讲每一个语言项目时都把与之相关的所有语用功能全部介绍给学生，这是违反认知规律的。目前，我国外语教学的弊病之一就是教师不厌其烦，力求一次讲全、讲透。在介绍一个新语言项目时，往往以点带面，全面开花。应试教育和结构主义理论的负面影响也不可忽视。交际法教学注重语言功能训练。具体语言形式的功能会随语境的变化而变化，使用时涉及很多相关的社会因素，只有逐步介绍、训练，循环往复，学生才能体会到不同语境的语义差异并逐步掌握，进而形成语言能力。

将文化引入教学中是一次由"传统"向"科学"转变的重要尝试。早期的语法翻译法在外语教学中的效度受到越来越多的语言教学者和教学研究者的质疑。语言学和心理学的发展为语言教学提供了科学的理论依据。人们开始意识到语言本身和语言的使用情境不可分离，形式和意义应当在语言的使用过程中同时学习。

人类学和社会学的发展也为文化教学开辟了新的方向。第二次世界大战期间，受人类学和社会学发展的影响，"地域学"在美国许多大学出现。1940年前后，西方工业国家的人类学家采用实地调查人种史的方法，对许多土著文化进行研究，得到许多惊人的发现。与此同时，社会学和社会心理学的发展速度也相当快，其研究成果与人类学发现被一起应用到外语教学中的文化教学方面。

交际教学首先是在欧洲流行起来的。美国的"语言革命"对欧洲的语言教学产生了极大的影响。如何挖掘语言的功能和交际潜力成为语言学家们关注的焦点。欧洲共同体的形成也为交际教学在欧洲的发展推波助澜。20世纪60年代中叶到20世纪70年代初期，随着各国相互依赖的关系日益紧密，欧洲共同体的协同经济发展使就业机会大大增加，一些国家出现技术人员或劳工缺乏的问题，便通过吸引共同体其他成员国的移民来解决。怎样帮助移民劳工在新的文化环境中立足，在最短的时间内有效地掌握所在国的语言文化成为迫切需要解决的问题。于是在欧洲委员会的鼓励下，语言学家们开始研究一种语言学习系统。20世纪

70 年代，著名英国语言学家威尔金斯（Wilkins）根据自己对语言功能和语言交际的剖析，写出了影响深远的《意念大纲》，为外语教师提供了教学指导，使交际教学在欧洲开始盛行。

交际法起源于欧洲，很快就在北美和大洋洲使用，到 20 世纪 70 年代已扩展到世界各地。与兼并式教学法相比，交际法中的"文化部分"不再是明显的文化知识的介绍和讲解，与目的语相关的文化教学是通过让学习者模拟外国人在交际中使用目的语的方法来实施的。交际中的文化主要表现为语言行为。"文化作为行为"的观念自始至终体现在教学过程中。交际法强调语言的社会功能，自然地将文化教学和语言教学连在一起。语言和文化通过交际行为自然融合，解决了人们对兼并式教学法中文化是否一定要用目的语讲解的问题。

冷战的结束和全球化的来临使世界进入了一个前所未有的发展阶段。建立一种和谐的国际关系是经济和政治发展的共同需要。全球化使世界各国的文化在一个大环境下产生鲜明的对比，一些经济强国依赖高科技和先进的媒体使自己的文化为更多的人所认识和认可。但是，全球化并没有使人们放弃自己的民族文化身份。面对他国文化的同化与兼并，国际上要求对所有文化一视同仁的呼声越来越高。随着时代的进步，大多数国家推行了多元文化政策，至少从理念和法律上承认各民族文化是平等的。

后结构主义的兴起在理论上为文化的多元性做出了解释。与结构主义相反，后结构主义反对固定的模式，提倡摒弃框架的禁锢，认为世界是多元的，怀疑绝对真理的存在，从而促进人们思想解放。这种对传统和习俗的批判解除了它们对教学的束缚，使多元共存成为西方教育改革的一个潮流。

多元文化互动综合模式将培养学生解决问题的能力放在首位。这种以能力为本的教学将"知识"和"行为"有机地联系起来，反映了它们之间相辅相成的动态关系和发展机制。虽然该模式基于后结构主义理论，不强求统一的教学方法，但并不代表这一模式的文化教学可以毫无规矩。

不同的国家有不同的国情和发展计划。有针对性地选择目的语文化，将其与本族文化进行对比和研究，在教师的引导下，增加师生之间的互动，使学生在学习知识的同时增强交际能力，才是这一模式的本质。

六、文化教学策略

文化教学的有效实施离不开行之有效的文化教学策略的支持。目前，我国在文化教学方面的研究成果不多，陈申在《语言文化教学策略研究》一书系统地介绍了外语教学中的文化教学策略。他在书中列举了以下常见的文化教学策略。

（一）文化讲座

文化讲座，指以班级为单位，以教师为中心，以演讲的方式直接向学生传授有关目的语和目的语使用社团的文化知识策略。以下是适合使用文化讲座的几种情况。

1. 教师向学生介绍文化新领域的可叙述或描述的知识，学生可以通过讲座掌握总体概况或基本概念。

2. 教师讲解一系列可通过主题来分类归纳的相关文化事实，可以采用系列文化讲座的形式来完成。

3. 在教师给学生布置有关文化学习的研究任务，或者需要解决某个问题之前，学生需要掌握的基础知识，可通过讲座来进行传授。

4. 某些具体的文化资料，学生自学和阅读十分困难时，文化讲座可以解决学生因理解困难造成的误解。

5. 当教师具备特别的教材，这些教材本身已为文化讲座的内容和教学铺平了道路，教师和学生可以通过文化讲座的形式实现教学相长。

文化讲座使教师对课题顺序、时间等方面有极大的控制权，能确定在教学完成时学生可获得的成果。文化讲座对班额的大小没有严格的限制，以专题顺序组织的文化讲座有利于充分利用教师资源。从教师的角度来看，教师的文化讲座一般都会汇集最新的研究成果和研究方法，以及本人的学习心得与体会，所以能给学生提供许多宝贵的信息资源。从学生的角度来看，学生在听文化讲座时，听、写和观察的能力会得到训练与提高。

（二）文化参观

文化参观是以教师为辅导，以学生为主体，在课堂时间或课外时间以某个文化专题为学习任务，以参加统一观摩活动的方式来实现预期的学习效果。它适用于以下两种情况：

1. 某个文化教学单元结束以后，学生共同具备了有关专题的文化知识，就可以参观适合该专题的文化展览。

2. 教师想要测试学生独立工作、综合分析文化知识的能力时，可安排学生参加文化展览并完成某个学习任务。

文化参观能够调动学生的能动性，使他们主动地观察、研究、总结文化知识。文化参观一般都在比较宽松和非正式的环境中进行，娱乐性和趣味性较强。

文化参观比较适合作为一种辅助性的教学策略，而不能作为常规的教学策略使用。由于学习任务不明确，学生自主选择时间进行的文化参观会变成走过场，学习效果不明显。

（三）文化讨论

文化讨论是以班级为单位，以教师为组织者，调动学生就某个专题开展有程序的、面对面的讨论，以解决实际问题或解答特定课题。

文化讨论需要一定的条件才能顺利开展：参与讨论的人必须积极开口，乐于与人交谈，乐于倾听别人的发言；参与讨论的人，作为一个集体，应当提出至少两种以上的不同意见，这样才能激发思考，各抒己见；所有参加的人都希望通过集体智慧加深自己对主题的理解。

组织文化讨论的目的是使学生通过交流加深对某个主题的了解，而不是劝说别人或与人争辩。在讨论中，教师是讨论的组织者和主持人，不应占用太多发言时间，学生应是主体，教师只在提示和纠正偏题现象时发言。

文化讨论适用于以下情况：

1. 当教师希望学生树立获取新知识的信心，并对自己的学习建立责

任感的时候;

2. 当教师希望学生充分发表自己的主见，对有关文化事实的不同假设和推断提出质疑和加以讨论的时候;

3. 当教师有目的地训练学生的交际能力，给学生提供表达复杂概念的机会时;

4. 当教师希望学生了解对同样的文化事实可以用不同的方法分析，或从不同的角度和立场看待会有不同的结论时;

5. 当有必要建立学生的集体信念和合作精神时。

文化讨论有利于对学生交际能力的培养，为学生提供锻炼语言表达能力的机会，以及倾听别人意见、尊重别人经验和学习成果的机会。文化讨论中教师提供的论题一般都是有争议的，没有定论，所以学生必须从不同的角度考虑问题，这样才能产生不同的意见、不同的方法和不同的结论。文化讨论有利于建立平等的师生关系，学生间的互动性也较强。文化讨论要求学生和教师都必须做好充分的准备，否则课堂上就会出现冷场现象。

（四）文化欣赏

文化欣赏是以班级为单位的教学活动，教师以主持人的身份组织学生根据预定的计划就某一文化专题或某一文化事件，代表个人或小组向全班做汇报式演讲。

文化欣赏可以采取不同的形式，可以是纳入教学大纲、按序列专题进行的演讲。例如将学生分成若干组，指定主题让学生准备，然后在课堂开始或结束时由小组代表发言 10 分钟。文化欣赏也可以是随意的或即兴的。例如学生凭自己的兴趣选择题目，进行课堂演讲。文化欣赏也可以是总结性的,即在文化专题学习之后,组织汇报式演讲,以陈述为主。

文化欣赏提高了学生的主动性和教学中的灵活性。学生可以自主选择专题，在课堂上安排时间也较灵活。学生轮流表演可以公平分配学生的表现机会和在课堂上所占的时间。学生的表演对学生间的交流和互相学习很有益处。同时，教师也会从学生的表演中获得新的经验。

文化欣赏对教师和学生提出了很高的要求。教师不能事先预知学生表演的内容，这就要求他们灵活应对课堂上出现的问题。另外，文化欣赏需要学生积极配合，学生必须具有很高的积极性和很强的自主学习能力才能够顺利完成学习任务。

第三节　语言与跨文化交际

跨文化交际不仅可以使语言使用者更好地认识、理解和包容本民族文化，还能使语言使用者更好地认识、理解和包容其他民族文化。同时，在整个跨文化交际中，语言使用者会将自己的态度、观点、想法等主观因素寓于言语及非言语中，即跨文化交际与语言主观性相辅相成、密不可分。不同文化背景的语言使用者会使用相同的语言进行交流和互动。

一、语言与文化的关系

语言是文化的强力载体，又是文化的真实写照。人类文化能够长久不息地传承和发展，依赖于语言的产生和发展。

文化会影响到语言的发展方向与使用条件，具体影响语言的语法、讲话规则、篇章结构、文体风格等多个方面。人们在交际过程中，尤其是跨文化交际时只掌握一种语言的语音、语法和词汇等知识，而对深层的文化意义不了解时，交际过程是不可能顺利的。

语言与文化有着密切的关系。由于语言的产生和发展，人类文化才得以产生和传承。不存在没有语言的文化，也不存在没有文化的语言。广义的文化包括语言，同时文化又无时无刻不在影响着语言，使语言为了适应文化发展的需要而变得更加精确和缜密。

文化不仅影响词汇的发展与使用，对语法、讲话规则、篇章结构、文体风格等许多方面，都产生了很大的影响。越来越多的人认识到只掌握语言的语音、语法和词汇，不了解深层的文化意义，不可能进行顺畅的交际。

二、语言行为与跨文化交际

在跨文化交流过程中，我们除了需要注意词所具有的概念意义，还要关注其隐含的意义。在不同的语言中，其意义可能出现下列几种情况（两种语言分别以 A、B 表示）：

第一种情况：A、B 两种语言词汇概念意义相同，内涵意义相同或相似。在中英语言体系中，属于这种情况的词汇数量相对较少。比如，fox 与"狐狸"在中英文中概念意义相同，内涵意义也都包括"狡猾"的意思。

第二种情况：A、B 两种语言词汇概念意义相同，但内涵意义不同。例如，中国历史上大多数朝代对红色都是十分推崇的，古代中国人喜欢用红色的东西来表达幸福、喜庆、吉祥、欢乐等情感。结婚被人们称作红喜事，结婚的礼服以红色为主色调。在汉语中，包含"红"字的一些词通常都蕴含着兴旺、发达、顺利等意义。比如，"红红火火"便是指旺盛或者经济优裕的生活。在英语中，"red"则没有汉语的"红"所具有的文化内涵，反而有暴力、血腥、低俗等含义。英语中仅有"red carpet treatment"一词中的"red"有比较正面的意思，表示隆重欢迎尊贵的客人。更多的带有"red"的词语表示的是不好的意思。如："red-light district"是指红灯区；"red-flag"并不是指红旗，而是代表危险信号，比喻让人生气的事物；"in the red"是指经济赤字。

第三种情况：A 语言词汇具有内涵意义，而 B 语言词汇没有类似的内涵。比如在汉语中，松柏因四季常青，且树龄可达千年，具有长寿的象征意义。而鹤在中国文化中又有着仙鹤之称，被人们认为是神仙所乘坐的鸟，也有长寿的象征意义。另外，在中国的神话传说中，西王母用蟠桃来宴请神仙，因此桃也象征着长寿。而在英语中，与松、柏、鹤、桃相对应的单词 pine、cypress、crane、peach，并没有中国文化中所具有的象征长寿的内涵意义。

因此，人们在跨文化交际时，需要掌握双方文化中的语言知识，才能够保证交际顺利进行。人们在使用语言时采取了一套语用规则，即讲话的规则，其内容包括如何称呼对方、如何提出要求、如何接受或拒绝对方的要求、如何告别等。

　　和语言的使用规则相比，语用的规则更难掌握。首先是因为语音、语法、词汇的各种语言规则已经被人们整理归纳了，我们可以通过各种语音书、语法书以及字典等工具进行学习和查询。而语用规则却还没有被人们总结归纳为一种权威性的存在。另外，人们在使用语言规则时往往会根据语言系统自觉地运用。而在使用语用规则时，多数情况下人们都没有自觉性。

　　语用规则的难以掌握在不同文化对称谓的不同叫法上便可以体现出来。在英语体系中，社交称谓没有汉语那么繁多，变化较少。采用汉语体系中的语用规则来称呼英语体系中的人时，有些称谓在英美人看来是不能接受的，甚至会让他们反感。比如，很多中国学生直接用姓来称呼教师。一位女教师全名是 Marcia Vale，学生一般叫她 Dr.Marcia 或 Dr.Vale，但有的中国学生直呼其姓（称呼女教师为 Vale）以表示亲密。但在这位教师看来，这是一种非常不礼貌的行为。因为在英语体系中，对人的称谓同样存在多种方式，但是没有直呼其姓这种方式。

　　在美国的许多其他国家的留学生常常认为美国人讲话不靠谱。比如，某人说出邀请吃饭的话，但很久都没有兑现。这主要是语用规则的不同而产生的误解。美国人说 "We must get together soon."（我们一定得聚聚）往往只是客套的话语。因为在英语语用规则中，如果想要正式邀请别人吃饭，邀请者说的话会包括时间、地点等诸多具体信息。例如，"Come over for dinner next Friday night."（下周五晚上过来吃晚饭）便是明确的邀请。

　　上述例子都充分说明语用规则在跨文化交际过程中对思想的正确交流有着举足轻重的地位。

　　在人们进行跨文化交际的过程中，交际风格也会对交流的过程造成影响。比如，在西方人看来，许多中国人处于一种"摸不透"的状态，这里不是指因不理解句子的意思而不明白，而是指对中国人的交际风格不习惯。我国的语言学家赵元任认为，在汉语中讲话是属于一种"主题—述题"结构。在表达意见时，中国人往往喜欢在主题部分列举人、事物或观念，而在述题部分进行评述。英语体系中也会采用"主题—述题"结构，但更喜欢采用"主语—谓语"结构。美国华裔学者杨威玲做了一项实验，实验内容是：让五位北京教授用英语和香港商人进行预算讨论，他们在交流过程中没有任何交流困难。而将交流过程的录音放给英美人听时，英美人便觉得其中的内容难以理解。这不是说他们理解不了句子的意思，而是不理解中国人在讨论事物时喜欢先摆材料、最后进行总结的交际风格。

（一）打招呼用语

中西方不同的思维习惯使得人们在打招呼时所采用的言语不同。在日常交流打招呼时，中国人通常会使用"吃了吗""去哪儿""忙什么呢"等方式，问话具体，打招呼的种类繁多，形式也十分灵活，打招呼的具体内容主要根据见面的时间、地点等具体情况来确定。这在中国人看来是一种能够体现人与人之间的亲切感的表现。但这些方式会让西方人感到尴尬，甚至让他们感觉不快，这主要是因为西方人十分在意个人隐私，他们会将这种打招呼理解为对其隐私的"盘问"。在西方国家，人们问候人的方式通常只是一声"Hello."，更热情的会说"Good morning."（早上好）、"Good afternoon."（中午好）、"Good evening."（下午好）。除了简单的问候，西方人在打招呼时通常还会讨论天气或者是不涉及隐私地询问近况，比如"It's a nice day today."（今天天气真不错）、"How are you?"（你最近还好吗），而初次见面时通常会说"Nice to meet you."（很高兴见到你）之类的客套话。

实际上，随着时代的不断发展，中国文化中的那些问候语，也基本脱离了产生初期那种对人表示关心的意思，而成了一种单纯的打招呼的方式。人们见面时说出这些问候语，并不要求对方做出明确的回答，即使答非所问也不会在意，因为已经实现了见面时打招呼表示友好和礼貌的目的。但这些问候语往往会让西方人产生误会。比如，你对西方人说"Have you had your lunch?"（吃了吗），西方人会误认为你要请他吃饭。另外，那些明知故问式的问候语如"回来啦""上班去""正忙着"等，西方人也觉得是一种多此一举的话，因为他们对汉语问候语中的虚义和实义没有弄明白。

另外，由于中国文化长期受到儒家文化思想的影响，因此人们在打招呼时通常会寒暄几句。比如迎接远道而来的友人时，中国人往往会说"旅途劳顿，一路辛苦了"。这在西方人看来是不能理解的，他们往往会直接说"You have a good trip."。这也说明在某些场合，中西方问候语的功能及使用是相同或相似的，只是由于文化的差异，侧重点有所不同。

（二）邀约用语

邀请在不同的社会、不同的群体之间是一个普遍存在的现象。这是人们分享友情、增进人际关系的一个重要手段。文化差异使人们发出邀请、商定事宜以及对邀请做出回应的方式都不同，这里我们主要分析东西方邀请话语的差异。

1. 西方邀请话语

（1）商讨性

一些语言学家对邀请的行为进行了分析研究，认为邀请这一行为对相关各方都有着一定的风险。这主要表现在：邀请这一行为将接受或拒绝的压力给了被邀请者，如果接受邀请可能欠邀请者一个人情；而对于邀请者来说，他们有可能面对被拒绝的尴尬局面。因此，在西方文化中，人们通常是以询问的方式来对别人发出邀请。

在进行邀请商讨时，需要注意的是参与者不能妨碍对方的行为自由（即消极面子）或伤害到各方同意的渴望（即积极面子）。美国语言学家沃尔夫森（Wolfson）认为，在大多数社交过程中，约定都可以通过商讨来实现，因此参与者在这个过程中需采取循序渐进的方式，相互体谅，最终完成社交的约定。通过商讨来完成邀请，人们便可以避免被拒绝的风险。西方人在进行邀请之前通常会采用一个"引子"开头，向听者提出暗示，此时如果听者做出正面的回应，话题的发起者便可以发出邀请，这便是商讨的过程。在这个过程中，由于"引子"并没有任何具体的承诺，因此双方都可以没有任何压力地进行商讨，通过商讨的结果来决定邀请是否进行。

（2）事务导向

事务导向主要是针对外部的目标，能够对外部世界产生某种具体的影响。西方的交际文化主张个人主义，因此对对方的私人空间会保持尊重态度。人们也会尽量避免将自己的意志强加到他人身上，即使是在他们看来对别人十分有益的事情，他们也不会强迫别人接受。因此在邀请的整个商讨过程中，关注的重点是参与者之间信息的传递，参与者不但关注对方的需求，也关注自己的需求。西方邀请话语主要以事务为导向，因为贯穿整个商讨过程的是对时间、地点等与邀请相关内容的详细讨论，最终找到对大家来说都方便的时间和地点而完成邀请的结果。如果不能达成共识，便结束邀请。

2. 中国邀请话语

（1）公式化

中国的邀请话语同西方一样，也会经历一个商讨的过程。但相比而言，中国的邀请话语显得更加啰唆，也更加公式化。

下面的交谈便是一个十分典型的例子。邀请话语发生在 A 和 B 之间，A 邀请 B 到 A 家吃饭。

A：明天来吃晚饭啊。

B：不来了，太麻烦。

A：麻烦什么呀。菜都是现成的。

B：那也得烧呀。

A：你不来我们也得吃呀。一定要来啊，不来我可生气了。

B：好吧，就随便一点。

我们可以从这个例子中发现，在中国文化中，人们完成邀请通常会经历三个步骤：

第一步：

A：发出邀请。

B：婉拒邀请（给出拒绝的理由）。

第二步：

A：再次发出邀请（反驳 B 的理由，并表示邀请对自己不会带来多大麻烦）。

B：再次婉拒（对自己提出的理由做出辩解）。

第三步：

A：坚持邀请对方（对 B 的辩解进行反驳和劝导，再次表示邀请对自己不会带来太多麻烦）。

B：接受（有条件或无条件）。

这里所提到的三个步骤是中国式邀请的一种比较通用的模式。然而，在具体的邀请过程中，人们也不是严格按照这个模式来行动。这一模式在具体执行时有可能被放大，也有可能会缩小。

（2）交际导向

中国文化中的邀请话语看起来简单，像是一场邀请者和受邀者之间的拉锯战。但我们不难发现，在整个的邀请过程中，双方一直保持着一种礼貌的氛围，原因在交流过程中邀请者和受邀者都是站在对方的角度为对方着想。中国文化中的邀请也像西方的邀请一样通过双方的商讨最终达成有效共识，从而完成邀请。和西方的邀请不同的是，中国的邀请通常关注参与者之间内心的情感共鸣，简单说来，就是邀请者和受邀者之间的关系。因此，中国的邀请更主要的是以人与人之间的交际为导向。

正是中西方文化的差异，才使中西方邀请的方式存在着许多不同。不同文化中的邀请话语的具体实施是根据文化中的社会规范来进行的。在中国人眼里，西方人在邀请时似乎缺乏一种真诚和友好的感情；而在西方人看来，中国人在邀请时则固执己见，喜欢将自己的想法施加到他人身上，干涉他人的行为。因此，中西方人互相邀请时，如果不能理解对方的文化背景往往会产生许多误解。

（三）恭维用语

恭维语是人们在日常交际中用于赞美别人的一种常用的礼貌用语，往往与应答以"临近配对"的形式共同出现。恭维语能够向人们传递具有评价意义的信息，同时还包含欣赏、敬佩、鼓励等情感，营造出融洽、和谐的交际氛围。因此，恭维语又被人们称为"社会润滑剂"。

国内外诸多语言学家都对英汉语系中的恭维语的定义、功能、话题、语言形式、应答策略、语用环境等方面的差异做详细的研究分析。恭维语作为语言体系中的一部分，与其他言语行为一样，都是人类社会生活中的文化载体。汉英文化中的恭维语的差异主要体现在恭维的内容或话题、目的及应对策略等方面。

恭维语的内容或话题包括两个方面：一是"外貌"和"所有物"，二是"成就"和"能力"。在西方文化中，人们对"变化"和"差异"是十分在意的。因此，当生活中出现某种变化、某种新意时，这就成了恭维的内容，比如女性的外表，尤其是衣着、服饰、发型或出色的工作、技艺及一顿美味佳肴等。而中国传统文化所追求的是一种"相同性"，因此对"变化"和"差异"的恭维程度比西方人要小很多。

在社会交往中，人们使用恭维语往往也存在各种各样的目的。根据美国学者赫伯特（Herbert）和沃尔夫森等人的研究分析，在英语文化中的恭维语所具备的诸多功能中，主要功能是促进交际双方保持"一致性"。在大多数情况下，西方国家的人们使用恭维语的目的是达到"一致性"，这在女性身上更是得到了充分的体现。几乎所有对恭维语进行研究的学者都认同这样的结论：恭维语是女性用来加强和巩固与别人的"一致性"或"平等性"关系的情感语言。在中国文化中，使用恭维语的目的主要表现在三个方面，分别是增强对方的感觉、欣赏他人和利用他人。前两种功能与英语文化中的恭维语是一致的，这也是中国文化追求和谐发展的必然结果。而第三个功能"利用他人"则是中国文化中的集体主义所产生的独特功能。比如，下属为了获得上级的好感，往往会对上级的能力和成绩进行恭维。

在应对策略方面，汉英语言体系都遵循两个总的原则，即同意对方的意见和避免自我吹嘘。由于文化差异，其侧重点也有所不同。总的来说，中国文化的核心儒家思想强调仁义，十分注重礼仪，并且讲究群体之间的协调；中国文化十分注重人本身的自我修养，并且对谦虚的美德十分推崇。因此，中国人往往很谦虚，在人与人交往时注重礼仪，并且讲究"长幼有序，尊卑有别"。在这种文化背景下，当受到别人的恭维时，除了欣然接受外，人们通常会遵守谦逊和慷慨的准则，会对别人的恭维采取非赞同、含蓄接受等方式。其中：非赞同方式包括对恭维的否定、谦虚和转移话题等内容，比如"不行不行。我觉得一点儿也不好""哪里哪里，不敢当""你还有事吗"等；而含蓄接受方式则包括回敬、降低称赞、转移称赞等内容，比如"你的也不错啊""一般般了，马马虎虎""我的进步与老师的辛勤培养是分不开的"等。英语文化追求以个人为本位，其应对策略在总体上会遵循合作和礼貌原则中的一致性原则和得体原则，并采用接受的方式来应答别人的恭维。其内容主要包括赏识领情、评论接受、回赠恭维以及缓和应答等方面。在西方人眼中，不尊重事实的谦虚便是一种虚伪的表现。简单说来，中西方文化在应对恭维方面都会遵从礼貌原则，但中国人更多的是一种"卑己尊人"的态度，而西方人则是"尊人而不卑己"的态度。

（四）告别用语

通常情况下，人们在进行交际时，不会不发出任何信号就匆匆离去。人们在离开前总会用一些告别语，表示自己要离开。中国人告别时常说"再见"，相当于英语中的"goodbye""bye bye"。但是，在说"good bye""bye bye"或"再见"之前，人们还要说些客套话。由于中西方社会文化习俗不尽相同，告别用语也各具特色。

在中国的告别礼仪中，人们往往把道别的原因归于对方。例如，中国人到别人家里做客，告别时多半会说"我得走了，你一定很累了"或"你明天还得早起，我该走了"。然而，一个美国人去另一个美国人家里做客，多半找个与自己有关的理由来道别，而不涉及主人。比如："Well, I'd better let you have some sleep."（好了，我得让你休息了）；"Tomorrow, I have to get up early. I must go now."（明天我还得早起，我该走了。）；"I'll have to go. Tomorrow I'll go to work."（我得走了，明天还要上班）；

"I must be say good bye. My wife is waiting for me at home"（我必须说再见了，我妻子还在家等我）。另外，也可以用"We have to say goodbye now. We enjoyed the evening very much. Thanks."（我们得说再见了。我们今天晚上过得很愉快。谢谢）或"I think I'd better be leaving now. It's very nice to have a talk with you."（我想我得离开了。和你聊天非常愉快。）等表示感谢的告别语。英美人认为这样说，显得更得体。

按照中国人的习惯，当客人离开时，主人要把客人送到家门口。客人会对主人说"请留步""不要远送了"，主人会说"走好""慢走"之类的客套话。这些说法都无法直接译成英语。如果用"Stay here.""Don't come any further with me, please."等向英国人道别，他们会觉得十分尴尬。因为他们根本就没有要送你太远的意思。除非你邀请，否则别想他们送你很远。这并不是西方人不友好，而是他们没有这样的习惯。

（五）拒绝用语

拒绝用语就是否定他人的意愿或行为的一种语言行为。在日常的交际中，学会如何正确地向他人表达拒绝是非常重要的，因为采取不同的拒绝方式会产生不同的结果。为了方便研究和讨论，我们将拒绝用语行为中的双方定义为语境提供者和拒绝者。我们需要把拒绝用语行为和否定用语行为以及不同意、反对用语行为进行区分。拒绝用语行为指的是听话者针对语境提供者进行的一种不接受、不答应、不执行的行为。

通过对各种文化中的拒绝用语进行分析研究和总结，学者们按照一定的标准对拒绝用语进行了分类：按照客观的标准，拒绝用语行为可以分为直接拒绝和间接拒绝；按照两个不同的主观标准，拒绝用语行为可以分为强威胁面子行为和弱威胁面子行为、诚意拒绝和虚假拒绝。

1. 直接拒绝和间接拒绝

根据说话者所说的拒绝用语的形式，学者们将拒绝用语行为分为直接拒绝和间接拒绝。

直接拒绝，通常是指拒绝者直接对语境提供者的给予、请求、称呼、建议、命令、称赞、恭维、感谢、道歉等方面的言语和行为，明确地表达"不接受""不答应"的意思，语言形式往往采用否定的形式，通过对自己的能力及意愿进行否定，来表达自己不需要的想法等。

间接拒绝，指拒绝者所说的拒绝话语在结构上通常不是否定的形式，在话语的表面上并没有体现出拒绝的意思，但通过联系实际对这些话语进行分析可以从中了解到拒绝者的拒绝意图。

美国语言哲学家格赖斯（Grice）对交际者的交际行为提出了合作原则，具体内容主要包括"量的准则""质的准则""关联准则""方式准则"四个方面。但是，交际者在交际过程中也有可能出现违反合作原则的现象。格赖斯对这些现象进行了概括，总结了四种情况。其中一种情况便是：交际者在交际过程中故意违反其中某一条准则，即所谓的交际者藐视某一条准则，并且让听话者也能明显地体会到这一点。交际者故意违反交际时要遵守的某一条准则，目的就是表达其他的意思，即会话含义。而间接拒绝者，通常采取有意违反合作原则的方式，来向语境提供者表达自己想要表达的会话含义——拒绝。

2. 强威胁面子行为和弱威胁面子行为

拒绝者的拒绝言语行为，在本质上是一种对别人而言威胁面子的行为，是一种不礼貌的行为。因此，拒绝者在拒绝语境提供者时，为了面子考虑，说话的语气、态度会有所不同。按照拒绝言语行为威胁面子的程度，拒绝行为分为强威胁面子行为和弱威胁面子行为。这是从被拒绝者的角度来对拒绝行为进行分析、解释的，使我们能够更加深刻地了解到拒绝言语行为。

人们在进行社会交际时，必须要承认和意识到面子所具有的作用。所谓"面子"，是指听话人的公众形象或者自我感知。在交际过程中，许多言语行为都是威胁语境提供者面子的行为。其中，拒绝言语行为便是典型。英国语言学家利奇（Leech）提出的礼貌原则为交际者提供了更加和谐、礼貌的话语交际环境，为交谈方降低言语行为威胁面子的程度提供了有力的语用策略和理论指导。

拒绝言语行为对面子的威胁程度或者不礼貌的程度，并不是简单地通过直接或者间接拒绝手段就能判断。其中的内容包括诸多方面，如社会权势、社会距离、拒绝方式、策略的采用等。其中最基本、最核心的一点和利益有着密切的关系。比如，"给予、提供、称赞"等这些言语行为，其中的"惠"是属于拒绝者的，而"损"则归属于语境提供者。因此，拒绝者提出拒绝行为，对语境提供者而言是一种弱威胁面子行为。而对于"请求、命令"等言语行为，"惠"通常都归属于语境提供者。因此，对这些言语行为进行拒绝就是一种强威胁面子行为。

对强、弱威胁面子行为进行划分并没有绝对的标准。其中，拒绝者所采用的拒绝方式、拒绝策略等也有可能会改变威胁面子的强弱程度。比如，"直接拒绝＋理由策略"这个方式便是一种十分典型的能够削弱语境提供者威胁面子的程度的方法。根据所采取的理由的不同，它又可以分为以下两种情况。

第一种是"直接拒绝＋客观理由"。客观理由便是指客观存在的事实，包括时间空间受限、法律法规不允许等方面。

第二种是"直接拒绝＋主观理由"。主观理由便是拒绝者看待事物的主观态度，包括个人的想法、意愿、判断等方面。

3. 诚意拒绝和虚假拒绝

我们还可以根据拒绝者的拒绝是否真心，将拒绝语用行为分为诚意拒绝和虚假拒绝两类。诚意拒绝，通常是指拒绝者真心拒绝他人的请求、提供等。这种拒绝方式可能是一种强威胁面子行为，也可能是一种弱威胁面子行为。而虚假拒绝，是中国文化中的一种十分特殊的交际方式。中国文化中一直流传着谦逊的思想。因此，在中国人看来，在受惠于他人时，或者得到他人的称赞时，直接接受是一种不礼貌的表现，因此通常会在表面上拒绝他人。虚假拒绝通常是在对语境提供者采取恭维、称赞、给予、邀请等行为时，拒绝者所表现出的一种语用行为。虚假拒绝也属于弱威胁面子行为。

如何分辨拒绝者的拒绝行为是诚意拒绝还是虚假拒绝？我们可以从

以下四个方面来分辨。

第一，语境提供者和拒绝者之间的社会关系。如果语境提供者和拒绝者关系亲密，那么拒绝者往往使用诚意拒绝而不是客套的虚假拒绝。如果语境提供者和拒绝者关系一般，使用虚假拒绝和诚意拒绝都有可能。

第二，从语用环境来看，人们面对称赞、恭维等语境时，为了不让人觉得自己自大，往往使用虚假拒绝。

第三，在给予、邀请、提供等语境中，拒绝者使用的是诚意拒绝还是虚假拒绝，还需要根据后续的对话来进一步确定。

第四，拒绝的坚决程度。拒绝者的拒绝非常坚决，通常属于诚意拒绝；反之，则是虚假拒绝。

第五章　跨文化英语教学概述

第一节　跨文化交际概述

一、跨文化交际的定义

随着国际经济、文化交流的日渐密切，世界各国人民的合作和往来日益频繁，从而出现了"跨文化交际"（intercultural communication or cross cultural communication）。一般的交际（即主流文化内的交际）过程与跨文化交际过程基本是一致的，二者的本质也基本是一样的。二者的差异只是程度上的差异，不是本质上的差异，因为二者所涉及的变量或组成要素基本是一致的。根据美国学者的看法，二者的差异在于交际所涉及的变量对交际活动的影响程度，而且它们在交际过程中的重要性也有所不同。例如，对跨文化交际来讲，民族中心主义是影响交际的重要因素。然而，在同一主流文化中的不同群体的交际中，它的作用显然低于在跨文化交际中的作用。具体说来，跨文化交际是指不同文化背景的人（即信息发出者和信息接收者）进行的思想、感情、信息等交流的过程。信息的编码和译码是由来自不同文化背景的人所进行的心理活动就叫跨文化交际。

（一）从文化和交际角度定义

交际即文化，文化即交际，两者是相通的。没有交际就难以形成文化，而文化就是在交际中得以存在和发展的。符号学家把两者的关系概括为"文化是冻结了的交际，而交际是流动着的文化"，这是非常精辟的。"交际"在英语中有两种表述：一是"social intercourse"，强调它的"社会性"；二是"communication"，突出它的"交际性"。而"communication"来源于拉丁语"communis"一词，"communis"是"共同"的意思。因此，

"交际"的概念与"社会共同""社会共享"密切相关,"社会共同""社会共享"是交际的前提。事实证明,只有处于同一文化背景下的人在行为规范方面具有共性,或交际双方共享某一文化规范,才能进行有效的交际。跨文化交际是处于不同主流文化背景下的人的交际,要求双方互相理解或尊重对方的文化。只有这样,才能保证交际达到预期的目标。关于交际的本质属性,我们可以从以下几方面来理解。

1. 有意识行为和无意识行为

在交际过程中,任何性质的符号都可以用来交际,除了语言符号,更多的是非语言符号,包括各类行为。人们的行为有些是有意识的,而有些是无意识的。在社会化的过程中,人们的很多行为是无意识状态下习得的,如站立、行走、身姿、手势、言语行为等。很多其他行为也同样是不知不觉学会的,并且可能在不知不觉中产生,尤其是非言语行为。如脸红、微笑、点头、皱眉头、伸舌头和眨眼睛等,都会在无意识状态下自然流露。值得注意的是,这些行为一旦被观察或注意到,客观上就传递了信息,交际也就发生了。研究表明:在正常交际中,人们惯常的交际行为是无意识的,或意识性很弱;但在陌生环境中,人们的交际行为有时是有意识的或自觉的。这意味着在与文化背景相似的人交际和与文化背景不同的人交际时,交际行为是有差异的。前者往往是无意识的,后者往往是有意识的,两者在意识程度上有区别。这也意味着,在跨文化交际中产生误解是不可避免的,因为不同文化背景下的无意识行为可能与对方的文化规范相悖。这样的无意识行为一旦被对方观察到,就会被赋予消极意义,从而产生特定的反应。这一点在跨文化交际中应引起重视。

2. 编码过程和解码过程

交际是编码和解码的过程,信息交流是编码和解码的心理活动。具体地说,编码是把思想、感情、意识等编成语码(如言语行为、非言语行为以及书面语等符号)的过程,解码则是对从外界接收的符号或信息赋予意义或进行解释的过程。有效的沟通,只有在发出信息的人和接收信息的人共享同一或相近的语码系统（也就是说，交际双方使用同一种语言说话）时才能实现。而且，仅仅共享同一语言符号系统还不够，交际双方对其他相关因素的理解和把握也许更重要。交际行为是文化和社会行为，必然发生在社会之中，并受众多社会因素的影响和制约。

(二) 从对外汉语专业的角度定义

"跨文化交际"的概念可以这样界定：在特定的交际情境中，具有不同文化背景的交际者使用同一种语言（母语或目的语）进行的口语交际。

1. 交际双方必须来自不同的文化背景

文化背景的差异是一个宽泛的概念，既指不同文化圈之间的差异，又指同一文化圈内部亚文化之间的差异。不过，对于对外汉语专业，文化差异主要指不同文化圈之间的差异，尤其是中国和欧美国家的文化差异。从跨文化交际的实际情形来看，由于文化背景的差异，交际失误引起冲突的情况主要发生在中国和欧美国家的人际交往中。中国同其他亚洲国家，如日本、韩国以及东南亚的一些国家的人际交往，虽然也存在文化差异，但要顺利得多。这是因为这些国家与中国同属东方文化圈，彼此在文化取向和交际规范方面有很多相通的地方。

2. 交际双方必须使用同一种语言交际

这是显而易见的。假如一方使用这一种语言，而另一方使用另外一种语言，交际是无法进行的。交际双方来自不同的文化背景，又要使用同一种语言，那么用来交际的语言对一方来说是母语，对另一方来说必然是第二语言（习得的目的语）。比如，一个中国人与一个美国人交谈，可以选择使用汉语，也可以选择使用英语，这样就可以用同种语言直接交际，不需要翻译。这样界定也是由对外汉语专业的特点决定的。

3. 交际双方进行的是实时口语交际

跨文化交际的途径多种多样，可以是语言符号的交际，也可以是非语言符号的交际，如商品、画报、实物、影像、演出等物化的形式符号的交际；可以是现场的双向交际，也可以是通过媒介的单向交际，如通过电视、广播、报刊、广告等传播方式进行的交际；可以是口语交际，也可以是书面交际，如信函、公文等的来往。从对外汉语专业来看，我们进行的主要是实时口语交际，即双方面对面的交谈。此外，也包括伴随口语交际而可能发生的书面语交际，即以文字传播方式进行的交际。

4. 交际双方进行的是直接言语交际

当前国内的跨文化交际研究主要集中在外语教学界。跨文化交际是一门年轻的学科，是在国际交往日益频繁、全球经济一体化的特定时代产生的新兴学科。在中国，跨文化交际研究是改革开放的产物，是汉语国际推广战略决策的需要。跨文化交际又是一门综合性学科，是当代社会科学学科综合研究的结果，学科背景主要涉及文化语言学、社会语言学、言语交际学。其中，文化语言学凸显"文化"的侧面，社会语言学凸显"社会"的侧面，言语交际学凸显"交际"的侧面：这三个侧面都围绕着语言符号与非语言符号的"语用"这个核心。跨文化交际正是在这个基础上建立起来的。在学习英语的过程中，许多人在语言交流中面临很多障碍。最早的时候，沟通障碍来源于英语表达不好而产生的误解，这是传统的看法。当双方的语言能力都较强的时候，交流障碍好像就没有了，这其实是我们的一种误解。研究发现，并不是英语好就能达到沟通的目的。我们过去所说的沟通仅仅是会表达，所以研究外语的人把"intercultural communication"翻译成中文，叫"跨文化交际"。交际，就意味着用语言表达。而在语言表达过程中，还有许多沟通上的问题。因为交际更注重语言表达好与不好，而不注重沟通过程中对方是否真正理解所要表达的问题，所以从某种意义上来说，"跨文化交际"更倾向于"跨文化沟通"。沟通的目的在于让对方理解你表达的 intended message，即你要表达的意思，而不是你所说的话（I know what you are saying, but not what you are trying to tell me or what you mean）。沟通是在理解你在说什么的基础上，同时理解你想要说什么。

二、跨文化交际的界定与模式

（一）跨文化交际的界定

文化和交流都依赖一定的符号系统。交际是人们赖以生存、社会赖以活动、文化赖以传承和发展的重要机制。交际会受到文化的影响。在相同的文化中，由于人们共用一套规则，文化可以成为交际的润滑剂。在不同的文化中，特别是在差异很大的文化中，文化就会成为交际的障碍。那么，如何确定交际是同文化交际还是跨文化交际呢？

跨文化交际首先是一种交际，具有交际的一般特点（如符号的运用、信息的传送与共享），也遵循着一般交际的模式。但它同时又是一种较为特殊的交际，有着自己的特点和模式。

在交际过程中，信息的发送者和接收者会根据各自的文化规则来编码、释码和解码。如果交际双方运用的是完全相同的一套规则系统，那么就是典型的同文化交际；如果交际双方运用的是完全不同的规则系统，就是典型的跨文化交际。但是，在现实生活中，真正完全相同与完全不同的交际情况是没有的。也就是说，无论两种文化有多大的差异，它们总会有相同之处，这是交际的基础。同样，即使是处在同一种文化的两个交际者，他们运用规则编码、释码和解码的过程也不可能完全相同。从理论上讲，不同人的文化和社会背景、生活方式、教育背景、性格、爱好等方面都存在差异。从这个意义上说，一个人就是一种独特的微型文化，人与人的交际都是跨文化交际。文化的差异可能大到不同的国籍、民族和政治制度，也可能小到同一主流文化中的不同性别、年龄、社会阶层、教育背景，甚至是不同的兴趣、爱好。

美国学者理查德·E·波特（Richard E. Porter）和拉里·A·萨莫瓦（Larry A. Samovar）以一个连续体的形式表示不同文化间的差异程度，很直观地表现了不同文化群体间不同程度的文化差异。如果把所有不同文化间的交际都看作跨文化交际，跨文化交际将包括跨种族交际、跨民族交际、同一主流文化内不同群体间的交际、国际性的跨文化交际。

在我国，跨文化交际的重点主要集中于国际性的跨文化交际。一般来说，跨文化交际被定义为来自不同文化的人的交流，而且许多学者也把这种交流限定在面对面交流的层面上。因此，这里所涉及的跨文化交际不包括国内同一主流文化内不同群体间的交际，只包括国际性的跨文化交际。在交际层面，其包括跨文化人际交往。

　　（二）跨文化交际模式

　　许多学者针对跨文化交际的过程、性质、效果等提出多种模式。北京大学教授关世杰借鉴"传播学之父"施拉姆（Schramm）的交流模式描述了跨文化交际过程。施拉姆将跨文化交际过程分为编码、通过渠道传递和解码。但编码和解码是在不同文化中进行的。根据关世杰的跨文化交际过程模式，甲文化发送者将所要发送的信息依照甲文化码本和程序编码，通过信息渠道传送给乙文化接收者。乙文化接收者依照乙文化码本和程序对信息解码。由于文化的共性与差异，解码得到的信息意义与原信息意义既有重合也有改变。乙文化接收者基于这些信息形成意向或做出反应，并依据乙文化码本和程序对意向或反应编码，反馈给甲文化发送者。可以看出，跨文化交际是一个循环的过程，信息发送者和接收者的角色在不断互换。关世杰和施拉姆都是传播学学者，他们所描绘的跨文化交际模式从传播学的角度出发，强调交际过程，并未涉及跨文化交际的要素和结果。美国著名的跨文化交际学教授卡莱·多德（Carley Dodd）在他的跨文化交际模式中从文化学者的角度分析了跨文化交际的过程，引入了"感知文化差异"的概念，将其作为跨文化研究中的重要因素。他认为跨文化交际有效是因为交际者所掌握的"感知文化差异"使他们适应交际中可能出现的"不确定性"和"紧张感"；固执和文化偏见则会导致文化交际失败。在跨文化交际模式中，他拓展了"感知文化差异"的概念和假设。他指出文化只是交际者的差异的来源之一，并描述了"感知文化差异"如何减少交际中的不确定性和紧张感，如何在多元化的环境中实现有效的交际。他在模式中提出了"C文化"（即第三种文化）的概念，为交际建构了共同的基础，指出跨文化交际所应该达到的效果。

　　从他的模式中可以看出，文化并不是交际者的差异的唯一来源。人际关系和性格也会影响"感知文化差异"。在跨文化交际中，要认识到交际者的文化共性，也不能忽视个别差异。由于存在"感知文化差异"，交际过程中容易产生不确定性和紧张感。如果交际者采用不当的交际策略，如过度依赖文化定型或者对不同文化的交际者采取逃避、拒绝甚至敌对的态度，就容易造成交际失败。如果交际者能适当改变交际策略，以一种包容的态度对待不同文化背景下的交际者，则有助于建立一种基于交际双方共同性的第三种文化，即C文化。C文化的建立使得交际双方能够在一定的基础上采取有效的交际策略，运用有关的交际知识和技能获得良好的交际效果。不同的学者对跨文化交际采取不同的模式，每种模式都可以为我们提供一种认识跨文化交际的视角，对跨文化交际能力的界定、交际过程的控制、交际策略的选取以及交际结果的评价，都有一定的价值。

三、跨文化交际的分类

来自不同文化结构体系的人的交际都属于跨文化交际。根据不同的标准和要求，跨文化交际的分类也不同。

(1)按照跨文化交际范畴,跨文化交际分为"宏观跨文化交际"和"微观跨文化交际"两种。

所谓宏观跨文化交际指国际性的跨文化交际，即跨国界的观念和习俗不同的民族与种族之间的交际。

微观跨文化交际指同一国家内来自不同文化圈的人的交际，包括同一国家内来自不同习俗的民族、种族、地域的人的交际。

(2) 根据交际群体，跨文化交际分为"文化圈内的交际"和"文化圈际的交际"。

文化圈内的交际是指同一主流文化内不同个体之间的交际。例如，同属阿拉伯文化圈的不同国家的个体之间或者同一国家不同地域的个体之间的交际。同属中国大文化圈的南方地区和北方地区有很多不同的习惯性差异。

来自不同文化圈的个体因文化差异而导致交际的表达方式、表达含义存在差别。例如，某个人在和一个外国朋友交谈，当谈及父母的职业时说"My parents are peasants.",没想到他的这个外国朋友显露出一脸的惊愕之色,认为他对父母存在偏见。原来,在英语中表示"农民"的词有两个:一个是"peasant"(a crude uncouth ill-bred person lacking culture or refinement),相当于汉语中具有轻蔑色彩的"乡巴佬""不是很有教养、粗鲁的人";另外一个是"farmer"(a person who operates a farm),是一个中性词语,只是表示一种职业。在 20 世纪 80 年代,我国的英语教科书中多用"peasant"来表示"农民"的含义,改革开放之后改用"farmer"一词。

(3)根据交际群体,跨文化交际可分为"跨种族的交际"和"跨民族的交际"。

跨种族的交际是指来自不同种族的个体之间的交际,如白种人与黑种人之间的交际。例如,在美国,对黑人的称呼有"black person"(中性)、"negro"(含歧视的意味)和"blackamoor"(带有蔑视的意味)等。美国白人过去(现在已经废止)习惯用"dower negro"(陪嫁黑奴,即当作嫁妆的一部分)、"field negro"(种植园的黑奴)和"new negro"(新黑奴,即刚从非洲贩运到美国的黑人)来称呼黑人。

跨民族的交际是指来自同一国家或者不同国家的不同种族的个体之间的交际。汉语中"赤脚医生"是对应英语中的"bare feet doctor""red feet doctor""local doctor""village doctor"还是"farmer doctor"?根据汉语词典的解释,赤脚医生是指中国农村中经过短期训练且不脱离农业生产的、能治疗小伤小病并做一些公共卫生工作的医务人员,对应的英文应该是"local doctor""village doctor",或者"farmer doctor"。其中,"farmer doctor"最能体现其真实含义。

四、跨文化交际的主要内容

跨文化交际学涉及很多学科,其基本内容一般包括五个方面。

(1)文化维度理论的研究。文化维度是跨文化理论中最具影响力的一个理论。该研究确定了区分不同文化的四个维度:个人主义与集体主义、权力距离、不确定性避让与不确定性容忍、男性化与女性化。个人主义强调个人所得和个人权利，包括个人的自我决定权利；集体主义则强调集体所得和集体权利，包括集体对个人的决定权。权利距离是指一个社会中的人群对权利分配不平等这一事实的接受程度。不确定性容忍高的人敢于冒险，对未来充满信心，而不确定性避让高的人则相反。在跨文化交际过程中，对隐藏在文化深处的价值观无法回避，人们恰恰是通过了解价值观的不同，来加深对跨文化的理解。

（2）言语行为文化特性方面的研究。不同的文化存在差异，文化差异反映到语言上就是语言上的差异。语言是文化的产物，又是文化的一种表现形式，语言的使用要遵循文化规则。使用语言时，说话的直接与间接程度是文化差异比较明显的特征之一。根据这一特征，可大体将国家分为低语境国家和高语境国家。低语境国家的人使用语言比较含蓄、隐讳，高语境国家的人使用语言直截了当。因此，高语境国家的人可能会认为低语境国家的人不诚实，而低语境国家的人则会认为高语境国家的人不礼貌，这就产生了交际障碍。

（3）非语言交际方面的研究。非语言沟通是指不通过语言沟通和传达信息的过程。非口头语言包括语音语调、面部表情和身体接触等。

（4）文化对语境的影响，研究文化对教育、医疗和商业行为的影响。

（5）如何提高跨文化交际能力、处理跨文化冲突、分析跨文化交际障碍，以及跨文化交际中应该遵循的原则等。因此，如何在教学中体现这些内容是近十年来普遍研究的课题。各门外语的教学大纲都已明确指出外语教学的目的之一是提高语言应用能力和文化素养。为达到此目的，教师必须采取合适的教学方法，使用合适的教材，教师的认识要与以提高文化交际能力为目的的外语教学相适应。

五、跨文化交际的特点

1. 跨文化交际主要指人与人之间面对面的交际

跨文化交流包括国家之间的交流、组织之间的交流和人与人之间的交流，但是更侧重人际交流层面，特别是人与人之间面对面的交流。美国跨文化交流领域资深学者贝内特（Bennett）强调，跨文化交际主要是指不同文化背景下的人们面对面的交流。面对面的交流既包括语言交际，也包括非语言交际，而且是双向交流和互动的过程。这也是早期的跨文化交际研究特别关注非语言交际，而不太关注大众传媒的原因。传统的大众传媒是一种单向的交流，是传播与接受的关系，缺少面对面交流的互动性。

2. 跨文化交际存在很多差异性

跨文化交际是不同文化背景的人的交往，因此存在许多差异性。美国肯特州立大学传播学博士陈国明指出跨文化交际的特点之一就是差异性。跨文化交际既存在深层文化方面的差异（如文化传统、价值观、信仰、态度等），又存在行为方式和习俗方面的差异（如手势、衣着、语言使用），也存在个人文化身份和社会角色方面的差异（如性别、年龄、职业、地域等方面的不同）。这些存在差异的因素相互作用，影响了跨文化交际的过程和结果。当中国的一名中年女教师与拉美文化中的一个高中男生进行跨文化交际时，不仅存在价值观、交往方式等方面的差异，而且还存在性别、年龄、社会角色、个性等方面的差异。

3. 跨文化交际容易引起冲突

由于语言、交际风格、非语言行为、思维模式、社会准则、价值观等方面的差异，跨文化交际很容易产生误解和冲突。陈国明认为差异性是导致跨文化交际产生冲突的主要原因。

4. 跨文化交际的误解和冲突大多是"善意的"

虽然跨文化交际存在冲突，但是许多冲突往往不是出于人们恶意的动机，而是来源于人们美好的愿望。一种文化中的得体而礼貌的行为到了另一种文化中却成了无礼的行为，善良的意图却产生了意想不到的误解。这样的误解叫作"善意的冲突"（well-meaning clash）。例如，接受批评时直视老师的眼睛被西方学生看作礼貌的行为，但是这种行为在中国文化中却是一种不尊重老师的表现。跨文化交际中的大多数冲突都属于"善意的冲突"，而不是有意的伤害。

5. 跨文化交际常常引起情感上的强烈反应

跨文化交际是一种很容易造成心理紧张的活动。人们经常提到的"文化休克"就是在跨文化交际中产生的心理反应。由于跨文化交际是不同文化背景的个体之间的交际，因此交际的过程和结果都充满了模糊性和不确定性，而这种模糊性和不确定性容易使人焦虑。

6. 跨文化交际是一种挑战，更是一种收获

跨文化交际是一种挑战。因为跨文化交际中充满了误解、失败甚至冲突，所以成功的跨文化交际不是一件容易的事情。但是跨文化交际又是一种能给人带来深刻变化的活动。跨文化交际的经历使人们具有更开阔的视野、更丰富的阅历、更成熟的性格、更复杂的思维、更宽容的态度。许多有过出国经历的汉语教师都表示，跨文化交际经历给他们的人生带来了积极的影响，不仅使他们变得更加独立，具备更强的适应能力和交往能力，更重要的是使他们更深刻地认识到世界上存在着不同的生活方式，并且学会了理解和欣赏这种文化差异。

第二节　大学生跨文化交际能力培养的必要性

一、跨文化交际能力的概念

跨文化交际是指具有不同文化背景的人之间进行的交流和沟通的过程。在经济全球化时代，各国之间在政治、经济、文化等不同层面的沟通与合作不断加强，跨文化交际已成为当今时代的一大特点。因此，作为培养未来从事国际事务、具有国际视野的人才的摇篮，高校对大学生跨文化交际能力的培养负有不可推卸的责任。

那么何为跨文化交际能力？跨文化交际能力如何培养？国内外专家、学者均认为跨文化交际能力的培养极为复杂，需要在传统的语言教学中进行新的尝试。跨文化交际能力的培养应贯穿于整个外语教学过程中，贯穿于每项语言技能的培养过程中。一方面，跨文化交际能力和交际能力有着很大的区别。跨文化交际能力是指超越特定文化的、使不同文化背景的交际者能自如地进行交往的能力。跨文化交际者在尽可能多地保留自身文化特征的同时，应最大限度地接近、了解对方。而一般的

交际是指跨文化交际者在特定范围内，以自己的本族文化为出发点和参照物进行交际的过程。它带有鲜明的文化局限性和排斥他文化的特点。另一方面，跨文化交际能力和交际能力是相互联系的：交际能力是跨文化交际能力的基础，跨文化交际能力是交际能力的延伸和发展。美国语言学家卡纳（Cannale）和斯温（Swain）认为，交际能力包括四个方面的能力：①语法能力(grammatical competence)；②社交能力(sociolinguistic competence)；③语言策略能力（strategic competence）；④语言能力（discourse competence）。语法能力包括语言、词法、句法、词汇等语言知识，以及正确理解和表达句子和段落的能力。社交能力所涉及的是语言使用的社会规则，这种规则主要与人们在交际中理解别人的话语和使用话语的方式有关。交际能力的核心是语言的适当性，也就是语言的运用要符合特定的文化背景。策略能力是指运用各种语言和非语言交际策略去应对和解决交际中产生的困难和问题的能力。

"交际能力"这一术语是英国人类学家海姆斯在 1966 年首次提出的。根据语用学理论，交际能力应包括以下五个方面的内容：①语言，指掌握语法知识；②功能，指听、说、读、写四个方面的能力；③语境，指选择与所处语境、说话场所相适应的话语；④交际者之间的关系，指根据对方的社会地位和身份，说出合乎自己身份的话语；⑤社会文化知识，海姆斯认为，语言首先是一种"社会实践"，语言的得体性离不开社会文化知识。

综上所述，跨文化交际能力就是在异文化环境中，按照自己的意愿达到某个目的时，能认识到为此所选择的行为在异文化环境中的人看来也是合适的。在获得一门外语的语言能力和交际能力之后，文化能力较强的人就能够较正确地判断交际场合和交际目的，使用合适的语言有效地表达和传达意思。因此可以说，交际能力与文化能力的有机融合是有效地形成跨文化交际能力的重要基础。

在使用外语进行交际时，中国人应具备的跨文化交际技能包括以下五个方面的内容。

（1）能正确地理解对方所表现出的语言行为和非语言行为，并且能解释其功能，也就是能通过表面现象看到文化所代表的交际目的。例如，当听到"What an unusual necklace! It is really beautiful!"（多别致的一条项链啊，真漂亮！）这样的话语时，应该马上能意识到这样的赞扬性语言的功能是表示友好或发起谈话。

（2）熟悉各种语言形式、词汇的内涵和外延所包含的文化含义。例如，用陈述句表示请求，"It is cold here."（这里真冷）这句话的意思可能是请求关闭窗户。日语中也有类似的表达方式。

（3）有良好的心理素质并能在各种交际场合运用语言技能和非语言技能修复或修补交流渠道。

（4）有合适的语言行为和非语言行为。例如，能在合适的场合说合适的话，能容忍对方的交际错误，有较好的承受力，抱着积极的态度去理解、认同对方。

（5）在异文化环境中无集体可依赖时，要确定自己的身份，正确地奉行中国人所崇尚的"以和为贵"精神，合情合理地捍卫自己的观点和利益。

二、大学生跨文化交际能力培养的目的

跨文化交际能力的培养分为三个层面。第一个层面是在接触和了解他国语言和文化时，不断加强交际者的语言功夫，丰富文化知识，克服交际过程中易出现的障碍，培养交际者的文化敏感性，以提高跨文化交际敏觉力。第二个层面强调对语言和文化的深层认知，增强对他国语言以及背后的隐性文化和价值观的理解，如西方文化价值观中的个性自由和独立竞争等。对这些方面的理解和感悟有助于交际者在交际中选择策略，针对对方文化的异质性以及个人的特性，做到有的放矢。第三个层面是培养交际者灵活运用所学语言、文化知识应对和处理跨文化交际中出现的各种交际问题以及突发事件等。这是跨文化交际能力培养的最高层面和最终目标。要达到这一目标，交际者就必须培养学以致用的能力，根据过去对外国相关文化的认知积极参与跨文化交际实践，锻炼处理文

化冲突的能力。由此可见，跨文化敏觉力的培养、对语言和文化的深层认知、跨文化交际实践行为的训练，这三个层面既有一定的递进关系，又相辅相成。

文化"走出去"背景下的外语教学以语言应用技能为目标，训练学生的听、说、读、写、译的技能。基于跨文化交际能力培养的外语教学，应当更加关注学生整体沟通能力的培养。语言技能作为沟通能力的一个方面，包含于宏观的能力和素质之中。语言技能与文化知识课程、跨文化交际课程，以及选修双语文化类课程的总体教学目的是培养学生的跨文化交际能力。根据跨文化交际能力的构成内容、大学外语课程的教学目标及课程体系的特点，大学生跨文化交际能力培养的目的细化为三个。

（一）培养跨文化敏觉力

培养交际者的跨文化敏觉力，首先要做的就是克服两大障碍。在跨文化交际的初期总是存在一些交际障碍。主要障碍之一是刻板印象。这些印象和看法可能是正面的，也可能是负面的。尽管大家都知道刻板印象不可取，但要做到完全避免却不容易。刻板印象忽视个体差别，一旦形成便不易改变。它使交际者思维僵化，不能客观地对待另一种文化，失去交际应有的敏觉力。带有刻板印象的交际者在观察他国文化时只注意与自己的刻板印象相符合的现象，而忽略其他更重要的差异信息。刻板印象妨碍交际者与不同文化背景的人相处，不利于顺利开展跨文化交际。因此，必须尽量消除由刻板印象带来的负能量。在跨文化课程教学中，教师应尽量避免用带有刻板印象的话语，并提醒学生注意普遍文化概念下的个性差别。在跨文化交际中，交际者首先面对的是交际个体，然后才是其背后的民族文化，不能因为对整个民族的刻板印象而影响了交际者对具体交际对象的判断和交际策略。

跨文化交际的障碍之二是民族中心主义，即习惯以本民族的价值观衡量其他文化，从自己的文化角度出发，以自己的评判标准评价对方。交际者一旦发现结果与自己的预期不同，就可能会对对方产生敌对情绪而引起交际冲突。有学者认为，所谓民族中心主义就是按照本族文化的观念和标准去理解和衡量他族文化中的一切，包括人们的行为举止、交际方式、社会习俗、管理模式以及价值观念等。社会中的每个人都无法避开民族中心主义，尽管我们努力克服隐藏在内心深处的民族中心主义。我们都成长在一定的文化环境中，文化早已融入我们的心灵，指导着我们的行动，造成我们在观察其他文化时会不自觉地以自己的标准为依据，对异质文化事物做出有失客观的判断。北京外国语大学教授胡文仲认为，各个国家的地图都把本国放在中心。美国人看中国出版的世界地图感到生疏，因为他们习惯看到的是把美国放在中心的地图。我们看美国的世界地图也觉得奇怪，因为突然发现中国在地图的一侧。这都是把自己国家作为中心的最好证明。在历史课上，往往也是这种情形。谈到对世界文明的贡献，一般总是突出自己国家的成就，而对其他国家的成就则估计不足。这都是民族中心主义在作怪，要完全摆脱我们在社会化过程中形成的观念和看法是一个长期艰巨的任务，也是培养跨文化交际敏觉力的重要方向。

文化对比教学法是课堂上克服刻板印象和民族中心主义的主要手段，通过对比了解自己和他人的特性。文化对比教学法要求交际者摆脱自身文化的约束，避免简单化的定式思维，将自己置于他文化模式中，在理性、平等的立场中感受、领悟和理解另一种文化。文化对比教学法首先要求教师理解他国文化并选取典型文本解释其中的文化元素，帮助学生充分理解文本的语言信息和渗透其中的非语言信息，并利用本土文化中的相应文化元素进行对照讲解，引导学生在解读过程中有意识地寻找文化差异。比如，狗在中外文化中所代表的意义差别很大，如果不明白这一文化密码，交际中很容易产生误会。教师在讲解关于狗的文本材料时可以举例子：一个英国人对接触不久的中国朋友说"You are a lucky dog."，中国朋友很可能会认为这个英国人在侮辱他，因为"狗"在汉语中是一种卑微的动物，狗的贬义形象在中国人心中已根深蒂固。我们常常用狗来形容不好的事物，如"狼心狗肺"。但是在英国，狗却有很高的地位，英国人认为狗是忠实的朋友。英国人常常用狗来比喻人，如

"Every dog has his day."（人人皆有得意日）、"You are a lucky dog."（你是一个幸运儿）。这样的教学既形象又生动，还能增强学生的跨文化敏觉力。

交际参与度是跨文化敏觉力的最佳指示变量。这意味着要想通过跨文化敏觉力来提高跨文化交际能力最有效的方法是加强交际参与度，从而对跨文化交际能力产生影响。因此，除了文化对比教学法，教师还要鼓励学生积极参与具体的跨文化交际训练和实践，并努力为他们创造跨文化交际的机会。这是培养他们克服刻板印象和民族中心主义的最好途径。在具体的训练和实践中，他们能真切地感受到文化的多样性和同一文化中不同个体的差异，逐渐形成多元的文化观和开明的交际态度，从而尽量主动克服由刻板印象和民族中心主义导致的交际障碍，形成良好的跨文化敏觉力。比如，教师在教学中可以设计多个与中国人的思想和性格迥异的文化模式，由不同的人扮演角色，让他们分别与中国人交往。通过这个活动，他们会体会到自身文化的某些特点和他国文化的一些特性，从而提高自己的文化敏觉力。在条件允许的情况下，教师带领学生或鼓励他们多参加各种小型国际会议、国际论坛以及跨文化聚会是一种更为直接的训练和培养他们的跨文化敏觉力的高效方式。一位来自西班牙的女学生，来中国留学以前是空姐。来中国几个月后，她说她的几个朋友也准备来中国学习。在来中国学习以前，她和她的朋友们都以为中国还没有通电，没有电话、电视机，甚至住的还是土房子，更别说电脑这样的高科技了，所以他们觉得来到这里会非常不方便。这些都是刻板印象造成的，阻碍了他们来中国学习和交流。那个西班牙女学生亲身体验了中国人的现代生活以及中国文化带来的乐趣，所以改变了她和朋友们对中国的刻板印象。

综上所述，无论是为了克服刻板印象和民族中心主义，还是为了培养交际者对语言背后的文化的解读以形成较强的跨文化交际敏觉力，教师都需要在课堂上有意识地进行文化对比教学和其他形式的文化拓展讲解，更需要给学生创造跨文化交际训练和实践的机会。这样才能让他们树立自信心，能够在具体的交际情境中调适自我，从容地应对交际中出现的各种复杂状况，最后顺利实现交际目标。

(二) 培养跨文化认知能力

跨文化认知是指交际者对具有独特风格和内涵的他国文化要素及文化特质等方面的认识和了解，其本质就是学习与把握他国文化。文化认知过程随年龄的增长不断变化。培养跨文化认知能力不但包括培养交际者的跨语言交际能力，还包括培养交际者的跨文化交际能力。语言交际与文化交际是不可分割的，语言交际是文化交际的一部分，为文化交际服务并反映着文化交际。跨语言交际能力和跨文化交际能力也是相辅相成的。跨语言交际能力不仅包括对目的语的巧妙选择和熟练运用，更重要的是对语言背后的文化的解读和领悟，也就是在语言教学中渗透文化分析，使学生逐渐熟知他国语言与自身语言不同的文化密码，以正确选择交际语言。培养跨文化认知能力首先要加强交际者的语言功夫，在教学中要使语言教学与文化教学齐头并进，在输入语言基础知识的同时，也不忘相关文化知识的输入，从而让学生更好地熟识、理解和评判文化差异，以提高学生对文化差异的敏感度和跨文化意识。语言功夫主要体现在用词、句子陈述与主题选择的适当性上。

在跨文化交际语言能力的培养上，首先应该重视的是词汇。词汇是语言的基石，也是很多学生学习语言的难点。每种语言的词汇都蕴含着丰富的文化信息，是该语言中最活跃的成分，也是文化的汇聚点。词汇本身的迭代更新反映了相关文化发展的信息。因此，教师在讲授单词的过程中，穿插一些跨文化交际知识，既能培养学生的跨文化交际意识，又能让枯燥的词汇学习变得生动有趣。讲解词汇时将相关的谚语、典故、名句等融入课堂就不失为一种有效的方法。比如，在高级班汉语课上讨论"朋友"主题时，教师可以引入"有福同享，有难同当""患难之中见真情"以及"在家靠父母，出门靠朋友"等谚语和名句，也可以顺势讲解《三国演义》中桃园三结义的故事。这些谚语、名句和历史典故反映了中国的"义"文化，既能够提高学生对汉语的兴趣，又可以拓展词汇所隐含的文化知识，同时也能够促进留学生反观自己文化中"朋友"的含义及其与汉语的差异。这样的词汇教学自然会提高学生的跨文化意识。

除了词汇教学，句子陈述的跨文化培养也要重视。老师在课堂上讲解句子的时候，不但要讲解这种句子的语体风格适合在什么场合使用，还要分析这种句子适合用在什么身份的交际对象上。句子的语气也有讲究，比如请求语气的句子适合用于与长辈说话或者请别人帮忙时使用，而命令语气的句子则是用在命令下属或者孩子的时候。如果没有掌握两种句子的区别而把语气用反了，在跨文化交际中很容易引起不必要的冲突。

另外，句子通顺与否、语法是否正确等也是教学中需要注意的问题。在语法学习过程中，要注意比较外语语法与汉语语法的异同点，不要受汉语思维的影响。同时，在学习语法结构时，要强调其文化和交际功能。如："Lovely day, isn't it?"只是英美人发起话题的常见语句；"Would you please turn off the light?"不表示问，而是表示请求。西方人提出请求常用问句，以示礼貌，长辈对晚辈提出请求和熟人之间提出请求可用祈使句。

谈话中主题选择的适当性同样不容忽视，这也是对语言应用能力的一个综合性考验。在具备词汇和句子陈述等方面的跨文化交际能力后，交际中的谈话主题是否得当、是否符合交际双方共同的交际需求、是否能引起交际双方的共鸣、是否需要继续深入谈下去，都需要思考。教师应在教学中通过具体的教学情境的设置、相关教学视频的播放，适时训练、引导和鼓励学生在跨文化对话中对谈话主题进行恰当的选择和适时的转换。

培养跨文化认知能力除了要培养交际者的跨语言认知能力，还要培养其跨文化认知能力，即跨文化意识。培养跨文化意识的第一步就是要让交际者从观念上消除偏见和歧视，认识到文化没有优劣之分，让交际者以平等的心态对待各个民族的文化和人。培养跨文化意识的第二步就是使交际者丰富跨文化知识，拓宽眼界，树立良好文化心态和宽容的文化态度。培养跨文化意识可以通过以下途径来实现。一是在语言学习中训练听、说、读、写的技能。首先，通过阅读外文资料了解外国文化，在阅读中了解他国的科技、地理、历史和风俗等，熟悉他们的表达方式和风格，消除由文化知识不足而导致的理解障碍。其次，在外语听力中领悟他国文化。听力材料一般模拟真实的对话情景，因而听力训练过程就是一个跨文化意识培养的过程。要让学生知道交际中哪些话题应该避免，比如年龄、婚姻、薪水、家庭住址等不应该作为话题。再次，在听的基础上要积极发言，主动参与到跨文化交际活动中，以提高自己在跨文化交际中的表达能力。最后，通过写作提升外国文化知识的内化和运用能力。在写作中，要充分意识到中外文化的差异，从根本上提升跨文化交际的综合能力。

二是在外语活动中体验外国文化，主动结交外国朋友。例如，可以组织外语角、学唱外文歌、看影视材料以及编演外语剧等。在这些活动中，学生身临其境地体验真实的外国文化，了解他们的风俗文化和文化禁忌。同时，教师应帮助学生分析本土文化中哪些方面对自己有利、哪些对自己不利，然后再分析目的语文化（哪些方面我们容易适应，哪些不易适应且易引起文化冲突），从而有意识地改变自己的行为模式，以促进跨文化交际目标的实现。三是在各种旅行活动中，主动积极地创造跨文化交际的机会。总之，我们对文化差异了解得越多，越容易对他国文化采取宽容的态度。同时，移情也有利于培养对文化差异的宽容性。我们一旦能从对方的角度考虑问题，就已经具有很强的跨文化意识了。

（三）培养跨文化行为能力

其实，无论是培养跨文化敏觉力，还是培养跨文化认知能力，最终都是为了使交际者在跨文化交际中能够灵活地交际，也即培养跨文化行为能力。这三者不是彼此分开的，而是互相依存。跨文化敏觉力的培养包含跨文化认知能力和跨文化行为能力的培养，跨文化认知能力的培养也融入了跨文化行为能力的培养，而跨文化行为能力的培养以跨文化敏觉力和认知能力的培养为基础，并且是对这两种能力的巩固和融合。

跨文化行为能力即跨文化行为的灵活性，是跨文化交际能力的核心要素。它包括交际者能够根据交际双方的文化背景和个性特点，灵活地调整自己的交际策略和行为，尽量向对方的交际规则靠近（以不违反自己的交际原则为前提），减少差距，营造和谐的交际氛围，同时灵活地处理由文化差异引起的文化冲突。在处理冲突时，交际者要善于运用恰当的语言阐明自己在文化上的困惑，介绍本族的行为规范，弄清对方的文化习俗，找出冲突的解决途径，达成共识，完成交际任务。根据陈国明在《跨文化交际学》中所述，跨文化行为能力包括信息传达技巧、自我表露技巧、行为的灵活性、互动管理及认同维护技巧五个方面。当学生学习了跨文化行为能力的五个方面之后，教师分阶段、分层次地组织跨文化实践是培养学生跨文化行为能力最有效的途径。

1. 跨文化交际角色扮演

首先，角色扮演是教师在条件有限的情况下采取的一种跨文化虚拟实践，可以分成两人组角色扮演及多人组角色扮演。两人组角色扮演要求两人分别扮演不同文化国的具有一定职业身份（或者学生身份）的交际者，模拟实际生活或工作场景（基本设定交际流程主线，留出适当的自由发挥的空间），完成一定的交际任务。多人组角色扮演在交际者人数上有所增加，可以分为两个文化国或多个文化国之间的跨文化交际。多个文化国交际的背景相对复杂些，因此多人组角色扮演应该在两人组角色扮演训练到一定程度的时候进行。角色扮演的目的在于，让学生经由模拟的过程，面对并尝试解决跨文化交际中可能遇到的问题和障碍，通过信息传递、自我表露、互动管理及移情等行为训练，学会跨文化交际技巧，增强跨文化行为能力。这个方法的优点在于把学生从旁观者变成参与者，使他们能够在模拟的跨文化环境中，亲身体验另一种或多种跨文化交际。

2. 跨文化交际互动实践

教师可以组织本校留学生和中国学生进行实际的跨文化交流，布置一定的交际任务，根据交际任务和交际需求提供交际场所，并提醒中国学生注意跨文化交际能力五个方面的技巧。在留学生和中国学生见面、认识、交流过程中，老师可以观察学生在交际中的困惑、问题、冲突以及解决问题时学生表现出的状态或随机应变能力。同时，教师可以在学生不知晓的情况下把他们的交际行为录下来，在课堂上回放。有些交际失误，学生会在观看录像时发现，有些则需要老师点出后向学生讲解。一个学期组织几次这样的交际实践活动，每次针对不同的重点交际问题进行现场交际，学生的实际交际行为能力自然会得到提升，交际行为更加灵活，交际效能也更高。在互动过程中，学生尽量使用描述性、支持性的信息。描述性的信息指交际时不妄加判断，给对方明确、具体的反馈。支持性的信息指沟通时同意或支持对方的看法并以点头、注视等动作认同对方的论点。互动实践的优点是来自异国的交际者比本国角色扮演者能够带来更真实、完整的异国文化信息和行为形态。

中国与其他国家的跨文化交际日益频繁，除了让学生和本校留学生进行一定的跨文化交际实践，教师和学校还应该多鼓励学生积极参加国际会议或跨国活动，尽可能向学生提供相关信息和机会，以增加学生跨文化交际实践的机会，让学生在实践中去体验和认知文化差异，进一步有效地提高自身处理文化差异的灵活性。这些建议的实施能促进学生的跨文化交际能力和综合文化素质的实质性提升。

跨文化交际能力的形成具有阶段性、层次性，因此跨文化交际能力的培养也不是一蹴而就的，而是由表及里、由浅入深，不断发展、深化的过程。教师要针对不同的层次设计不同的教学方法，理清侧重点。

三、大学生跨文化交际能力培养的必要性

随着我国改革开放的不断深入，我国在各类国际事务中发挥着越来越重要的作用，对具有较强跨文化交际能力的人才的需求不断扩大。这对高等教育提出了新的挑战，培养大学生的跨文化交际能力成为高校外语教学的主要目标之一。《外国语言文学类教学质量国家标准》中首次将"跨文化交际"列为外语专业的核心课程。在外语专业学生的能力培

养要求中，跨文化交际能力被列为其中一项重要的能力之一。从这一点可以看出，我国高校在人才培养目标上将大学生跨文化交际能力的培养放在了非常重要的位置。学校不仅对外语专业学生加强跨文化交际能力的培养，对非外语专业学生也要加强听、说、读、写、译这五大外语语言能力的培养和跨文化交际能力的培养。未来，他们要直接参与国际事务和国际商务活动，不能永远依赖翻译。这就要求他们不仅要具备较强的外语语言能力，还要具备较强的文化能力，从而顺利地在国际舞台上进行跨文化交际活动。因此，培养大学生跨文化交际能力就成为目前我国高校研究的重要课题。

（一）消除文化"失语症"和"自闭症"

培养跨文化交际能力首先应当加强母语文化教育，培养文化平等意识，消除英语教学中的"中国文化失语症"。现实中，许多英文水平较高的青年学者无法用英语表达母语文化。究其原因有二：其一，受试者对中国文化知之甚少，不少人用汉语都解释不清很多中国文化的概念；其二，受试者不知如何用英语表达自己的文化。这种普遍存在的母语文化失语症暴露了我国大学英语教学的一大缺陷，即注重目的语文化的导入而忽视母语文化意识的培养，过分强调英美文化学习而忽视中国文化的输入。如果我们培养的学生"开口必罗马"，只能用西方语言言说西方文化，成为西方文化的传声筒，或者面对西方人对中国文化的误解和误读无法使用适当得体的表达方式进行解释，这种教育带来的后果不堪设想。

消除母语文化失语症首先应在高校英语教学中加强母语文化教育，不断渗透中国文化，培养学生强烈的民族自豪感和文化平等意识。中国文化元素介入英语专业文学课堂的可行性途径有三条：一是增设中国文化类的英语选修课程；二是在文学课程大纲中加入反映中国文化语境的优秀英语文学作品，如中国作家所著的英文名著、英语国家的华裔作家作品，以及英美名家创作的反映中国社会的英语作品和中国经典文学名著的翻译作品；三是在教学过程中注重实践培养，加强目的语文化和母语文化的双向交流。例如，在英语戏剧的学习中，鼓励学生在中国语境中改编英语原剧，获得文化融合与碰撞的真切体验。

在全球化的语境下，跨文化交际只有通过平等的双向交流，才能实现沟通的双赢。英语专业文学教学中阻碍跨文化意识建构的另一症状是教学中普遍存在的"文化自闭症"。这种"自闭症"并非固守母语文化、排斥英语文化，而是指有意或无意地斩断英语文学与他国文学之间的交流与联系，人为地屏蔽异质文化的影响，强行将英语文学置于一个封闭的文化系统中进行单向度的诠释。这种"自闭症"在我国英美文学教师中较为普遍。他们内心深处潜藏着这样一种理论预设：英美文学与文化是一个独立的文化实体，与其他类别的文化形态无关。因此，高校英语专业英美文学教学往往只涉及英美文学本体，而"他者"文学或文化被排斥在外。这里所指的"他者"文学既包含被普遍忽视的英美以外的英语国家的文学，同时也包括以中国文学为典型代表的非英语文学。这种"自闭"倾向很容易妨碍学习者建构关于英美文学与文化的全面、正确的认识体系和图式，并使得英美文学教学与全球化语境下活跃的文化交流与对话的强劲潮流相背离，进而形成对异族文化的错觉与偏见。由于大量阅读英美文学无法得到落实，学生认为文学学习没有使用价值而缺乏学习热情，文学学习演化为死记硬背，客观上导致跨文化交际中目的语文化"自闭症"现象的产生。要消除这种现象，教师就需要从教材选用到教学实施过程，都坚持"系统性"原则，结合授课时间选取适量文本，力求保留文学发展概貌的完整性，同时应讲授适量的文化比较研究的教学内容。在多维度文化导入的教学过程中，应由浅入深，分层导入。在文本教学以外，教师应鼓励学生将本民族文化带进外国文学课堂，围绕真实问题进行讨论，让学生在多维互动的教学模式中完成文化知识体系的建构，培养跨文化交际能力中最为核心的"文化移情"能力。

同时，消除文化"自闭症"还应着力培养学生接受文化差异的跨文化伦理思辨能力。山东大学的黄万华教授在研究海外华人文学时提出了跨文化意识中的"异"视野和"异"形态的概念，对人们理解英语专业文学教学中对目的语文化所应持有的文化态度有很大的启发。海外华人作家具有较强的跨文化意识，能从自身的文化视角理解自己的文化，然后较自觉地把这种认知作为理解异族文化的基础，从而在跨文化互动中有效地揭示他人的行为，接纳他人的情感，理解差异中的互补性，甚至相通性。对他族文化的"异"感受可能是消极的，如恐惧、迷醉、鄙夷。只有在感知西方文化的"异"时避免将他族"异类化"，摆脱对西方文化的"异歧视"或者"异崇拜"，同时认同自我，维系自身的主体性，才能树立真正的文化平等意识，达到一种文化融合的境界。在英语文学教学中，指导学生阅读优秀海外华人文学作品，不失为培养正确的跨文化意识的一种有效途径。海外华人文学既要表达维系自身文化和民族之根的焦虑（其中也包括对被同化的警觉和抵制），又要表达出与异族沟通的愿望。这要求作家在处理异族题材时，有更敏锐的洞察力和更加开放的胸襟，从而由自己的民族文化传统出发，去理解异族文化的普遍性价值。

（二）达到《普通高等学校本科专业类教学质量国家标准》的要求

2018 年 1 月，教育部发布了《普通高等学校本科专业类教学质量国家标准》（以下简称《国标》）。其中明确将跨文化能力作为外语类专业学生应具备的能力要求之一，专业核心课程应包括文化类课程。这充分说明在高校英语教学中引入跨文化能力培养的重要性。《国标》给出了外语类专业人才的具体培养方向。

1. 培养目标

外语类专业旨在培养具有良好的综合素质、扎实的外语基本功和专业知识与能力，掌握相关专业知识，适应我国对外交流、国家与地方经济社会发展、各类涉外行业、外语教育与学术研究需要的各外语语种专业人才和复合型外语人才。

各高校应根据自身办学实际和人才培养定位，参照上述要求，制定合理的培养目标。培养目标应保持相对稳定，但同时应根据社会、经济和文化的发展需要，适时进行调整和完善。

2. 培养要求

（1）素质要求

外语类专业学生应具有正确的世界观、人生观和价值观，良好的道德品质，中国情怀和国际视野，社会责任感，人文与科学素养，合作精神，创新精神以及学科基本素养。

（2）知识要求

外语类专业学生应掌握外国语言知识、外国文学知识、国别与区域知识，熟悉中国语言文化知识，了解相关专业知识以及人文社会科学与自然科学基础知识，形成跨学科知识结构，体现专业特色。

（3）能力要求

外语类专业学生应具备外语运用能力、文学赏析能力、跨文化能力、思辨能力，以及一定的研究能力、创新能力、信息技术应用能力、自主学习能力和实践能力。

其中，跨文化能力是指：尊重世界文化多样性，具有跨文化同理心和批判性文化意识；掌握基本的跨文化研究理论知识和分析方法，理解中外文化的基本特点和异同；能对不同文化现象、文本和制品进行阐释和评价；能有效和恰当地进行跨文化沟通；能帮助不同文化背景的人士进行有效的跨文化沟通。

所以，按照《国标》的要求，在高校英语教学过程中，培养学生的跨文化交际能力可以满足时代和社会的发展要求，而且能够在一定程度上提高高校英语的教学质量。目前在高校英语教学中，教师往往强调语法结构、词汇、词组的学习，英语听力练习以及口语能力的提高，而错误地认为，跨文化交际能力的培养不仅对学生学习成绩的提高没有实质性作用，而且对学生英语应用能力的提高也毫无帮助。实际上，跨文化交际能力的培养不仅有利于学生对英语词汇和语法的理解和掌握，而且有助于学生对阅读理解题中的文章的理解，从而提高应试成绩。另外，提高学生的跨文化交际能力，还有利于学生在消除英语文化知识缺乏造成的跨文化交流障碍或者误解。由此看来，跨文化交际能力的提高有利于学生英语应用能力的提高。

2018 年 4 月，经国家语委语言文字规范标准审定委员会审定通过，《中国英语能力等级量表》由教育部、国家语言文字工作委员会正式发布，将作为国家语委语言文字规范，自 2018 年 6 月 1 日正式实施。《中国英语能力等级量表》以语言运用为导向，将学习者的英语能力从低到高划分为"基础、提高和熟练"三个阶段，共设九个等级，对各等级的能力特征进行了全面、清晰、翔实的描述。能力总表包括语言能力总表以及听力理解能力、阅读理解能力、口头表达能力、书面表达能力、组构能力、语用能力、口译能力和笔译能力等方面的总表。其中，语用能力量表将引导我国英语教学和测试加强对学生语言运用能力、文化意识和跨文化交际能力的培养。

可见，跨文化交际能力是新时代大学生必备的素质，跨文化交际也是英语专业学生不可或缺的必修课。

第三节　文化差异视城下的跨文化英语教学

文化差异是指因不同地区不同的文化背景、风土人情、风俗习惯等造成人们的语言习惯、思维方式、说话方式不同。随着我国经济发展步伐的加快及全球经济一体化趋势的加强，我国与其他国家的交流与合作也更加频繁。教育部最新颁布的《大学英语课程教学要求》中也明确把跨文化交际作为大学英语教学的重要目标之一，要求培养学生的实际英语应用能力，以便其在今后的工作、学习中能有效地进行英语交际。

一、中西方文化差异的表现

（一）地理环境造成的文化差异

语言的产生与人们的生活环境密切相关。英国是一个岛国，河流、湖泊众多；而汉民族世代生活在亚洲大陆，人们的生活离不开土地。英语用"spend money like water"比喻花钱如流水，而汉语用成语"挥金如土"来表达。英国航海业自古以来就很发达，因而在英语中有许多关于船和水的习语，如"to keep one's head above water"（奋力图存）、"all at sea"（不知所措）、"in the same boat"（处于危险境地）等。

汉语和英语两种语言中存在许多相对应的词汇，我们可以通过翻译来完成两种语言的语义转换。但由于文化背景完全不同，这些相对应的词汇在意义上并不完全是对等的，尤其是在它们各自所蕴含的文化意义上。例如，汉语中的"西风"和英语中的"west wind"，在词汇意义上是对应的，但是文化意义却迥然不同。由于英国地处西半球，西风带来春天的气息，和汉语中的"东风"的含义差不多。英国诗人雪莱的《西风颂》正是表达对西风的赞颂。汉语中的"西风"呈现出的却完全是另外一种景象：寒冬来临，万物萧瑟。"古道西风瘦马，夕阳西下""昨夜西风凋碧树，独上高楼，望尽天涯路"，从这些诗句中就不难体会"西风"所蕴含的萧瑟破败的意境。

（二）价值观念方面的文化差异

西方价值观的基础是人文主义，强调个人价值。西方人尤其是美国人极端崇拜个人主义，宣扬个人主义、个性发展与自我表现。而中国人讲究"天人合一"，更强调集体利益。中国人宁可牺牲个人利益，也要克己守道、先人后己。

正是中西方这种价值观念的差异，导致两种语言在某些词汇的含义上侧重点不同。如"ambition"一词，在汉语中意为"野心勃勃"，具有强烈的贬义色彩；而在英语中则表示"雄心壮志"，褒义色彩浓厚。又如"aggressive"一词在英语中意为"进取上进，有开拓精神的"，在汉语中则表示"好斗的，挑衅的"。

（三）风俗习惯方面的文化差异

中国人和西方人文化背景不同，所以对同一事物的理解有天壤之别。在中国，狗含有贬义的文化意义，因此"走狗""狐朋狗友""狼心狗肺""狗眼看人低"等说法常被用作贬义词。相反，西方人对狗却有深厚的感情。他们喜欢狗的勇敢和忠诚，并对狗大加赞赏，因此，在英语中有很多关于狗的说法，把人比作狗也是一种褒扬。如"a lucky dog"（幸运儿）、"Love me, love my dog."（爱屋及乌）、"Every dog has his day." （人人皆有得意日）。英语中用"sick as a dog"比喻人病得厉害，"dog tired"则表示累极了。

二、跨文化教育存在的主要问题

一直以来，跨文化教育在大学英语教学中都是非常薄弱的一环。出现这种现象的原因主要有三点。首先，对文化教育不重视。《大学英语教学大纲》一直未把文化教育列入教学要求。直到1999年，新出台的《大学英语教学大纲》才增加了"提高文化素养"这一新的教学要求。这便造成了跨文化教育没有形成体系、广大师生在教学实践活动中无纲可依的被动局面。其次，传统教学模式的束缚。在多年的传统英语教学中，教师已形成了"语言教学即是学习语言本身"等理念和观点，而对语言之外的文化体系未过多关注。因此，很多英语教师形成了固定的、以纯语言教学为重心的教学模式。语言并不是固定的无文化内涵的文字符号，也不是僵化固定的语法规则、句子框架。语言是文化的载体，文化是语言的灵魂，语言只有与其赖以存在的文化相结合才能成为活的语言。这种为学语言而教语言的固定教学模式只注重英语的语法结构、单词含义、句子结构、段落章节等内容，由于缺少文化教学的导入而显得毫无生机和活力。但教师们很难在短期内摒弃这种长期以来形成的教学模式。大多数英语教师由于自身不具备文化方面及跨文化交际方面的系统知识，也缺乏对目标语文化的理解力，在教学实践中很难做到把语言的文化内涵融入语言教学中，很难帮助学生把语言知识和文化知识有机融合并内化为跨文化交际能力。再次，跨文化教育资料缺乏。到目前为止，详细讲解文化条目知识及跨文化交际方面系统知识的教材和参考书很少，可供使用的资料也不多。所以，大多数高校英语教师尽管具有在大学英语教学中进行跨文化教育的意识，但是由于条件所限，无法有效实施跨文化教育。

三、文化差异视域下实施跨文化教学的途径

跨文化教学是适应国际化发展而产生的大学英语教学新途径，也是一条由文化视角转入语言视角的大学英语教学新路子。目前，英语教育

的主要障碍是不能很好地将学生跨文化应用能力的培养与大学英语教学紧密联系在一起。从文化差异的角度进行跨文化英语教学可以从以下几个方面入手。

（一）在语言教学中导入文化教学

跨文化教学可以运用文化对比的方法。根据跨文化教学的需要，教师按主题分类介绍目的语国家的文化特点。以现有的大学英语教材为基础，教师可以在词汇、语用、语篇等各个方面进行文化对比，使学生更深刻地理解中外文化及其差异，鼓励学生以开放的心态体验外国文化，以批判的态度审视外国文化。

跨文化教学应当兼顾语言知识和交际原则，既要考虑学生是否掌握了语言知识和技能，又要考虑他们是否掌握了跨文化交际原则。教师要帮助学生充实语言知识和文化背景知识，同时还应帮学生分析跨文化交际的典型事例。这有助于学生在今后的工作、生活中进行跨文化交际活动。教师还可以组织形式多样、内容丰富的课外实践活动，如鼓励学生参加专题讲座，指导学生举办英语沙龙、辩论赛等，力求在跨文化交际实践中培养学生开阔的胸怀和开明的态度。

跨文化教学内容要与时俱进，将时代特点融入语言知识学习中。教师可适当增加国际时政、经济方面的文章，在帮助学生掌握语言知识的同时，使他们丰富当代政治、经济知识，为他们将来融入国际社会、进行跨文化交际奠定基础。

（二）应用主题式教学法或任务式教学法，注重跨文化交际能力培养

1.主题式教学法

简单说来，主题式教学法就是以教材为载体，围绕一个主题展开教学活动。就跨文化教学而言，教师需要提取课文中的某一个文化主题，并围绕这个主题进行教学活动。以《全新版大学英语视听阅读》为例，教师依据教材设置的主题，对学生进行语言知识和语言技能训练，同时提炼出该单元相关的文化主题。在教学活动中，教师应积极转变角色，

由课堂的操控者变为课堂的组织者和学生的引导者，创造条件帮助学生进行跨文化交际，使学生把所学应用到实践。同时，教师也可以组织一些活动，比如演讲比赛，来巩固学习效果。

2. 任务式教学法

任务式教学法就是在教学活动中，教师围绕某一特定的交际和语言项目，设计具体的、可操作的任务，学生通过表达、沟通、交涉、解释、询问等各种语言活动形式来完成任务，以达到学习并掌握语言的目的。教师可以充分利用教材中设计的课前活动来开展任务式教学，如课前导入（lead-in）、背景知识（background information）、观看讨论（watch and discuss）。新课开始之前，教师把任务布置给学生，让学生做好课前准备。课堂上，对于精讲文章的难点部分，教师要留下一定的时间让学生通过多种形式（如展示、讨论等）完成任务，任务中要融入本单元相关的文化主题。最后，学生要展示任务完成情况。

同时，教师也可以安排学生在课前搜集与本单元相关的视频或者文字资料，提取出本单元相关的文化主题，并将所搜集的材料通过多媒体在课堂上展示给同学，然后组织学生分组讨论。这样既锻炼了学生的自主学习能力，又强化了学生对语言知识和文化知识的学习。

（三）科学地选择教材，增加跨文化教育内容

目前，我国尚未有专门讲授文化条目的系列教材。有些教材虽有部分内容涉及文化内容，但不足以作为培养学生跨文化交际能力的教材蓝本。进行跨文化英语教学行之有效的办法就是在现有大学英语教材的基础上，在语言教学中导入文化教学。《全新版大学英语视听阅读》这本教材就是很实用的脚本，非常适合在教学中把文化教学恰当地融入语言教学中，从而达到跨文化教学目标。该教材提供了丰富的视频材料，内容涵盖科技、自然、生态、地理、天文知识等，生动有趣，易学易懂。这些视频材料不仅为学生提供了真实的语言学习环境，而且有助于提高学生的阅读理解能力和听力水平，还可以使学生模仿地道的英语发音。更宝贵的是，视频内容为学生提供了浓厚的英语文化学习氛围，让他们

身临其境地体验丰富多彩的异域文化和民俗民风。这种文化熏陶是单纯在课堂上传授语言知识无法相提并论的。

本节从文化差异角度，分析了跨文化英语教学存在的主要问题，提出在进行大学英语语言教学时，以注重文化差异为基础，培养学生的跨文化交际能力。教师在语言教学中要导入文化教学，并运用主题式教学法或任务式教学法，科学地选择教材，增加跨文化教育内容，以培养学生的跨文化交际能力。

第四节　英汉隐喻差异与跨文化英语教学

北京外国语大学的胡文仲教授指出，学习一种语言，应该同时发展两种能力：语言能力和文化能力。这一观点已经为我国外语教学工作者所广泛接受。语言与文化相互依存：一方面，语言是文化的一个特殊组成部分，是传递文化的载体，是文化不可分割的部分；另一方面，语言又受文化的影响，学习、理解语言必须了解文化。

在语言中有一种十分普遍的语言现象，叫隐喻。据莱考夫（Lakoff）和约翰逊（Johnson）在《我们赖以生存的隐喻》中所述，英语中大约70%的表达式来源于隐喻。隐喻以经验为基础，而经验的产生依赖于我们同周围物质和文化世界的互动。隐喻和文化密不可分。隐喻构成文化，而且是在文化环境中形成的。概言之，分析研究隐喻是一个非常好的切入点。通过对比英汉隐喻可以促进跨文化英语教学。

一、英汉隐喻差异及跨文化教学的启示

英汉两种隐喻的形成，虽然有各自不同的文化背景和社会基础，但二者在运用方面还是有很多相似性。比如，英语中的"to strike while the iron is hot"与汉语中的"趁热打铁"的隐喻，都是用"铁要趁烧红的时候打"这一生活中的常识性事件来比喻做事要抓紧时机。再如，人造卫星（man-made satellite）、隔墙有耳（Walls have ears.）等在英汉中的表述都非常一致。

英汉隐喻中存在着不少相似之处。但是，英语和汉语毕竟根植于不

同的土壤中，有着截然不同的文化历史背景和价值观念，英国和中国在自然条件上的差异也是巨大的。因此，英汉隐喻中真正能保持高度一致性的只是少数，更多的则表现出差异性。这些差异形成的原因是多种多样的，而文化上的差异是其中最重要的因素。

例如有关动物的隐喻中，中西方就存在差异。同一种动物的联想意义在很多情况下是不相同的，具有不同的文化内涵。在英国，关于狗的隐喻通常是褒义的，例如"work like a dog"（拼命工作）、"a lucky dog"（幸运儿）等。但汉语中狗的隐喻则多是贬义的，如狗腿子、走狗、狗仗人势等。这种差异可以从中西方人对狗的认知方式的不同得到解释：在大多数西方人看来，狗是人类最忠实的朋友，是家庭的一员；而在中国传统文化中，狗的形象历来卑微、低下。

又如众所周知的"龙"，它是一种虚构的动物，东西方文化中都有。但是在中国，龙是一种尊贵的动物，被视为中华民族的象征，如龙的传人、真龙天子、龙头产业等。而在说英语的国家中，龙是一种邪恶的猛兽，如"the old dragon"指代魔鬼。

对同一意义的表达，各民族也会使用不同的参照物做喻体。由于历史传统、地理环境、气候差异，东西方人对牛的隐喻存在着差别，这是因为中国文化来源于农耕文明，西方文化起源于游牧文明。牛在中国人的生活中作用非同一般，牛为农之本。汉语中把老老实实、勤勤恳恳为人民服务的人称为"老黄牛"。而英语中"马"（horse）才具有此种内涵。所以，用英语表达"他真是头老黄牛"，应该是"He is really a willing horse."。

汉语和英语中有一小部分隐喻只是在字面形象上近似，实际上表达不同的隐喻意义，比如，"child's play"和"儿戏"。表面上看，二者一字不差，但它们并不是关系对应的隐喻。"child's play"的意思是"非常容易做的事情，不太重要的事情"，而汉语中的"儿戏"则用来比喻"对重要的工作或事情不负责、不认真"。类似的例子还有一些，例如："high-hat"（自命不凡），不能望文生义地译为"高帽子"；"good sailor"（不晕船的人）也不是汉语中的"好舵手"（善于指明前进方向的人）的意思。

英语中有些词语的文化内涵在汉语中是没有的。例如："American dream"（美国梦）——美国标榜的人人自由和机会均等；"English disease"（英国病）——"软骨病"。这些隐喻体现了自然环境特征对语言文化的影响。汉语中的许多隐喻词语在英语中也没有。如算盘、花轿等是中国特有的文化形象，铁算盘、抬轿子等词语就极具中国文化内涵。

汉语中的成语故事是中国文化的一部分，每一个成语都有着深刻的含义。如：出自《庄子·秋水》的成语"邯郸学步"，比喻生搬硬套，机械地模仿别人，不但学不到别人的长处，反而会把自己的优点和本领也丢掉；出自《左传·僖公二十二年》的成语"退避三舍"比喻不与人相争或主动让步。这些是中国历史文化的独特产物。

希腊、罗马神话传说在英语文化中打下了深深的烙印，例如"the Trojan horse"（木马计）、"Achilles' heel"（致命的弱点），"Pandora's box"（灾难、麻烦、祸害的根源）。

二、隐喻

隐喻在生活中无处不在，渗透到人们生活的方方面面。它不仅展现了人们多姿多彩的生活，同时也揭示出不同国家、不同民族在思维方式上的不同。对隐喻的深入了解，能在一定程度上帮助我们跨越不同的文化背景和社会历史所造成的跨文化交流鸿沟，促进跨文化交流。

语言交际能力不仅仅取决于语言技能，英语学习者的语言文化素质在英语语言交际中也占重要地位。因此在英语教学中教师可通过介绍隐喻意义，对比英汉隐喻的差异，加强对西方文化背景知识的介绍，使学生对文化差异有更深的了解。这不但可以激发学生对学习英语的兴趣，提高英语教学的效率，而且也是正确理解、把握和运用英语的关键所在。

第六章　跨文化交际思维下的高校英语教学

第一节　高校英语教学中的跨文化交际思维理论建构

一、跨文化英语教学的理论建构

语言变化与社会发展是同步进行的。外语教学作为一门应用型学科，必须以社会发展的需要和学习者个人进步的需要为出发点，以帮助学习者适应社会、政治、经济及文化发展为己任。跨文化交际是当今世界交流的时代特征，跨文化交际能力是学习者适应时代发展需要的必备能力，跨文化外语教学在这种背景下应运而生。

（一）高校英语跨文化教学理论基础

1. 语言与文化——语言教学与文化教学的关系

语言与文化之间具有密不可分的关系已经得到广泛的认可。传统外语教学的基础学科——语言学，也从单纯的语言形式研究的禁锢中解放出来，衍生出社会语言学、语用学、心理语言学等分支学科。学界进行了大量的跨学科研究，使语言与思维、社会、文化和交际之间的千丝万缕的联系逐渐被认识。任何一种语言的产生和发展，都依赖于该语言群体及其赖以生存的社会文化。语言具有表情达意的交际功能，是感知和思维的表现系统：前者是语言的外显功能，以语言输入和输出为形式；后者是语言的潜在功能，属于认知心理活动。两者相辅相成，构成语言使用的全过程。

人与人之间的交际都是从个体对外界环境进行选择性感知开始的，这个感知活动受个体的语言、文化和经历的影响。通过各种身体器官感知，感知的结果经过大脑活动转换成概念或思想，这两个过程构成语言表达的第一阶段，即输入—内化阶段。要让对方知道自己的思想，还必须借助语言系统外化自己的感知结果和思想，这就是语言使用的外化—输出阶段。这一过程首先是将已经形成的概念和思想转换成一个能用的、外化的、新的符号系统。这不是真正意义上的语言学习。在这种情况下，学习者学到的只是一套脱离了文化内容的符号系统。学习者只能用它来表达自己本族文化的一些思想内容，却无法将其作为与目的语群体进行交流的工具，因为离开了该语言所反映的社会文化现实，这一新的符号系统就好像没有血肉的、僵化的躯干，失去了原有的活力和价值。

外语学习的目的多种多样。就正规的学校外语教学而言，提高学生的外语交际能力是一个共同的目标。外语交际能力的提高必然要求学生了解目的语所反映的文化意义系统，通过将目的语文化与本族文化进行对比，调整和修改自己的认知图式和参考框架。只关注语言符号和语言形式，忽视语言使用中的文化内涵的教学显然是毫无意义的，英语教学应该与文化教学有机结合。

跨文化交际这一概念将跨文化交际学和外语教学两门学科联系起来，使两个原本独立的学科开始相互渗透、相互借鉴。外语交际能力作为跨文化交际能力的重要组成部分，逐渐受到跨文化培训人员的重视。文化与语言联系紧密，文化知识的学习和跨文化交际能力的培养理应成为外语教学的重要任务。

2.跨文化外语教学是外语教学发展的需要

外语教学是一门极其复杂的应用型学科，涉及学生的认知心理，教师的教育观念，社会、政治、经济、环境等诸多方面。因此，外语教学理论的建立需要借鉴很多不同学科的研究成果。外语教学的宗旨是为社会和学生个人发展服务，培养社会发展所需要的人才。随着社会的飞速发展，外语教学工作者应及时更新观念、调整教学大纲和教学方法，以跟上时代发展的步伐。

跨文化外语教学无论从语言与文化的关系和外语教学的需要来看，还是从社会发展的外部环境来看，都是十分有必要的。一方面，文化作为外语教学的有机组成部分，为语言学习提供了真实而又丰富多彩的语境，使语言学习与真实的人和事物联系起来，从而激发学生的学习热情，提高他们学习外语的积极性，因此有利于促进外语语言教学、提高教学效果。另一方面，将语言教学与文化教学结合起来，符合跨文化交际能力培养的需要。不学习目的语，不通过交际实践，只通过媒体等渠道了解目的语文化，只是一种间接的文化学习，学生不可能获得跨文化交际的亲身体验，因此很难在情感和行为层面达到跨文化交际的要求。在外语教学中进行跨文化培训可谓一箭双雕，既满足了语言学习的需要，又促进了跨文化交际能力的提高。

到现在为止，我们的讨论还只停留在对跨文化外语教学的必要性和先进性的探讨上。理论说明固然重要，但是跨文化外语教学如何实施则更具有实际意义。如何在大纲和课堂教学中体现跨文化外语教学思想，是教师和学生更关心的问题。

（二）跨文化外语教学的目标和内容

确定目标和标准是教学计划和教学实践的第一步。近几十年来，跨文化外语教学在欧美国家发展迅速，但跨文化外语教学这一术语的使用目前还并不统一。这里所指的跨文化外语教学是指在吸收这些理论思想的基础上，将跨文化外语教学思想又向前推进了一步，形成了具有中国特色的跨文化外语教学框架的教学方法。确定教学目标、界定教学内容是跨文化外语教学的两个重要环节。

1. 跨文化外语教学的目标

跨文化外语教学的总体目标是提高学生的外语交际能力，培养学生的跨文化交际能力。跨文化外语教学是交际法外语教学的延伸和发展。如果说提高外语交际能力是交际法外语教学的最终目的，那么它只是跨文化外语教学的一个部分，是促进跨文化交际能力培养的一个重要手段。这并不意味着外语交际能力的培养应该附属于跨文化交际能力的培养，或者是一个次要的教学目标。

实际上，在跨文化外语教学中，两个目标的实现同等重要。外语交际能力以目的语和文化的学习为核心，以语言交际能力和阅读能力的提高为重点，是外语教学的语言文学目标。跨文化交际能力的培养作为外语教学的高级目标，是通过进行文化对比，增强跨文化意识，学习文化知识，培养多视角的、灵活的、立体的思维能力和与不同文化群体进行交际的技能，来发挥外语教学对于学生个人素质和综合能力培养所具备的潜力。这是外语教学的社会人文目标。外语交际能力是跨文化交际能力的前提和基础，跨文化交际能力的培养同样可以促进外语交际能力的提高。因此，它们之间是一种相辅相成、相互渗透、共同发展的关系。

2. 跨文化外语教学的内容

跨文化外语教学的目的包括知识、能力和态度三个层面，因此教学内容也应该全面考虑学生对这三方面的需要。下面对所列出的教学内容进行分解。首先，跨文化外语教学内容由四个模块构成：目的语言、目的文化、其他文化和跨文化交际能力。目的语言和目的文化这两大内容与我们现行外语教学的内容基本吻合。通过这两方面内容的学习，学生能够掌握目的语知识，并能使用该语言与目的语群体进行有效的交际，这就是外语交际能力。值得一提的是，这两个模块中都增加了"语言意识"和"文化意识"两项内容。将语言意识列为教学内容是希望学生通过学习目的语反思自己的母语，了解语言的普遍规律，尤其是了解语言与社会和文化之间的关系。同样，培养学生的文化意识是为了让他们了解文化的构成、文化的作用、文化的发展规律等文化相关知识。文化意识是跨文化意识和跨文化交际能力培养的基础。此外，文化交流作为目的文化教学内容的组成部分，指的是本族文化和目的文化之间的交流，即学生在学习目的文化知识的同时，不断寻求机会，或由教师创造机会，去体验目的文化，并且反思本族文化，将目的文化与本族文化进行比较，以增强对文化差异的敏感性，培养对目的文化的移情态度。值得注意的是，文化交流与语言使用应该属于同一个内容范畴，因为它们通常是同时进行的。文化是交流的内容，语言是交流的手段。

外语教学内容的第三个模块是其他文化的教学。这是跨文化外语教学不同于其他以文化为基础的外语教学的特点。外语交际能力以目的语言和目的文化的掌握及应用为目的，而跨文化交际能力则是学习者以母语和本族文化，以及目的语和目的文化的学习、交流、反思和体验为途径，同时学习和了解其他语言和文化，进而超越各种具体文化束缚的一种灵活的交际能力，是以与来自不同文化的人们进行有效交际为目的的能力。外语教学如果完全排除其他文化的内容，势必会造成学生徘徊于本族文化和目的文化之间，而忽略了其他文化的存在。这不利于培养学生的跨文化意识。由于时间和精力的限制，外语教学者不可能让学习者同时全面学习和体验多种不同的文化，但是在一定程度上了解本族文化和目的文化之外的其他文化的特点是可行的，可以通过教学材料的选择和教学方法的设计来实现。

二、跨文化英语教学的原则与方法

（一）跨文化外语教学的原则

一般来说，教师是教学的主要执行者，是教学的主体。韩愈所说的"传道、授业、解惑"就是对教师的主导作用的精辟描述。在跨文化英语教学中，教师的主体作用得到了发挥，学习者的中心地位凸显出来，英语教学也因此呈现出不同的特点。

1. 以学习者为中心，以引导学习者进行自主学习为主要教学模式

学习者是教学过程的真正主体，教师的教学、教材的编写以及教学方法的设计和选择都必须围绕学生的实际需要进行。在跨文化英语教学中，学习者的英语语言学习需要受到了应有的重视。在整个教学过程中，他们对母语文化和本族文化的体验和理解，对目的文化和其他文化的态度，个人综合素质的提高，包括立体思维方式的形成和跨文化交际能力的培养，甚至人生态度等与学习者的过去、现在和未来密切相关的主题都是教学设计和教学活动考虑的因素。就教师而言，引导学习者进行自主学习是其主要任务，虽然知识的传授和规则的讲解仍然必不可少，但是教学的中心应该转向学习者自主学习能力的培养。这一点对跨文化英语教学来说非常重要。原因之一是当今世界发展迅速，信息不断爆炸，

知识不断更新，培养终身学习的思想和学习习惯，掌握独立学习的方法成为教育界普遍关注的一个趋势。另一个原因是跨文化英语教学的目标和内容相对于传统的外语教学而言增加了很多，而教学时间基本不变，且不可能大幅增加。因此学习者在校期间有很多教学内容无法学习，教师只有通过"授之以渔"的方法，才能确保教学目标的最终实现。这也是将学校学习之外的英语和文化学习纳入整个教学体系的原因。

2. 语言教学与文化教学有机结合

语言和文化在跨文化教学中互为目的和手段。英语发展成为国际通用语的原因之一，是跨文化交际日益频繁，来自世界各地、各民族、各文化群体的人们需要这一通用语作为沟通和交流的媒介。因此，学习英语的目的之一就是进行有效的跨文化交际。由于英语语言学习本身涉及文化的学习，因此我们完全有理由说，英语语言学习是文化学习的手段，文化学习和跨文化交际是英语语言学习的目的。反过来，文化学习为英语语言学习提供丰富多彩的素材和真实的环境。大量文化材料被引入英语教材和课堂，不仅使英语学习生动有趣，而且成了英语交际能力培养的重要保证。总之，跨文化英语教学包含语言教学和文化教学两个相辅相成、不可分割的方面。

所以，在教学设计和课堂教学中语言教学和文化教学必须有机结合。这种结合体现在外语教学的各个阶段、各个环节。在不同的阶段和不同的课程中，语言和文化各有侧重，但是在跨文化英语教学中没有单纯的语言课和文化课。

（二）跨文化外语教学的常用方法

近年来，随着跨文化培训和外语教学的蓬勃发展，文化教学方法和文化教学与语言教学结合的方法层出不穷，学界对如何在实际教学中将文化教学与语言教学有机结合也进行了探讨。

除了以上文化教学方法，我们还可以在促进教师和学生改变教学观念的基础上，通过对传统外语教学方法和手段进行改革，寻找到将文化教学与英语语言教学有机结合的方法。

1. 通过文学作品分析来进行文化教学

文学作品分析是语言教学的一个常用手段，中国很多英语教学活动都是通过分析和欣赏文学作品来进行的。文学作品蕴含丰富的文化内容，语言形式和文化内容在此完美结合。因此，在分析文学作品的过程中同时进行语言教学和文化教学不仅有可能，而且十分有必要。实际上，传统的语言教学在分析文学作品时并没有对文化内容避而不谈，只是教师没有将文化教学列为教学目标，文化内容的讲解服务于语言教学，处于一个从属的、次要的地位。要改变这一现状，我们就必须在确定教学目的和目标时，考虑文化教学的需要，把文化教学内容和语言教学内容作为教学关注的对象。我们可以利用语言和文化完美结合的优势进行教学，即利用文学作品进行跨文化外语教学。

2. 词汇教学与文化教学相结合

任何语言的词汇都承载着丰富的文化信息。每个词所包含的文化内涵都极其丰富，如"早饭"一词在汉语、英语和法语中，不仅表达形式和发音不同，而且文化所指也不尽相同。此外，不同语言的词汇还反映说话者不同的价值观念。正因为词汇及词汇的使用具有浓厚的文化特点，我们在进行词汇教学时不能只停留在词汇的意思和用法上，还应该介绍词汇包含的文化内容，尤其是要呈现词汇在真实的文化语境中的具体使用情况。就目前的外语教学而言，词汇教学中的文化教学潜力没有得到充分的挖掘。教师通常呈现给学生的都是词典中所有的词义解释，很少会将词汇所蕴含的文化意义介绍给学生。学生在学习生词时通常处于被动接受的状态，导致他们所学的词汇成为一组僵化的符号，无法在真实的交际活动中加以运用。

我们在对词汇的本意、比喻意义和文化内涵进行全面介绍的基础上，还应该将它们置于真实的文化语境中进行操练，让词汇知识转换成词汇使用能力。例如，我们教描写人物的形容词时，除了介绍词义之外，还可以选择一些来自本族文化或目的文化的、真实的历史或当代人物，用这些形容词来进行描述；也可以让学习者用这些形容词来描述自己。这样做，学习者既可以学会这些形容词的词义，也能了解它们的文化内涵，还有机会接触来自不同文化背景的历史人物故事。显然，这种词汇教学方法将词汇教学与文化教学有机结合，不仅使词汇学习生动有趣，而且将文化学习落到实处。语义场的使用也是词汇教学与文化教学有机结合的一种手段。

3. 阅读教学与文化教学相结合

阅读教学被认为是最容易与文化教学联系起来的教学活动之一，因为只要我们选择那些包含文化内容的阅读材料即可实现语言教学与文化教学的有机结合。然而，事实并非如此，目前很多阅读教师并不能很好地利用阅读教学的这一优势进行有效的文化教学，或是因为受传统的以语言形式为中心的教学思想影响，或是因为对目的文化知之甚少。阅读教师致力于提高学生阅读速度和阅读理解能力的同时，关注的是语音、语法、词汇、句型和翻译等语言学习内容，在很大程度上忽视了阅读篇章中蕴含的文化信息，即使谈到相关文化的某些内容，通常也不是以增强学生的文化能力为目的，而是为了帮助他们更好地理解篇章本身。总之，目前外语阅读教学并没有将文化教学列为教学目标和内容。

要真正实现阅读教学与文化教学的有机结合，就必须在确定教学目标和教学内容时考虑文化教学的需要。在实际教学中可以通过设计读前和读后任务将学习者的注意力吸引到篇章内容上，进行相关文化的讨论和学习。例如，在阅读一篇关于美国饮食文化的英语文章前，我们可以提出一系列中国的饮食习惯问题，让学生进行读前热身，然后建议他们在阅读文章时注意美国饮食文化与自己的饮食文化的异同。读完文章后，学生在回答有关美国饮食文化的相关问题时进行文化对比。教师对语言点的解释可以插入讨论中，也可以安排在这些文化教学活动结束之后，但不能让语言形式的学习压倒篇章内容的理解和文化内容的讨论。

（三）民族文化学的参与观察法在跨文化外语教学中的应用

民族文化学的研究方法俗称参与观察法，是文化人类学和社会学经常采用的研究方法，近年来在其他社会科学领域也得到了广泛的应用。

简而言之，这是一种实地考察的方法，研究者与研究对象同吃同住，对他们进行观察，从"圈内人"的视角来分析描述某一群体的社会和文化活动。随着跨文化交际研究和跨文化英语教学思想在美国和欧洲的兴起和发展，这种方法逐渐被应用于跨文化培训和外语教学中，拓宽了跨文化外语教学的渠道，成为一种语言和文化学习与个人综合能力培养的有效方法。

1.参与观察法的特点

作为一种文化研究方法，参与观察法主要有这样一些特点：研究者既是参与者，又是观察者；研究者与研究对象既亲密无间，又保持一定的距离。正是这种特殊的身份使他们能够完成对目的文化各个层面或某些层面的研究。它是一种具体的从实践到理论的研究方法，而不是抽象的从理论到实践的研究方法。研究者置身于目的文化群体之中，与人们进行广泛深入的交流，自然而然地了解目的文化，得出关于目的文化的某些结论。它以具体文化为研究对象，属于具体文化研究，而不是文化理论研究。

2.参与观察法对外语教学的作用

参与观察法被引入外语教学的直接原因和先决条件是文化作为外语教学有机组成部分的地位得到普遍认可。外语教学的目的是提高外语语言能力，增强跨文化意识和跨文化交际能力，培养学习者的独立学习和立体思维能力，提高学习者的综合素质。在这一前提下，以参与观察为主要形式的民族文化学的研究方法在外语教学中展现出得天独厚的优势。

总之，跨文化英语教学与传统的英语教学在教学目标和教学内容上的不同决定了其教学原则和方法也不同。跨文化英语教学既关注外语教学的语言文学目标，又重视外语教学的社会人文目标。

三、跨文化英语教学中的教师

（一）外语教师与文化教学

在外语教学中进行文化教学已经有很长的历史。文化教学对于外语教师来说并不陌生，他们或是因为自己的认识和感悟，或是迫于教学大纲等外部环境的要求和规定，都有意无意地以不同的方式从事着文化教学活动。然而，即使在文化已在大纲中被明确确定为外语教学的内容和目标之一的国家和地区，文化教学的现状也令人担忧，其他国家和地区就更不用说了。这种担忧主要体现在教师对文化教学的态度、理解和实践等都无法满足跨文化外语教学的需要。来自不同国家和地区的一系列调查研究报告有力地证明了这一点。

大多数调查都发现了这样一个有趣的现象：很多外语教师对文化教学的理解和认识与他们实际的教学有很大的不同。他们对文化教学表示强烈的支持，而且也认识到文化教学有很多好处，愿意采用各种手段和材料进行文化教学。但是在实际教学中，他们却似乎完全抛弃了这些认识和理解，仍然按照传统的教学观念和教学方式进行语言教学。

（二）跨文化外语教学对教师的要求

跨文化外语教学的目标是在提高学生外语交际能力的同时，培养他们的跨文化意识和跨文化交际能力，进而培养他们的综合素质和立体思维能力。其基本特点是充分挖掘外语教学的文化教学功能，将外语教学与文化教学有机结合、融为一体。显然，这些教学目标和教学内容对教师提出了新的要求和挑战。一般来说，外语教师除了具备良好的外语语言功底之外，还应该掌握三个方面的知识和能力：外语学习理论、外语教学法、课堂教学实践。

外语学习理论是关于外语学习的本质、过程和规律，指导教师进行教学的理论基础。外语教学法帮助教师理解教学目的和内容，了解各种教学方法的优劣，是理论学习和课堂实践之间的桥梁。课堂教学实践则是对教师具体教学活动安排和实际课堂组织能力等方面的考验。

由于跨文化外语教学增加了文化教学层面的内容，强调跨文化意识和跨文化交际能力的培养，因此以上对外语教师的要求显然不够。除了这些条件，跨文化外语教学还要求教师具备其他教学素质——知识、能力和态度等。

（三）文化教学培训

培养一名合格的外语教师并非易事，他（她）不仅需要具备良好的语言功底和交际能力，而且还要懂得学生的认知心理、情感特征和学习规律，同时最好具有丰富的教学经验。这一切不可能在短短的几天、几周或几个月内完成。实际上，一名教师的培养过程从他（她）学习外语的第一天就已经开始，从不同阶段的学校教育，一直持续到他（她）走上讲台前的业务培训，甚至延续到上岗后教学经验的积累和各种在岗培训。就基础教育对培养教师的作用来说，我们稍加思考就会意识到我们目前采用的教学模式和方法或多或少受到了我们自己的英语老师影响。中国外语教学之所以长期以来一直无法摆脱以语法和词汇为中心的传统教学方法，在一定程度上是因为这种方法得以代代相传，一开始就被教师植入于学习者的脑海里。由此看来，基础教育是培养合格教师的关键。我们必须从现在开始让学生学习新的教学思想和教学方法，同时鼓励他们不断创新，为他们日后成为教师，接受新观念、探索新方法打好基础。

第二节　高校英语教学中的跨文化交际思维的实现

教育也属于传播学的研究领域。教育传播是由教育者按照一定的目的和要求，选定合适的信息内容，通过有效的渠道，把知识、技能、思想、观念等传给特定的教育对象的活动，是一种以培养和训练个人素质为目的而进行的信息传播活动。也就是说，教育是一种有目的、有意识地对人进行的信息传播活动。因此，英语教学与跨文化传播密不可分。

接触和了解英语国家的文化有益于理解和使用英语，有益于加深对本国文化的理解与认识，有益于培养世界意识。我们在多年的教学活动中，已经逐步认识到跨文化传播教学的重要性，也总结了一系列行之有效的教学方法。

一、进行跨文化传播教学的原因及目的

随着科技和经济的发展，教育逐步走向国际化，国家间的教育交流与合作日益频繁。世界各国相互交流、相互竞争，共同促进国际教育的

发展。国家的发展主要依靠教育，各国综合国力的竞争和发展主要依靠国际型人才，国际型人才的培养和竞争成为教育国际化的核心。培养高素质、具有创新精神和创新实力的人才也成为我国教育的重心和目标。

在我国传统的学校教育中，教师是权威的掌控者，把知识教授给学生，学生是被动的接受者，缺乏学习的积极性和主动性。

二、英语跨文化传播教学的理论基础

（一）认知建构主义理论

建构主义也称为结构主义，最早由瑞士学者皮亚杰提出。皮亚杰认为，智慧本质上是一种对环境的适应，智慧的适应是一种能动的适应。一定的刺激只有被主体同化于认知结构之中，主体才能做出反应。在皮亚杰的理论基础上发展而来的认知建构主义学习理论认为：知识不是通过教师传授得到的，而是通过学习者在一定的情境下，借助其他的帮助，利用学习资源，通过意义建构的方式获得的，教师只是活动中的指导者与参与者。建构主义学习理论的基本观点包括三个。

1. 学习是一种意义的学习过程

知识的获得是学习个体与外部环境交互作用的结果。

2. 学习是一种协商活动的过程

每一个学习者都有自己的认知结构，对外部世界的理解局限于自己的经验解释。因此，不同的学习者对知识的理解不完全一样，从而导致有的学习者在学习中所获得的信息与真实世界不相吻合。此时，只有通过社会"协商"和时间的磨合才有可能达成共识。

3. 学习是一种真实情境的体验

真实的情境会使学习变得更为有效。学习的目的不仅仅是让学生懂得某些知识，而且还要让学生能真正运用所学知识去解决现实世界中的问题。

学生对知识的建构受社会的影响。学生之间的相互交流会影响学生的知识构建，因为每个人的已有经验和学习情境不同，对知识的理解存在一定的差异。这就是说，学生对知识的理解是多元的。相互交流能促使每个学生从多个角度来建构知识。在英语教学过程中，老师进行跨文化传播,学生可以通过对不同语言和文化的吸收来建构自己的知识体系、文化体系和价值体系，并通过对不同真实情境的模拟教学来掌握正确应用英语的能力。

（二）探究式学习理念

学生主动探究的学习活动，是一种学习的理念策略和方法，适用于各科的学习。它要求教师在教学过程中以问题为载体，创设分析问题和解决问题的情境和途径，让学生通过探究主动获得知识并运用知识。在英语跨文化传播教学中，探究式学习理念表现为学生获得他国文化信息并处理这种信息的能力，在探究中学会如何应用所获得的信息来正确处理自己面临的问题，尽量消除跨文化交流中的文化障碍。

（三）人本主义理论

人本主义教学观是在人本主义学习观的基础上形成并发展起来的。现代教育理论主要从心理学的角度来探讨外语教学，认为教育的真正意义在于发现人的价值，发挥人的潜力，发展人的个性。人本主义教学理论就突出了这一概念。人本主义教学法的核心是对学习过程中的完整的人予以充分尊重与重视。因此，真正的学习涉及整个人，而不仅仅是为学习者提供事实。

人本主义教学法着重于教学过程。人本主义教学法认为，关注过程就要从学习者的角度考虑课程或大纲内容是如何被传授和学习的，考虑怎样把学习内容与学习者的生活联系起来，大力倡导教育的中心要从"教"转变为"学"。教师的任务不是决定学生应该学什么，而是去发现并创造一种有利于学生自主学习和成长的氛围。人本主义教学法主张以学生为中心，注重情感因素。

三、高校英语的认知建构主义理论

传统的课堂教育沉闷无趣，学生没有学习兴趣，缺乏创新能力，无法适应社会的要求和教育国际化的要求，无法为国家输送优秀的国际型人才。因此，我们需要一种新型的教育理论和教育方式。从 20 世纪 90

年代开始，一种新型的理论——建构主义理论开始逐步替代我国传统的教育理论。建构主义是认知学习理论的一个重要分支，是认知学习理论的再发展，从认识论的高度揭示了认识的建构性原则，强调了认识的能动性。建构主义理论在国际教育领域的理论和实践中起着举足轻重的作用，是新一轮课程改革的现代教育理论依据之一，是对传统教育理论的挑战。建构主义认为知识不是教师传授而得，而是学生主动构建而得，提倡以学生为中心，教师只是组织者和帮助者。建构主义的知识观、学习观和师生观对教育理念具有重要的指导作用和实践意义，引发了教育工作者的不断思考和探索。

第三节　高校英语教学中的跨文化传播

一、进行跨文化传播教学的原因及目的

文化差异是跨文化交流的障碍。克服文化差异造成的交流障碍已经成为整个世界面临的问题。一个企业若想让自己的产品打入国际市场，一个跨国公司若想在众多国家和地区创造高效益，不仅需要高超的经济和技术手段，而且需要深入了解对象国的文化。现代社会中，一个企业的成功不仅是经济的成功，而且是跨文化交流的成功。

了解文化知识是学习语言知识的关键。不懂得文化的模式和准则就不可能真正学会语言，不掌握文化背景就不能教好语言。语言是文化的载体，又是文化的一个重要组成部分。语言受文化的深刻影响，又反映了某种文化的独特之处。离开了特定文化背景的语言是不存在的。如果不了解目的语文化，我们就很难理解某些词语的意义。

文化知识的教学是达到语言教学目标的关键。发展交际能力是语言教学的主要目标。语言能力是交流能力的基础，然而具备了语言能力并不意味着具备了交流能力。越来越多的人已达成共识，即交流能力应包括五个方面：四种技能（听、说、读、写）和社会能力（和不同文化背景的人进行交流的能力）。我们必须明白语言能力和语用能力在社会生活中是相辅相成的，明白文化知识是形成交流能力的一个重要方面，是

达到语言教学目标的重要教学内容。

一般认为，要进行成功的跨文化交流，交际者应当具有较强的听、说、读、写能力，还要有跨文化交际能力，具体包括以下五个方面的能力：①语言能力，指较好地掌握母语和外语的语言知识，如语音、语法和词汇；②知识结构，指常识性的知识；③策略能力，指有良好的心理素质并能在各种交际场合运用语言和非语言技能修复交流渠道；④使用能力，指适时地使用各种语言形式的能力；⑤行为能力，指一个人运用外语与异域文化的人交流时所表现出的合适的语言和非语言行为。

目前，我们国家以英语为普及外语。在过去的英语教学中，我们把训练学生的听、说、读、写能力作为首要目标，极少考虑语言的文化内涵和使用环境。我们的英语教学长期以来固守在一个模式上，那就是片面强调语言能力，围绕书本讲语法、背句型，而不太注重语言环境的教学。这是学生在真正的跨文化交流中发生语用错误的症结所在。近几十年来，这种情况有所改变。许多外语教师认识到在使用语言时，除了结构规则，即语音、词汇和语法等起作用外，还有一种规则——使用规则在起作用。为提高学生在外语学习中的综合素质，真正达到外语学习的目的，进行跨文化传播教学是十分有必要的。跨文化传播教学的基本目的有以下三个。

（一）培养学生积极理解不同文化的态度

文化是有差异的。通过发现对方的不同点，我们能够加深对自身文化的理解，从而做到客观地把握各自的文化特性，在理性分析的过程中了解异域文化的重要特点，并接受异域文化与自身文化的差异。

（二）培养跨文化接触时的适应能力

初次与不同的文化接触时，我们往往会受到文化的冲击，从而产生某种不适应症状。要使交际得以继续下去，我们就必须设法减缓冲击，提高适应能力。

（三）培养跨文化交际技能

随着对外开放的进一步扩大，参与跨文化交流的人越来越多。他们都需要学习、掌握与不同文化背景的人打交道的实际技能，掌握跨文化交际技能，以适应国际化社会的需要。

二、跨文化传播中的网络英语教学

随着多媒体、计算机和网络的迅速发展和普及，英语阅读和写作方式、英语翻译和交流方式、英语学习和教学方式正在经历着一场历史性的变革。这场变革将使教育模式从印刷时代走向信息时代，创造一系列全新的教学形式，促使教师将语言教学与文化教学有机地结合起来，用现代传播手段来指导英语教学，充分利用网络等现代化教学手段培养学生从跨文化交流的角度使用语言的能力。英语教学将从传统意义上的单纯传授语言知识扩展到跨文化传播，其教学目的转化为培养学生的跨文化交际能力，实现跨文化交流，满足跨文化传播的需要。除了传统的口头英语和书本英语，网络环境下的英语出现了新的特征，那就是实效性和异化性。

现在越来越普及的网络为了解和学习西方文化提供了非常便利的窗口。互联网是人类至今最大的信息库，储存了丰富的资料。英语教师可以利用互联网与世界同行交流、了解国际英语教学发展动向，共享新的教学资料和科研成果，同时引导学生通过互联网参与国际交流，查询各种学习资料和信息，更好地促进语言学习。处在信息最前沿的网络英语，更新速度非常快，新的表达方式、新的词汇以及旧词汇的新意义一旦出现，就会在网络上迅速传播。我们的英语教学长期以来采用的是印刷教材，更新速度远远跟不上时代的变化。因此，网络环境下的英语跨文化传播教学也是英语教学的一个重要方面。

（一）网络英语的跨文化传播

在教授学生的过程中，即使是专门开设的文化教学也不可能涉及各个方面，英语课堂的文化传播主要给学生起示范引领作用。文化的内容包罗万象，单靠教师在课堂上介绍不全面。文化的学习不应只限于课内，课堂外的文化教学是一个很好的补充。网络英语具有极强的实效性：网络对文化的反应非常快，新事物和新情况一旦出现，传播最快最广的必然是网络。由于网络的开放性，各种社会热点总会以最快的速度在网络上呈现。网络的开放性保证了网络上的各种文化不断更新，给了网络无限的生机和活力。网络上的英语异化情况更为突出。如果不了解现代文化，不了解网络英语出现的背景，我们就不能理解网络英语所要传播的信息。在网络上，大量的口语化英语登上了英文网页，口语不断侵入书面语。学过英语的人都知道，英语有正式、非正式，书面语、口语，方言、俚语之分，如今它们之间相互渗透的现象越来越普遍。

（二）网络环境下的英语教学

计算机网络技术的发展给人类的传播方式带来了一场革命。计算机网络已经迅速发展成了一个世界性的信息资源网络。无论哪种教材，其更新速度都赶不上网络，哪种英语的传播范围都比不上网络，哪种文化都没有网络文化的多样性和复杂性。

1.网络环境下英语教学的优点

（1）优化英语课堂教学结构

优化英语课堂教学结构，有利于调动学生的感官、情感参与教学过程，提高学生的注意力，使英语教学更生动活泼，教学效果更好。在网络环境下，英语教师不用再吃力地翻看字典编写教案，通过"金山词霸"能非常轻松地查找英文单词。它会自动给出发音，中英文对照的例句及同义词和反义词。互联网为英语教师提供了众多的英语教学网站和丰富的英语教学资料。在进行文化教学时，网络的优势更明显：几乎所有的文化现象都可以在网上找到，只要使用网络搜索工具就可以很轻松地把资料找出来。网络环境下的英语教学使知识的传播和更新同时进行。

（2）网络的互动性是英语教学的最大便利

网络聊天工具能把人们的空间距离拉近，从而使学生在电脑上就能和外国人面对面地练习英语对话，学习地道的英语，解决学生多而外教少的矛盾。教师也可以通过网络和每一个学生进行交流，帮助学生挑选合适的英语学习资料和学习方式，以适应每个学生的学习进度和学习特点。

（3）网络英语教育素材丰富

学生可以挑选他们感兴趣的东西，变被动学习为主动学习，不断增长文化知识。网络可以把世界联系在一起，拉近人与人、文化与文化之间的距离，允许英语学习者漫游网上英语世界，甚至通过网络参与英语国家的活动，从而感受真实的语言环境，获得真实的文化素材，并练习在真实的语言环境下应用英语的能力。这是其他任何课堂都无法比拟的优势。

2. 网络环境下英语教学的缺点

网络环境下的英语教学有优点，也不可避免地有缺点。

（1）弱化主流文化的影响

任何信息都可以在网络上广泛传播，一些不良思潮很容易在网络上泛滥，对学生的身心健康有可能产生不利的影响。

（2）网络交流的盛行和现实交流的淡化

在网络上，学生对内容的选择具有很大的主动性，使得他们更愿意在网上进行交流，而不愿意在现实生活中进行不能完全由自己把握和控制的人际交往。这种行为的最大弊端是有可能会弱化口语能力，并导致英语语法混乱。我们在多年的英语教学中一直注重语法教学，但是网络英语为了迎合网络交流快捷、便利的特点，常会出现一些不规范的英语，使学生对英语语法系统产生怀疑。

3. 网络环境下英语教学需注意的问题

要解决网络环境下英语教学的问题绝不是通过某节课就可以做到的。我们应注意以下几点：其一，在利用网络资料做教学方案时，教师应注意选择教学材料，尽量选择有利于提高学生文化素养的教学内容。网络只能作为辅助教学手段引入课堂。文化传播中还是要以人为本。教师要鼓励学生积极交流，保持和睦的人际关系，同时提高自身的口语水平。其二，在作文和说话时，可以使用网络英语中出现的新词汇和新表达方式，但要使用规范英语。

第四节　高校英语教学中跨文化交际能力的培养

一、提高跨文化交际能力的途径

通过跨文化交际能力的构成，我们知道跨文化交际能力包括认知、情感和行为三方面的能力。认知能力可以通过学习知识来提高。情感方面，无论是交际动机还是交际态度，都需要认知或知识来促进。这两方面的能力最终要靠行为来体现。

1. 认识自我

"认识自我"是雕刻在古希腊阿波罗神庙廊柱上的格言，据传出自苏格拉底。发出信息的信息源容易关注到交际对象的反应和信息，而忽视自身的认知风格、情感态度等因素。认识自我要求个体了解自身文化、情感态度和交际风格。

（1）了解自身文化

文化是人们的行为指南，人们倾向于用自己本民族的价值观、社会规范和行为模式衡量他人的行为。因此，了解自身文化的特点及其优点和缺点，可以帮助人们克服民族中心主义的狭隘倾向，提高跨文化交际能力。

（2）了解自己的情感态度

处事态度通常决定交际质量。人们在与他人沟通之前，通常会有一种由预先印象或定式带来的情感态度。这种情感态度给交际者戴上了有色眼镜，使交际者不能如实描述看到的客观现象，从而产生误解。交际者如果能够事先意识到这一点，就能在一定程度上克服先入为主的消极情绪，减少负面情绪对交际的影响。

（3）了解自己的交际风格

交际风格指交际者在交际中喜欢哪类话题，喜欢哪种交际形式，如仪式化的形式、巧妙对答的形式、辩论形式等，交际者希望交际对象参与的程度，交际者喜欢的交际渠道，如言语、非言语等，以及交际者赋予信息的实际内容和情感内容的多少等。人们在相互交往中了解对方的交际风格，却很少注意自己的交际风格。如果在交往中你认为自己是一个开放型的人，而你的交际对象却感觉你的交际风格是内向型的，那么出现交际问题的可能性就比较大。

2. 考虑物理环境因素和人为环境因素

（1）时间概念

交际能力较强的交际者知道时间概念的重要性，知道在何时谈论某一话题。在单一时间取向文化中，人们做事讲究效率，谈判或者交际风格较为直接，要求严格遵守约会时间，迟到的一方要向他人表示歉意。在多向时间取向文化中，人们不严格遵守约会时间，在约会之前会向主人确认一下时间安排。了解交际者的时间概念可以提高交际效率和效果。

（2）物理环境

文化定义交际，不同的文化在不同语境下的交际规则大相径庭。例如，了解非语言交际中的时空语可以帮助交际者预测目的文化中自己所处环境的交际要求，从而使举止更加得体。

（3）习俗

一个民族的文化习俗反映了人们的价值观念和行为模式，适应当地的文化习俗和传统是一种跨文化交际能力。在出国之前，了解一些当地的习俗和基本常识能够帮助你更快地适应陌生的环境。

3. 掌握不同的交流方式

交际者到一个陌生的国度生活或者工作，与来自其他文化的人进行交际，需要掌握该种文化的信息系统，包括语言和非语言交流方式。

（1）学习语言

语言是重要的交际工具，熟练使用对方的语言是了解该文化的途径，学习该文化是跨文化交际能力的重要方面。当然，语言就其种类而言，我们不可能全都学会，我们要学习的是即将前往的地方的语言和世界上通用的语言。在大多数国家，英语是学校教育中主要的外国语，以英语为第二语言的人较多。英语也是国际会议、商务往来的官方语言和通用语言。因此，如果不知道自己将来是否出国的人可以选择学习英语。英语的普及并不意味着说英语的人一定以英语为母语，所以只学习英国或者美国文化是不够的，还要学习一些泛文化的知识。

（2）认识语言和文化的关系

语言承载文化信息，反映文化传统，如习语和谚语。据估算，以英语为母语的人经常使用的习语超过 1.5 万条。英语习语的特点是字面意思不是习语本身的意思。了解习语的文化含义才可能理解并正确使用习语。交际者的教育背景和成长环境也是影响其用词的因素。以英语为第二语言的交际者在学习英语、使用英语时要留意这一点。

（3）非语言交际系统

人们在交际时除使用语言符号外，还伴随大量的非语言符号，如目光、体态、味道等。在不同的文化中，非语言符号的意义也可能不同，误用非语言符号或误解非语言符号的意思会引起误会和矛盾，跨文化交际者应该掌握目的语文化中非语言符号的含义，并练习正确使用和解读非语言符号的意义。

二、跨文化培训的冲突调适

跨文化培训是跨文化交际学形成的渠道，又是跨文化交际学研究的主要内容和目的之一。它是一种高度专业化的教学形式，目的是帮助人们在异国他乡，在陌生的环境中，高效地工作、愉快地生活，与来自不同文化的人们友好相处。为了满足学习者对跨文化体验的要求，跨文化培训的专业人士在理论研究、课程开发和教学方法设计上下了很大的功夫，大大丰富了跨文化交际学的内容，促进了跨文化培训的实践探索。

跨文化培训在很大程度上取决于对培训对象、文化调适过程、跨文化培训本质、跨文化交际环境和培训方法等问题的理解和研究。

跨文化培训的目标是将自己的本族文化身份转变为目的语文化身份。值得一提的是，再大的动力都不可能驱使一个来自不同文化的移民完全被主流文化同化，很多移民有意或无意地保持一定的本族文化身份的特点，以满足内心深处的精神需要。

跨文化培训的另一目标适用于旅居国外的学生、外交官、商务管理人员和军人。他们对跨文化培训的要求是具体实用，希望在保持自己本族文化身份的同时，学习目的语文化，了解两种文化的异同，增强在目的文化中的交际能力，以便更快更好地适应新环境，为自己的学习、工作和生活打好基础。对于他们来说，培训的理想结果就是成为具有双重文化身份的人。

三、跨文化交际意识的培养

20 世纪中叶以来，越来越多的外语教学和研究人员意识到将语言教学与文化教学有机结合的重要性和必要性。在第二语言教学中培养学生的跨文化交际能力，要求外语教师必须寓文化教学于语言教学之中，在传授英语语法规则和操练句型的同时，还要重视对目的语文化背景的教学，并采取相应对策培养学生的文化意识。

（一）外语课堂中进行文化教学的必要性

语言与文化密不可分。事实上，正是文化与语言之间的关系使文化本身成为任何第二语言学习课程中必不可少的一部分。正如兰格认为的那样，学习某种语言而不去了解其文化只不过是一种无谓的尝试。简言之，对大多数学生来说，这样的学习只会变得枯燥无味，这样的学习只是词汇和句式的学习。对许多学生来说，尤其是对那些为融入目的语文化而学习的学生来说，能够赋予语言以生命力的恰恰就是文化学习。

对于第二语言学习者个人而言，不断深入理解文化能够激发其学习语言和文化的兴趣。在通常情况下，外语学习者懂得越多，想要了解的东西就越多。

从更广泛的意义上讲，文化习得是创造世界和平、保障经济合作的迫切需要。对其他民族的生活方式的了解有益于我们了解世界上相互冲突的价值观体系。跨文化交际强调文化间的相互理解与包容。身处其中，学习者会了解到不同的文化通常呈现出不同的发展态势和特点。只有了解并接受不同的文化以及不同文化中人们不同的行为模式，我们才有可能恰当地处理好不同地域、国家和种族之间的关系，促进跨文化交流。

（二）文化意识形成的不同阶段

在习得目的语文化的过程中，学习者从起初持有的文化定式到最终真正移情，需要经历文化意识形成的不同阶段。事实上，由于个体差异的存在，文化学习者最终所能达到的层次也不尽相同。

事实、定式和不足在第一层次。学习者感受到的文化信息，包括学习者认为的目的语文化事实、对目的语文化及其中的人群持有的文化定式和学习者所认为的目的语文化具有的"不足"。这些文化定式在不同程度上，都会阻碍学习者真正了解目的语文化。

浅显的理解在第二层次上。第二语言学习者会发现更多有关目的语文化的特点，有时可能会感到失望或沮丧。在这一时期，学习者对观察到的事物只表现出浅显的理解，而非深入的理解。

深入的理解在第三层次上。第二语言学习者开始从文化载体本身的参考框架的角度来理解文化现象。这一层次包括学习者对语文化的深入理解和对文化的接受程度。这一层次的学生开始掌握能够与目的语文化传统相结合的主观防御机制，进而能够理解来自目的语文化的人传递给他们的某些复杂的信息。

（三）文化教学的课堂活动

对目的语文化的学习并不是简单的理论灌输，理论灌输只会使学生逐渐丧失学习目的语及其文化的兴趣，跨文化交际意识的培养也就无从谈起。事实上，学习目的语文化不仅仅是为了丰富学生的理论知识，我们还要从具体的课堂教学环节设计入手，通过设计生动的跨文化交际课堂活动，让学生真正了解和体会目的语文化及人们的行为模式。这样，学生的跨文化交际能力才会真正提高，跨文化交际课程的设置才具有意义。

第七章　跨文化交际与高校英语教学的融合

第一节　跨文化交际教学的影响因素与作用

一、影响大学英语跨文化交际教学的两大因素

跨文化交际对大学英语教学有重要作用。在大学英语跨文化交际教学中，有两大因素对其产生影响：一是语言差异的存在；二是文化差异的存在。基于此，本节就具体分析这两大差异。

（一）语言差异

要想准确地进行跨文化交际，交际双方首先就要弄清英汉语言的差异。其主要表现在词汇、句法、语篇上。

1. 词汇差异

词汇是语言的基础。英汉两种语言的词汇非常丰富。导致英汉词汇在词义、搭配等方面存在差异。

（1）词汇意义差异

①完全对应。在英汉两种语言中，有些词在词义上是完全对应的。这类词包括名词、术语、特定译名等。例如，"paper"指代纸，"steel"指代钢。

②部分对应。在英汉两种语言中，有些词在词义上部分对应，即有些英语单词词义广泛，而汉语词词义狭窄；有些英语单词词义狭窄，但汉语词词义广泛。例如："sister"既代表姐姐，又代表妹妹；"red"既指代红色，又有紧急的、愤怒的、极端危险的等意思。

③不对应。受英汉文化差异的影响，英语中有很多词在汉语中找不到对应的词，就是所谓的"不对应"，也被称为"词汇空缺"。例如，

"chocolate"即巧克力，"hotdog"即热狗。

④貌合神离对应。在英汉两种语言中，有些词表面看起来是对应的，其实不然。这种对应的词语可以称为"假朋友"。例如："grammar school"指"为升大学的学生设立的中学"，而不是"语法学校"；"talk horse"指"吹牛"，而不是"谈马"。

（2）词汇搭配能力差异

词汇搭配研究的是词与词之间的横向组合关系，即所谓的"同现关系"。一般来说，搭配是约定俗成的，但是英汉搭配存在明显的差异，不能混用。例如："as plentiful as blackberries"是"多如牛毛"的意思；"black tea"是"红茶"的意思，而不是"黑茶"。

另外，很多词具有很强的搭配能力，如英语中的"to do"可以构成很多词组："to do the bed"意思是铺床，"to do the window"意思是擦窗户，"to do one's teeth"意思是刷牙，"to do the dishes"意思是洗碗碟。通过上述词组可以看出，"to do"的搭配能力很强大，可以和"床""窗户""牙""碗碟"等搭配使用。但是，汉语中与它们搭配的词语不同，用了"铺""擦""刷""洗"。

再如，汉语中的"看"在英语中也有不同的词语表示。看电影是"see a film"，看电视是"watch TV"，看地图是"study a map"。

2. 句法差异

在英语中，句法起着十分重要的作用。了解英汉句法的不同特征，有助于更好地进行英汉互译。英汉句法的差异有很多，这里主要从语态、句子重心两个层面进行分析。这些差异也反映出民族思维方式与文化心理结构的不同，因此是值得了解与研究的。

（1）语态差异

中西方思维模式的不同必然会影响语态的选择。通过分析英汉语可知，汉语善用主动语态，而英语善用被动语态。

①汉语善用主动语态。在做事层面，中国人侧重动作执行者的作用，即所谓的重人不重事。在语言使用中也是如此，中国人更习惯采用主动

语态来表达，以陈述清楚动作的执行者。

汉语中也存在被动语态，主要用来表达不希望、不如意的事情，如受祸害、受损害等。受文化差异的影响，汉语中的被动语态往往比较生硬。例如，"饭吃了吗"这句话如果使用被动语态表达，就显得非常别扭，甚至很难读，因此应改为"你吃饭了吗"。

②英语善用被动语态。西方人对物质世界的自然规律非常看重，习惯弄清楚自然现象的原理。在语言表达上，他们习惯采用被动语态来对活动、事物规律或者动作承受者加以强调，对被做的事情与过程非常看重。

从语法结构上说，英语中存在十多种被动语态，并且时态不同，被动语态结构也存在差异。例如：

Apple trees were planted on the hill last year.

去年山上种了很多苹果树。

这个句子为一般过去时态，其被动语态表达的也是过去的情况。

（2）句子重心差异

在句子重心上，汉语句子一般重心在后，英语句子一般重心在前。也就是说，汉语句子一般把重要信息、主要部分置于句尾，而次要信息、次要部分置于句首；英语句子一般将重要信息、主要部分置于主句之中，位于句首。例如：

He was repeatedly defeated though he fought over and over again.

屡战屡败。

He fought over and over again though he was repeatedly defeated.

屡败屡战。

这源于一个传说，清朝末期，曾国藩围剿太平军的时候，接连失败，甚至有一次差点儿丢了性命。于是，他向朝廷报告战事时说"屡战屡败"，翻译成英语为第一句话。他的军师看到了这一点，立即将其改为"屡败屡战"，翻译成英语为第二句话。

从字面上看，这两句话用了同样的词，只是更改了语序，但是含义大相径庭。"屡战屡败"说明曾国藩一直失败，丧失信心，甘愿领罚；而"屡败屡战"则说明曾国藩是一个忠肝义胆、不惧失败的汉子，应该受到朝廷的褒奖。正是军师这一巧妙的改法保全了曾国藩的面子。因此，在英语翻译时，要注意重心的问题。

3. 语篇差异

对于英汉两种语言来说，语篇即语言的运用，是更为广泛的社会实践。在英汉语言中，语篇是词汇、句子等组合成的语言整体，是实际的语言运用单位。人们在日常交谈中，运用的一系列段落都属于语篇。同时，语篇功能、语篇意义等都是根据一定的组织脉络予以确定的。英汉语篇在组织脉络上存在着明显的差异，这些差异影响着人们对文章的谋篇布局。

（1）逻辑连接差异

①隐含性与显明性。所谓隐含性，是指汉语语篇的逻辑关系不需要用衔接词来标记，而是通过分析上下文来推断与理解。所谓显明性，是指英语中的逻辑关系依靠连接词等衔接手段来确立。英语语篇中往往会出现 but、and 等衔接词，这些词可以被称为"语篇标记"。汉语属于意合语言，英语属于形合语言。前者注重意念上的衔接，因此具有高度的隐含性；后者注重形式上的接应，逻辑关系具有高度的显明性。例如：

跑得了和尚，跑不了庙。

The monk may run away, but never his temple.

上述例子中，汉语原句并未使用任何连接词，但是很容易理解，是明显的转折关系。但在翻译时，译者为了让句子符合英语的形合特点，添加了"but"一词，这样英语读者更容易理解。

②展开性与浓缩性。除了逻辑连接上的隐含性，汉语还具有展开性，即常使用短句，节节论述，这样便于将事情说清楚、说明白。英语在语义上具有浓缩性。显明性是连接词的表露，是一种语言活动形式的明示。但是浓缩性并非如此。英语国家的人具有独特的思维方式与语言特点，其表达方式具有高度的浓缩性，习惯将众多信息依靠多种手段来表达。

如果按部就班地将其转化成汉语，那么必然是不合理的。例如：

She said, with perfect truth, that "it must be delightful to have a brother," and easily got the pity of tender-hearted Amelia, for being alone in the world, an orphan without friends or kindred.

她说道，"有个哥哥该多好啊"。这话说得入情入理。她没爹没娘，又没有亲友，真是孤苦伶仃。善良的阿米莉亚听了，立刻觉得她很可怜。

上例中，with perfect truth 充当状语。翻译时，译者在逻辑关系上进行了加强。英语介词与汉语介词不同，是相对活跃的词类，用"with"可以使感情更为强烈，在衔接上前后内容也更为紧密。相比之下，汉语则按照语句的次序进行平铺，这样才能让汉语读者理解和明白。

③迂回性表述与直线性表述。英汉逻辑关系的差异还体现在表述的迂回性与直线性上。汉语侧重铺垫，先描述一系列背景与相关信息，最后总结陈述要点。英语侧重开门见山，将话语的重点置于开头，然后在逐层介绍。例如：

Electricity would be of very little service if we were obliged to depend on the momentary flow.

在我们需要依靠瞬时电流时，电就没有多大用处。

上例中的逻辑语义是一致的，但是在表述顺序上相反。英语原句为主从复合句，重点信息在前，次要信息在后。在翻译成汉语后，次要信息优先介绍，而后引出重点信息，这样更符合汉语的表达方式。

（2）表达方式差异

①主题与主语。汉语属于主题显著的语言，结构上往往包含两个部分：一部分为话题，另一部分为对话题的说明，不存在主语与谓语之间的一致性关系。英语属于主语显著的语言。除了省略句，其他句子都有主语，并且主语与谓语呈现一致性关系。基于这种一致性关系，英语中往往采用特定的语法手段。例如：

The strong walls of the castle served as a good defense against the attackers.

那座城墙很坚固，在敌人的进攻中起到了很好的防御效果。

显然，英语原句有明确的主语，即"the strong walls of the castle"，并且其与后面的谓语成分呈现一致性关系。翻译成汉语后，结构上符合汉语的表达，前半句为话题，后半句对前半句进行说明。

②客观性与主观性。中国人注重主观性思维，因此汉语侧重人称，习惯采用有生命的事物或者人物作为主语，并以主观的语气来呈现。西方人注重客观性思维，因此英语侧重物称，往往将没有生命的事物或者不能主动发出动作的事物作为主语，并以客观的语气加以呈现。受这一差异的影响，汉语往往以主体为根本，在形式上不拘泥，句子的语态也是隐含式的；而英语中的主动语态和被动语态呈现明显的界限，并且经常使用被动语态。例如：

These six kitchens are all needed when the plane is full of passengers.

这六个厨房在飞机载满乘客时都用得到。

显然，英语句子为被动式，而汉语句子为隐含式。

（二）文化差异

在不同国家、不同民族的交往中，文化差异不可避免地存在，并且不可以改变。文化差异对不同文化的存在、关系等产生着重要影响。正是文化差异的存在，才导致文化具有多样性特征。如果不存在文化差异，那么文化也不可能向多元化的方向发展，也不可能丰富多彩。当然，这些文化差异也对其他领域产生了影响，尤其是大学英语教学。

1. 价值观差异

价值观是基于社会、家庭的影响产生的。经济地位发生改变，它也会发生改变。中西方民族所持有的价值观显然是不同的。

（1）"天人合一"与"天人二分"

①中国人提倡"天人合一"。众所周知，"天人合一"精神是中国传统文化的精髓，延续了数千年。在这一精神思想的影响下，人们在审美观念上讲究与大自然相融，人类与大自然是一体的。

在中国古代历史上，很多哲学家、思想家都提倡"天人合一"的思想观念。他们认为艺术的表现同样应该体现出人与自然的天性，应顺其自然。

儒家所提倡的美学观点是美学不仅需要具有合理性的特征，还需要合乎伦理，与社会习俗观念相一致，实现"真""善""美"的统一。此外，中国古代历史上所形成的审美理论还重视体物感兴，即强调主体的内心与外在事物相接触。

②西方人提倡"天人二分"。在西方国家，人们大多认为世界是客观的，是与人对立的一个存在，即"主客二分"。人作为社会的主体，想要认识和了解世界，就需要站在对立面上对自然界进行认真的观察、分析、研究，如此才能从根本上了解和认识大自然，领悟大自然之美。

也就是说，西方人的文化审美强调对大自然进行模仿，认为文化就是对大自然的一种模仿。希腊是西方古代文化的发源地之一，这一地区最突出的文化艺术形式就是雕塑，其在很大程度上表现出西方人的审美观念与标准。

除了雕刻，西方人还十分喜欢叙事诗。叙事诗与雕塑都是艺术领域的典型代表，都反映了西方社会主客二分的审美标准，是一种写实风格的体现。西方人认为，人对大自然的审美一般包括两种心理过程：畏惧与征服。因此，人们审美判断的最终结果往往也局限于这两种心理过程。

（2）求善与求真

①中国人求善。从一定意义上说，中国文化是一种伦理文化。因为在中国古代文化中，认识、求真往往与伦理、求善结合在一起，并且前者附属于后者。儒学的经典之作《论语》就是以伦理为核心，然后延伸到政治等方面。孔子甚至将"中庸"看成美德之至。孟子也是在"性善说"基础上建立起"仁政"学说和"良知、良能"学说的。孟子认为，认识的先天能力（良知、良能）源于性善。"诚"的中心内容是善，"思诚"的中心内容是"明乎善"。唯有思诚、尽性，才能解除对良知、良能的遮蔽，获取充分的知识和智慧。显然，善高于真而衍生真。宋明理学作为儒学的新阶段，已吸收综合了道、佛的某些重要思想，但其基本构架仍是伦理思想统驭认识论。如"格物致知"的认识论就在伦理学的

控制范围内。理学的认识论完全被伦理学兼并了。

在中国古代，社会的价值观表现为文化政治化、道德化，过多地在乎社会秩序和人际关系方面的礼仪，并认为这是"正道"。当时的人生理想被宣扬为读经书、考科举、入仕途，因此许多知识分子争先恐后地追求仕宦前程，都在研究怎么度过人生、怎么安邦治国，而忽视了与此没有直接关联的学问。这种趋势在汉代以后表现得更加明显：重义轻利、重人伦轻自然、重政治轻技术。儒家思想甚至还将理性思辨和科学分析置于日常生活、伦常感情和政治观念中，使科学理论伦理化、政治化。道家文化推崇原始的、蛮荒的世界，普遍蔑视科学技术。这种情况在封建社会的后期变得更加严重，十分不利于科学技术的发展。人们普遍打着"万般皆下品，唯有读书高"的响亮口号，需要注意的是，他们读的书不是科技类的，而是圣贤的"经书"。人们都想通过仕途而成为人上人，劳动者因为没有文化而不能把技术抽象为科学，而有文化的知识分子实际上就是封建官僚的后备军，又不屑于认知科技。这就造成了"主流学问"与实用知识脱节，以及劳动实践与知识创造分离。所有这些实际上已经成为科技进步道路上的绊脚石。

②西方人求真。"天人二分"的西方哲学观必然引出西方文化对真理的追求。认识自然的目的在于探求真理，以便指导自己去改变自然、征服自然。无论是古希腊哲人赫拉克利特（Heraclitus）、柏拉图（Plato），还是亚里士多德（Aristotle），都主张认识的根本目标在于发现真理，智慧就在于认识真理，并把认识真理视为人的最高追求。人们眼中的中世纪代表着愚昧、荒诞，但那时候的人们仍然大肆宣扬对真理的追求。圣·奥古斯丁（Aurelius Augustinus）就认为，在真理面前，心灵和理性都要让步，人人都想要获得幸福，但是途径只有一条，那就是获得真理，并且认识了真理便认识了永恒。但是，要发现真理就要运用科学的手段，因此培根（Bacon）创造出通过实验与理性来发现真理的科学方法。同样，笛卡儿（Descartes）也强调，追求真理要运用正确的方法，至于什么是正确的方法，还要深入研究。对真、善、美的向往，是人类的共有特性。

但是，西方文化是先求真，再求善，真优于善。例如，古希腊早期哲学只涉及真，而未涉及善。后来，道德问题在哲学中的地位有所提高，但仍然存在于真理的基础上。一直到近代，西方文化一直遵从这种真高于善、善基于真的认识原则。因此，我们可以说西方文化为认识文化。

（3）集体主义和个人主义

①中国人推崇集体主义。中国人根据日月交替等现象产生了"万物一体""天人合一"的意识。这种意识也体现在人与人之间的关系上，因此中国人群体意识强，强调集体价值高于个人利益，追求社会的和平统一。当个人利益与集体利益发生冲突时，人们往往会与集体利益保持一致，因此中国人具有强烈的集体归属感。同时，中国人以谦逊为美，追求随遇而安、知足常乐，而争强好胜、好出风头是不被看好的。

②西方人推崇个人主义。西方绝大多数哲学倾向和流派都强调"主客二分"，把主体与客体对立起来。所以，西方人从一开始就用各种方法征服自然，强调个人奋斗的价值，对个性、自由非常推崇，注重自我实现。但需要指出的是，个人主义并不意味着个人利益比其他任何利益都更重要，而是需要在法定的范围内。因此，个人主义在一定程度上也是一种健康的、积极的价值观。不得不说，个人主义有助于个人的创新与进取，但是如果对个人主义过分强调，可能也会影响整个社会的亲和力。他们以批判的眼光看待已有的知识，从而不断获取新的知识。西方人的独立精神以及对个人存在价值的尊重，使得他们逐渐形成了求异忌同、标新立异的开拓精神。

（4）追求稳定与追求变化

①中国人追求稳定。受儒家思想的影响，中国文化历来强调求稳求安。中国人知足常乐，渴望祥和安宁，习惯生活在祥和的环境中。同时，受农耕文明的影响，人们认为只有安居，才能乐业，如果背井离乡，就会像游子一样漂泊不定。现如今，人们安居的理念仍旧根深蒂固。即使蜗居在一个小房子里，人们也会有满足感。

②西方人追求变化。西方人认为"无物不变"。尤其是在美国这样

一个多元化的移民国家，人们为了满足基本的生存需要以及对物质的迫切需求，一直在求变。如果不变，他们就无法追求更美好的生活，只能满足于已经取得的成就。

(5) 避免冲突与直面冲突

①中国人主张避免冲突。在中国人眼中，人际关系非常重要，因此他们在谈判中往往会尽量避免冲突，认为这些冲突可以运用其他方式解决，如合作、妥协、和解等。

如果在交际中发生冲突，中国人往往强调双方合作的益处，以抵消彼此的冲突以及冲突对彼此造成的不快。例如，在处理冲突时，中国人为了避免冲突，往往在争议问题的基础上提出自己的见解，或者提出一些折中的方案，避免这些争议问题升级。这表现出较高的灵活性，从而使谈判双方保持良好的交际关系。中国人对这种交际关系进行维护，主要是源于以下两点：一是在中国人眼中，即便双方发生冲突，只要彼此的关系还存在，对方就有义务考虑另一方的需要；二是只要彼此的关系还存在，即便暂时未达成协议，也能够为将来达成协议做准备。

②西方人主张直面冲突。在处理谈判关系时，西方人侧重将矛盾公开，然后投入大量时间、人力等对这些矛盾问题进行处理，从而实现预期的结果。在西方人眼中，谈判双方只有明确说出问题，才能将问题具体化，在考虑自身利益的情况下解决问题。西方人对数据、事实非常看重，不会刻意回避冲突，而是直面冲突，公开阐述自己不同的意见。当然，西方人在处理问题上也不会过于呆板，有时候会妥协，目的是尽快将协议达成。

(6) 询问私事与回避私事

①中国人询问私事。从古至今，中国人喜欢群居生活，如"大杂居""四合院"等都是很好的表现。这样的居住形式有助于接触，但也会干扰到个人的生活。同时，中国人骨子里就推崇团结友爱、相互关心，个人的事情就是一大家子的事情，甚至是集体的事情，因此人们习惯聚在一起谈论自己或者他人的喜悦与不快，同时愿意去了解他人的喜悦与不快。

在中国的文化习俗中，长辈或者上级询问晚辈或者下属的年龄、婚姻情况等，是出于关心，而不是对他人隐私的窥探。通常，长辈与晚辈、上级与下属的关系比较亲密时才会问到这些问题，而且晚辈或者下属也不会觉得这是对个人隐私的侵犯，反而会觉得长辈或上级很亲切。

②西方人回避私事。相比之下，在西方社会中，尤其是在美国，人们的一切行为都以个人为中心，个人的利益不可侵犯，这是典型的个人本位主义。受这一思想的影响，美国人十分重视个人的隐私。这体现在社会生活的各个方面，如人们在进行交谈时，一般会避开个人隐私话题，因为这对于他们来说是禁忌。如年龄、收入等都属于隐私问题。在西方文化观念中，他们看到别人出门或者归来，从来不会问别人去哪里或者从哪里回来，看到他人买东西时也不会问东西的价格，因为这些问题都是对他人隐私的侵犯，即便你是长辈或者上司也不能问。

(7) 讲面子与实话实说

①中国人讲面子。中国人认为面子代表的是自己的尊严与荣誉，因此对面子非常看重，也会维护他人的面子。简单地说，就是中国人不允许自己丢脸，也不会让他人丢脸。在中国，失掉面子是非常糟糕的，因此不能当众辱骂他人或在公共场合大吼大叫，这些都会让人觉得尴尬和丢脸。因此，为了在保证面子的情况下对意见进行有效的传达，就必须克制自己的情绪，将所有的批评在私下里说，尽量不当面批评，否则会收到不好的结果。另外，中国人不会明确地将自己的意愿表达出来，对他人及他人所做事情进行否定时，往往会选择委婉的形式，希望对方能够从中了解具体的意思。这样不仅可以保护自己的面子，还能够保持彼此的交情，从而实现交际。

②西方人实话实说。西方人对个人自由非常注重，虽然有时候也注重面子，但只是认为丢面子比较尴尬，而不会感到羞耻。对于西方人而言，说实话、课堂提问、直接拒绝朋友、挑战权威等都是简单的事情，并不会对集体造成影响。并且，西方人非常讨厌人云亦云的人，只有那些勇敢说出自己想法的人才会被尊重和肯定。另外，西方人也比较直接，

愿意将问题摆在台面上，认为这样才能尽快达成共识

2. 思维模式差异

所谓思维模式，就是思维主体在实践活动基础上借助思维形式认识对象本质的思路。思维模式是人们大脑活动的内在程序，受文化的影响。在英汉语言背景下，英汉民族所处的社会环境有所不同，人们的体验和经历也各有差异，因此看待世界的角度也不同，有着不同的思维模式。而这进一步影响他们的社会体验和经历，也影响他们的语言发展。以下就对英汉思维模式进行比较分析。

（1）整体性思维与分析性思维

①中国人推崇整体性思维。中国人不注重对事物的分类，而是更加重视整体之间的联系。我国儒家和道家也认为人与自然、个体与社会就是一个大的整体，二者是不能被强行分开的，必须相互协调地发展。基于整体性思维，中国人总是习惯首先从宏观角度初步了解、判断事物，而不习惯从微观角度来把握事物的属性。由此，中国人逐渐养成了对任何事物不下极端结论的态度，而是采取折中、客观的表达方式，在表述意见时较少使用直接外显的逻辑关系表征词。总而言之，中国人善于发现事物的对立，并从对立中把握统一，从统一中把握对立，求得整体的动态平衡。

②西方人推崇分析性思维。西方人倾向于分析性思维，对事物进行分析时，既包括原因和结果分析，又包括对事物之间关系的分析。恩格斯特别强调了认识自然界的条件和前提，他认为只有把自然界进行结构分解，使其更加细化，然后对各种各样的解剖形态进行研究，才能深刻地认识自然界。西方人的这种思维方式将世界上的人与自然、主体与客体、精神与物质、思维与存在等事物放在相反的位置，以彰显二者之间的差异。

这种分析性思维包含两个层面：一是分开探析的思维，即把一个整体的事物分解为各个不同的要素，使这些要素相互独立，然后对各个不同的独立要素进行本质属性的探索，从而为解释整体事物及各个要素之

间的因果关系提供依据；二是以完整而非孤立、变化而非静止、相对而非绝对的辩证观点去分析复杂的世界。马克思主义哲学大力提倡这种思维。

（2）曲线思维与直线思维

①中国人习惯曲线思维。中国人的思维方式呈现曲线式，在表达思想和观点时常迂回前进，将做出的判断或者推论以总结的形式放在句子末尾。这种思维方式在语言中的反映是汉语先细节后结果、由假设到推论、由事实到结论，基本遵循"先旧后新，先轻后重"的原则。例如，"It is dangerous to drive through this area."这句话用汉语表达是"驾车经过这一地区，真是太危险了"。从该例既能感受到中国人的曲线思维，又能了解中西方思维的差异。

②西方人习惯直线思维。西方人的思维呈现直线式，在表达思想时往往直截了当，在一开始就点明主题，然后再依次叙述具体情节和背景。这种思维方式对语言也产生着重要的影响，即英语为前重心语言，在句子开头说明话语的主要信息，或者将重要信息和新信息放在句子前面，头短尾长。例如，"It is dangerous to drive through this area."该句子以"It is dangerous"开始，点明主题，突出重点。

（3）顺向思维与逆向思维

①中国人往往顺向思维。相较于西方人，中国人更倾向于顺向思维，就是按照字面意思陈述思想内容。这在语言中表现得十分明显，如"成功者敢于独立思考，敢于运用自己的知识"这句话就是按顺序表达，而且其意思可以按照字面意思理解。这句话用英语表达则是"Winners are not afraid to do their own thinking and to use their own knowledge."，由此可以看出中西方思维方式的差异。

②西方人往往逆向思维。西方习惯采用逆向思维，通常从反面进行描述来实现预期效果。这种思维在语言上有着充分的体现，如"油漆未干"用英语表达是"Wet Paint"，"少儿不宜"用英语表达是"Adult Only"。

3. 教育观念差异

在教育观念上，中西方存在明显的不同，主要体现在教学内容、教学方式、"教"与"学"、大学教育、课余生活五个方面。

（1）"精英"教育与"广博"教育

①中国的"精英"教育。在教育内容上，中国推崇"精英"教育。学生如果无法掌握所学知识，那么就不能继续进行深造，就会被学校淘汰。

在中国的教育中，基础知识的巩固是非常重要的，主要的教学方式是知识灌输，主要目的是让学生熟练掌握知识。例如，当学生学习英语时，教师往往采用背诵、听写的战术，这样是为了让学生重复练习，直到掌握为止。

②西方的"广博"教育。相较于中国的"精英"教育，西方教育在教学内容上更加注重知识的灵活性，即要让学生学会运用，注重学生创造力的培养，注重教育的"广博"。

西方教育往往不会灌输知识，而是在传授给学生知识之后点到为止。学生达到了基本的教育要求，就可以有更多的选择空间。例如，如果学生在英语学习时感到困难，那么他们就可以选择更简单的基础课程，以使他们保持学习的积极性。

（2）灌输教育与尝试教育

①中国的灌输教育。以前，中国的教育方式多为灌输教育，这种教学方式就是将教师自身的经验直接传授给学生，然后让学生基于这些成功的经验进行学习与训练，以掌握知识。这种教育的结果就是学生很难跳出固有的经验，思维发展受限，也很难形成自身的创造性思维。

②西方的尝试教育。相比之下，西方的教育方式是一种尝试教育，即让学生自己去尝试构建自己的经验，通过自己的经验来发现学习中的问题，然后通过解决这些问题来积累成功的经验。随着经验的不断积累，学生会不断形成自己的研究成果，并且研究成果不断增多，学生的自信心也会不断增强。

(3) 接受型学习与个性化学习

①中国的学习方式多为接受型学习。当前，我国的教育模式比较陈旧落后，教学方式比较单一，教师教学的任务就是将备课内容传授给学生，而学生的任务就是全盘接受。在课堂上，教师往往以提问的方式考查学生，课下给学生布置作业，以便于学生复习。学生也往往是机械地记忆，认知能力、动手能力有待提高。

②西方的学习方式多为个性化学习。与中国的灌输式教学相比，西方教育注重学生的个性化发展，校园文化也更加注重实用主义与以自我为中心。

(4) 大学教育差异

①中国大学教育的目的在于培养专门人才。受历史与经济发展水平的影响和制约，中国对大学教育的定位是培养某方面的专业人才。因此，在课程设置与专业设置上，各大高校会有所倾斜。

当前，中国的大学教育具有一个显著的特点，即学生在进入大学之前，就已经确定了自己的专业，从进入大学的第一学期就开始进行专业学习，学习三到四年。并且，在学校课程中，专业课程占了 60% 以上。

②西方大学教育的目的在于培养社会公民。美国的大学生在进入大学之前是不划分专业的，学生可以根据自己的要求学习一些公共课程。这些公共课程具有较广的覆盖面，如社会、人文、历史、地理、科学等。这样的教育具有一个显著的优势，即学生在经过广泛的教育之后，对各个学科的内涵有清晰的了解，同时还对自己有清晰的认识。等到了大学三年级之后，他们可以综合考虑自己的兴趣，选择自己感兴趣的专业。

(5) 单一型课余活动与丰富型课余活动

①中国学生的课余活动比较单一，大部分活动都是有组织、有计划的活动。这些活动或者是在教师的指导下开展的，或者是社团组织的，学生可以自愿选择参加。

受教育观念的影响，中国的家长、教师甚至学生都认为学习是第一位的，所以很多学生不愿意参加这些活动，对组织活动不是很热衷。

②西方学生的课余活动相当丰富。在西方教育中，学生的课余生活非常丰富，他们的社团活动也非常活跃。例如，在美国，很多高校都鼓励学生甚至资助学生进行课外活动或者组成校外活动团体。并且，团体活动可以由学生自主决定，学生可以按照自己的喜好进行策划，形式也丰富多样，他们在活动中能够体会到快乐。

二、跨文化交际在大学英语教学中的作用

（一）符合经济发展的需要

改革开放以后，中国发生了翻天覆地的变化，从曾经贫穷落后的农业大国已经跃升为世界第二大经济体。即使如此，中国依然有着更高的目标，依然要不断提高自己在国际上的经济地位和市场竞争力。国际竞争力说到底还是人才的竞争力。大学作为为国家培养、输送人才的主要基地，必须适应我国经济发展的需要。英语作为高等教育的一门基础学科，影响着学生的职业生涯规划和可持续发展。英语能力不仅体现在英语知识的掌握上，还体现在文化背景知识的掌握上。从这一点来讲，大学英语教学中的文化教学也必不可少。

（二）迎合跨文化交际的需要

在当今的时代背景下，国与国之间的交往日益频繁。这就要求高校学生努力学习语言与文化知识，获取语言与文化技能。

世界是一个地球村，经济全球化使得跨文化交际呈现多样性。因此，在跨文化交际教学中，教师除了让学生提升自身的语言能力，还应该让学生提高自身的跨文化交际能力，以应对交际中出现的各种变化。

另外，随着社会多元化的推进，交际者应该具备一定的合作能力与意识，无论生活在什么样的文化背景下，都应该为社会的进步而努力，树立自己的文化意识，用积极的心态去认识世界。可见，跨文化交际教学将英语的价值充分地体现出来，学生对跨文化交际知识的学习也与社会的发展相符，是不断推进中西方文化交流的必由之路。

（三）符合英语课程的内在要求

大学英语课程标准对英语交际能力有着明显的要求。英语文化和母

语文化是两种文化体系,英语交际能力就是跨文化交际能力的一种体现。跨文化交际能力的提高要求学生不仅要了解本国文化,也要精通他国文化,而且还要不断接受现实交际的验证。这就使得大学英语教学为了提高学生的跨文化交际能力,必须实行文化教学。

(四) 实现素质教育的主要渠道

现如今,我国对素质教育非常重视。作为一门基础课程,英语教学也是素质教育乃至文化素质教育的重要项目。从跨文化交际的视角来看,大学英语跨文化交际教学是实现素质教育的一个重要工具,也可以说是一个主要渠道。这是因为,英语教学除了传授知识,还兼具文化素质与文化思维的培养。这与跨文化交际教学的要求有异曲同工之妙。

因此,在大学英语教学中,教师必须将语言与文化的关系处理好,引入西方国家文化,汲取其中的有利成分,发扬我国的文化。

(五) 解决"中国文化失语"问题的有效路径

为满足国家"开放"和"引进"战略对外语人才的需求,目前各层次外语教育过度倚重语言的工具性学习。长期以来,学校教育过于重视分数,忽略对学生德育的培养,忽略人文教育。大学英语教学内容中人文教育内容较少,导致英语教学中的人文教育失去了内容支撑。并且,外语教师仅仅围绕英语能力所代表的西方文化进行教学,中国文化长期处于被忽视状态。在应试教育目标的指挥棒下,教师的中国文化意识薄弱,培养学生的英语应用能力被看作唯一的目标。另外,从人才培养的角度来看,我国高校英语专业教师缺乏中华文化知识的学习,对中国传统文化缺乏系统的了解,直接造成英语教师的中国文化修养不高,中国文化教学能力低下。而培养出色的国际化外语人才的前提是,教师首先要具备足够高的中国文化素养。

第二节 跨文化交际与英语教学融合的现状与任务

众所周知,语言是文化的重要组成部分,语言背后蕴含着丰富的文化内容。但是,要想对大学英语教学有清晰的认识和把握,英语教师就必须结合跨文化交际的内容，探讨二者融合的现状与任务。这样才能更好地推进大学英语跨文化交际教学，使学生顺利进行跨文化交际。

一、跨文化交际与大学英语教学融合的现状

语言与文化有着密切的关系，因此在大学英语教学中融入文化有着非常重要的意义。在早期的大学英语教学中，跨文化交际教学的目的是让学生理解目的语义化，教师教授的也多是目的语文化知识及其相关背景。随着研究的深入，跨文化交际教学的内容发生了改变，纳入了文化态度、文化观念等内容，这时跨文化交际教学的目标也相应地发生变化。下面分析跨文化交际与大学英语教学融合的现状。

（一）跨文化交际日益频繁

社会在进步，国家之间的交往日益频繁，这必然需要跨文化交际。如果人与人、家庭与家庭的交往属于民族内部的交往，那么国家与国家之间的交往就属于地域化或者国际化的交往。正是因为这种频繁的交往，文化教学才得以产生。

（二）跨文化冲突的严峻性

经济全球化导致各个国家在各个领域都有着不同程度的交际，因此商品、技术、信息、人员等生产要素的跨国流动非常频繁。在这个国际化的时代里，世界以一个整体的形式出现。不同文化背景的人进行着频度更高、范围更广、层次更高的跨文化交流。人们逐渐意识到，跨文化交际不是简单的英汉互译，而是需要交际者以深刻理解彼此的文化差异为基础。在越来越多的、越来越深入的跨文化交际出现的同时，越来越严峻的跨文化交际形势也随之出现。

跨文化冲突是伴随着跨文化交际的产生而产生的，在跨文化交际中难以避免。我们在认识到文化差异的同时，应该思考如何有效避免跨文化冲突。跨文化冲突包括非暴力性的摩擦性冲突和暴力性的对抗性冲突。摩擦是跨文化交际中由误解与分歧导致的不同文化间的争执。摩擦是普遍的、经常发生的。对抗是不同文化之间的暴力冲突，可能进一步演变为军事化的暴力冲突，也就是战争。跨文化交际中的摩擦常常表现为争

执、辩论、批评、谩骂等语言表现形式和游行示威、请愿抗议等政治行为表现形式。跨文化交际中的摩擦在长时间的积淀后会形成跨文化冲突。

1. 跨文化冲突的普遍性

其一，跨文化冲突普遍存在于世界各地。古今中外，跨文化冲突无处不在。中国文化的独特性和长期性决定了中国文化和其他文化之间必然发生各种各样的跨文化冲突。近代以来，中国文化与欧洲文化一直处于征服与被征服的冲突状态。除此之外，中国与其他国家之间也存在跨文化冲突。其中，中国和美国的跨文化冲突表现得最为突出。

其二，跨文化冲突普遍存在于各个文化层面，如价值观、制度、生活方式等。价值观是深层文化因素是导致跨文化冲突的根本原因。因此，制度、生活方式等层面的跨文化冲突是价值观层面的一种写照。所以，我们可以通过价值观层面的跨文化冲突来理解文化层面的跨文化冲突。

2. 跨文化冲突的尖锐性

其一，激化程度不断加强。跨文化冲突如果长期存在，并且反复出现，就可能不断激化，进而演变为对抗。

其二，爆发性逐渐增强。跨文化冲突的导火索可能是很小的事件，但最后往往酝酿成大的灾难性事件，以对抗收场。当争吵使得矛盾到达爆发的临界点时，大规模的跨文化冲突就会爆发。

3. 跨文化冲突的复杂性

文化本身就是一种复杂的现象，跨文化冲突就更复杂了。有人认为，文化差异是导致跨文化冲突的根本原因。事实上，文化差异可能导致跨文化摩擦，但不一定会引起跨文化对抗。如果具有文化差异的双方尊重对方的文化，就不会产生跨文化冲突。可见，文化差异不一定导致跨文化冲突。导致跨文化冲突的根本原因是试图强制性地消除差异。当一方试图强制使对方与自己保持统一时，冲突就出现了。如果具有文化差异的双方都想将彼此取而代之，跨文化冲突就表现得十分明显。我们要消除的是跨文化冲突，而不是文化差异。因此，我们绝不能抱有消除差异、同化对方的观念。

4.跨文化冲突的长期性

跨文化冲突是长期普遍存在的，并且跨文化冲突的影响也将长期存在。一些跨文化冲突消失了，另一些跨文化冲突又产生了，甚至原来已经消除的跨文化冲突又死灰复燃。一些跨文化冲突虽然消失了，但是造成的不良影响将长期存在。跨文化冲突引起的仇恨情绪难以消除，任何一方的非理性言行都可能导致跨文化冲突的进一步激化，从而引起新的跨文化冲突。因此，我们应该弱化当前的跨文化冲突，避免当前的跨文化冲突成为新的跨文化冲突的催产素。

面对跨文化冲突的严峻形势，我们要从人类文化本身去寻求解决之道。我们要充分发挥文化的创造性，创造出消除跨文化冲突的新文化。对此，联合国等组织大力提倡跨文化对话，联合国教科文组织就提出了"跨文化教育"，并在很多区域组织了一些跨文化教育实践活动，以实现文化和平的理想。对于从根本上消除跨文化冲突，跨文化教育有着无限的可能和巨大的潜力。

二、跨文化交际与大学英语教学融合的任务

教学任务即教学目的。在跨文化交际背景下，大学英语教学的目的在于提升学生的跨文化交际能力。具体说来，主要体现在以下几个方面。

（一）帮助学生树立多元文化的意识

对世界文化多样性有所了解，有助于人们树立多元文化的意识与观念。不同的文化产生的背景不同，因此不能相互替代。各个文化群体之间的交流日益频繁，交际双方需要对异质文化予以理解与尊重，努力避免在交际过程中出现冲突。

在大学英语跨文化交际教学中，教师应该努力让学生积极学习不同的文化，让他们对自身文化有清晰的了解，同时以正确的心态对待他国文化，从而应对世界文化的多元化问题。

（二）发展学生的批判性思维

在大学英语跨文化交际教学中，教师应该不断培养学生的批判性思维，让学生对本国文化加以反思，然后利用多元文化的有利条件，对文

化背后的现象进行假设，发展批判性思维。

（三）为学生创造学习异域文化的机会

中西方两种文化进行融合时，不可避免地会出现碰撞的情况，并且很多时候会让人感到不适应。因此，在大学英语跨文化交际教学中，教师应该帮助学生避免这一点，让他们有更多的机会了解异域文化，以提升自身的文化适应力。

第三节　跨文化交际与英语教学融合的原则与策略

如前所述，跨文化交际在大学英语教学中有着非常重要的作用。大学英语跨文化交际教学可以使学生在语言学习中理解与接受异域文化，从而为顺利进行跨文化交际做准备。我国的大学英语教学对象，在英语学习过程中，不可避免地要学习文化。这有助于学生开阔眼界，建立文化身份，形成自身的批判性思维。在大学英语跨文化交际教学中，还需要遵循一定的原则和策略。本节就对这些原则和策略展开分析和探讨。

一、跨文化交际与大学英语教学融合的原则

实施任何一种教学，都有着特定的准则。在跨文化交际教学的实施过程中，教师要根据文化的属性来制定相应的原则。具体说来，英语教学中实施跨文化交际教学应该遵循以下几个原则。

（一）以理解为目标原则

文化理解指的是"学习者以客观、正确的态度看待、理解母语文化和目的语文化，并能以得体的行为方式与非本族语者进行跨文化交际"。只有正确地理解本国文化与他国文化，才能更好地进行跨文化交际。

因此，英语教学中强化文化性原则应当坚持以理解为目标原则。在教学过程中，教师可以采取分析或解释目的语文化等手段，帮助学生了解两种文化的差异以及差异产生的根源。

（二）文化包容性原则

黑格尔和马克思均指出，人类历史的发展必定导致世界历史的形成。大工业的发展以及对剩余价值最大化的追求，导致人类历史的发展跳出

了地域限制，世界各国成为利益相关的命运共同体。在文化全球化的大格局之下，引领潮流的世界性文化不再单单由某个国家或民族创造，而是由更多的主体创造。因此，文化全球化是世界文化创造主体和世界文化元素的多元化。如今的时代是你中有我、我中有你，倡导文化包容。文化只有具备包容的品质，世界不同国家和民族的文化才能在共存中达到更多的一致，进而使世界各个国家和民族联系得更加紧密。

具有包容性的文化比较能够接受其他文化中的先进部分，因此能够较好地发展，也比较容易被其他文化接受，能够从地域性文化向世界性文化转变，进而成为推动世界文化进步的强大力量。从根本上讲，一种文化之所以缺乏包容性，是因为文化创造主体思想狭隘。这种封闭的文化也会影响生活在其中的人们的思维方式，使得他们也变得狭隘，缺乏开放精神，难以接受其他文化，从而导致世界在文化上的割裂。过于强调文化冲突，不利于文化的发展。只有包容性的文化，才有利于推动文化的车轮滚滚向前。

（三）文化的多维度互动原则

在英语教学中实施跨文化交际教学时，教师既要实现教师和学生之间的互动，也要实现语言和文化的互动，还要实现中西方文化的互动。就教师和学生之间的互动而言，教师教学影响着学生的学习行为，而学生又反过来影响着教师的教学行为。跨文化教育应该紧贴时代的教育脉搏，改变以前单向的传递模式，在互动中求得发展和优化。至于语言和文化的互动，学生应该了解语言和文化的相互联系，用发展的、动态的眼光看待二者之间的关系。在这个全球化的时代，不同文化之间的互动越来越频繁，互动的范围才能有所扩大，互动的深度才能有所增加。跨文化交流本身就要求进行文化的双向交流，语言本身也是在交流中产生和发展的，因此跨文化外语教学过程应是一个互动的过程。

（四）整体文化、主流文化输入原则

依据语言教学的整体目标，单纯的语言教学已经慢慢向文化教学倾斜。在英语教学中实施跨文化交际教学时，教师应从宏观入手，帮助学生掌握文化学习的整体性。整体文化输入原则包括纵向和横向两个维度。从纵向来看，文化的形成是一个源远流长的过程，学生应该对文化的生成和发展脉络有一个清晰的把握。从横向来看，文化具有多样性，不同的文化具有不同的特色，所以文化的输入类型也应兼而有之。另外，为了提高学生在跨文化交际中的文化自信心，教师应该引导学生尊重母语文化，适度适时地宣扬优秀母语文化中的精华部分。总之，教师不应该将教学孤立起来，应注重引导学生关注文化的整体性，即整体地输入古今中外文化。

二、跨文化交际与大学英语教学融合的策略

有理念，就有方法论。方法形成之后，也不是恒定的，会随着理念的变化而变化。既然大学英语跨文化交际教学的理念在广泛传播，那么我们就需要探讨它的实施方法。概括而言，大学英语跨文化交际教学的实施方法主要有以下几种。

（一）文化引入策略

1. 说明策略

在中国，学生一直沉浸在母语环境中，缺乏英语环境，因此对英语文化背景知识不太了解。当缺乏相关文化背景知识而影响到学生对学习材料的理解时，教师可以对有影响的文化背景知识做一些说明和介绍。教师的说明和介绍最好安排在讲解学习材料之前的一段时间进行，以便为学生理解学习材料做铺垫。要将说明和介绍的工作做好，教师就要提前在课外时间做好准备工作，搜集一些与教学内容相关的典型文化知识，并通过自己的消化理解将其恰当地应用到课堂中。通常情况下，教学材料的作者、内容和事件发生的时代可能都蕴含着一定的文化内涵，学生必须广泛学习这些背景知识，否则就难以准确理解所学材料。例如，当学生读到《21世纪大学英语》第一册第十单元"Cloning: Good Science of Bad Idea"中的"Faster than you can say Frankenstein, these accomplishments, triggered a worldwide debate."（不等你说出弗兰克斯坦，这些成果就已经引发了世界范围的大辩论）这句话时，他可能不明白如

何理解 Frankenstein，因此也不明白这句话的意思。在这种情况下，教师需要介绍以下三点帮助学生理解与该材料有关的背景知识。

（1）英国女作家玛丽·W·雪莱(Mary W.Shelley) 写了一部科幻小说，并以自己的名字为这部科幻小说命名。这部小说描写了一位发明了怪物并被它消灭了的年轻医学研究者，名字叫作"Frankenstein"。

（2）在英语中，有个词组为 before you could say Jack Robinson（一瞬间，马上）。"Faster than you can say Frankenstein."就是根据这个成语创造出来的。

（3）文章中的人物是在一定的社会背景下出现的。当时克隆技术发展较快，作者极度担心克隆技术会对人类社会造成重创，且当时克隆技术在世界上已经引起了大辩论，因此作者就将克隆技术与小说情节联系起来。

2. 比较分析策略

有比较，就有结果。只有在比较中事物的特性才会表现得更加明显。中国和西方国家在长时间的历史积淀中形成了不同的文化。因此，在大学英语跨文化交际教学中，教师可以通过对母语文化和英语文化不同之处的比较，让学生更加深刻地认识母语文化和英语文化。在跨文化交际中，学生也会因此提高文化敏感性，更加重视文化对交际的影响，从而减少甚至避免文化差异引起的交际冲突。例如，问别人的行程和年龄在中国是很正常的，但是在西方人眼里是侵犯隐私的行为。

在外研社版的《大学英语》第三册第四课"Darken Your Graying Hair and Hide Your Fright"中，主人公这样介绍自己："I have a wife, three daughters, a mortgaged home and a 1972 'Beetles for which I paid cash."。中国学生乍一看，主人公开着德国大众"甲壳虫"汽车——这在当时中国国情下很多人都负担不起，就会认为主人公生活比较富裕。但是，我们要从西方的角度去审视这个问题，当时西方国家汽车使用很普遍。"甲壳虫"汽车空间小又省油，是中低收入家庭的首选车型。了解了这一点后，中国学生就会发现自己的认识偏差，原来主人公的自我介绍说明家庭成员较多，生活比较紧张。另外，在消费观念上，中国人比较保守，一般不会提前预支，并且还要对未来的生活支出做好准备；但是，英美人倾向于提前消费，如分期付款、抵押贷款等：这就是文化差异在消费观念上的体现。

（二）外教辅助策略

客观条件优越的学校可以适当地聘请一些外教授课。外教对大学英语跨文化交际教学的影响主要体现在两方面。

1. 外教对学生的影响

外教不仅可以提升学生的英语学习兴趣，还能真正促进学生跨文化交际能力的提高。外教作为异域文化中的成员，比较容易引起学生的好奇心。学生在与外教接触和交流的过程中增强了对英语口语表达的信心，还能在课堂上收获学不到的社会文化背景知识，真正提高英语文化敏感度和英语交际能力。另外，学校可以定期利用外教组织英语角，为学生创造真实的英语环境和文化环境，促进学生英语听力和口语能力的提高，进而使他们的跨文化交际能力也进一步提高。

2. 外教对教师的影响

在中国，很多英语教师虽然学的是英语专业，集各种英语等级考试证书于一身，但是口语练习机会很少，英语口语表达能力依然不够强。外教来到学校以后，这些英语教师因为教学工作的关系，有许多与外教直接交流的机会。外教可以帮助他们纠正发音上的错误，帮助他们锻炼英语口语表达能力。另外，外教是在另一种不同的文化氛围中成长和学习的，其教学模式可能与众不同，中国的英语教师就可以发现并学习他们教学中的优势，从而提高教学水平。

当中国教师的跨文化交际能力和英语教学水平提高以后，直接的受益者就是学生。中国教师的跨文化交际能力提升了，就能在和学生的交际中更有效地提升学生的跨文化交际能力，大学英语跨文化交际教学就能取得更好的效果。

如果学校教学工作让外教们感觉良好，他们往往会把国外教育行业的朋友或者机构等介绍给学校。学校就可以通过夏令营、冬令营的形式派遣学生与国外的教育机构进行互访、学习和交流，从而提高学生的跨文化交际能力。

（三）师生互动策略

教师要努力尝试通过和学生的互动来实施大学英语跨文化交际教学。教学的本质决定了教学不是单向行为，而是双向行为。因此，大学英语跨文化交际教学应该真正回归到教学的本质上来。互动法的完美落实，需要教师做好功课。首先，教师要培养学生正确的文化心态，使学生平等看待一切文化。其次，教师要营造平等、自由和开放的互动氛围，鼓励学生表达，使学生尽情发挥、畅所欲言。在互动过程中，教师和学生可以扮演不同文化中的角色，使学生更容易理解外来文化。

（四）附加形式策略

以附加形式实施大学英语跨文化交际教学，就相当于准备一碟开胃菜，形式可以多样化。例如，在教材中设立文化专栏，在课外组织或者参观文化展览，举办英语文化主题讲座或组织文化表演等。教师也可以将优秀的但是传播度不高的英语书籍介绍给学生，并以书中的文化知识为主题开展讨论、戏剧表演、知识竞赛等活动。这些活动都需要在教师的指导和监督下进行，以便真正实现大学英语跨文化交际教学的目的。以戏剧表演为例，微型剧包括 3—5 幕，每一幕包含 1—2 个文化事件。学生在参与戏剧排演的过程中，可能会出现一些文化误读的现象，但通过反思、调查能找出其中的原因，这便从另一个角度学习了文化知识。

第四节　跨文化交际教学中教师身份的重构与

跨文化意识的提高

一、身份的要义

身份首先解决的是"我是谁"这个问题。只有清楚了自己是谁，才能采取相应的交际策略与他者互动，因此了解自身和对方的身份是互动的起点，更是跨文化互动的起点。高校英语教师也需要自问"我是谁"，而且因职业角色特殊，其身份构成更为复杂。

身份（identity）是社会学中的主要词语之一，常出现在社会学互动理论中。社会学互动理论更注重社会的微观方面，主要考察人们在日常生活中如何交往，如何使这种交往产生实质性意义。社会学互动理论认为，在某种意义上，社会结构最终是由行为体的行为和互动所构成和保持的。因此，互动理论致力于发现人际互动的基本过程。国际关系理论界的大师亚历山大·温特（Alexander Wendt）的建构主义理论便是建立在互动理论基础上的。温特认为，互动双方自我与他者的身份是在互动中建构的。他将身份定义为"有意图行为体的属性，可以产生动机和行为特征"。显然，身份作为交际者的属性并非静止的，在确立后也会随着互动的发展而不断调整、变化。这说明，身份是动态的，可以在互动中建构，是随着互动进程的发展而发展变化的。更确切地讲，互动的结构中形成的共有观念使双方的身份得到进化。共有观念是建构主义的核心词汇，在建构中起到至关重要的作用，而共有观念即文化。由此可见，互动中的文化与互动者身份之间存在建构关系。

此外，一个行为体的身份是"多重的有机结合的复合物。行为体的多样身份并不孤立存在，而是以情境（situation）为基础结合起来"。情境不同，行为体的身份也会不同。为简化起见，美国社会学家乔纳森·H·特纳（Jonathan H. Turner）将身份分为三类，即作为人的身份（human identity）、社会身份（social identity）及个性身份（personal identity）。其中，行为体的社会身份表明其社会团体的归属，如民族、职业、年龄、家乡等。显然，社会性与文化是不可分割的，社会属性为行为体身份打下了深深的文化烙印。在跨文化交际中，社会身份自然是重点研究对象。

如上所述，情境不同，行为体的身份亦不同。一个行为体的身份是多重的、复杂的，根据不同的情境，行为体自然会选择不同的身份与他者互动。例如，在教室这一情境中，某人可能是教师。但在家庭中，其身份可能是母亲、妻子等。

总之，一个行为体的身份是在互动的过程中形成的。它是多重的，而且不是一成不变的，会随着互动的发展而发展变化，是个不断建构的概念。其建构的来源是互动结构中不断形成的新的共有观念，即文化。情境对互动者在交际过程中选择何种身份起决定性作用。

二、教师的身份建构

首先，需要说明的是，为了避免身份过于复杂影响重点，可将高校英语教师当作一个文化主体进行分析，也就是说需要探讨高校英语教师作为一个文化群体的身份特点。需要注意的是，不同的个性特点对高校英语教师的身份建构也具有重要影响。

身份是交际者在互动过程中形成的。互动中形成的共有知识又与交际者形成建构关系，促使其身份不断变化。教学活动也是一种交际过程，在这一过程中，教师与学生形成互动关系。但是，英语教师的教学活动中还有一个交际对象，对教师的身份建构起重要作用。这个交际对象就是教学材料。教师与文本的交流是一种特殊的交流形式，是单向式交流过程。读者不断与文本互动，从文本中获得新的观念和知识。美国华裔心理学家丁托米（Ting-Toomey）认为，身份就是指一个人经过反思形成的自我概念（self-conception）或自我形象（self-image）。而在与文本的交流中，读者从文本获取的新的观念和知识反过来作用在读者身上，使其不断自省和反思，形成读者的身份，并使其原有的身份得以发展。高校英语教师在与文本的互动过程中，其身份也如其他读者一样，存在重新建构的可能性。此外，由于与自身交流的文本的特殊性，高校英语教师面临特殊的身份建构过程。我国高校英语教师的母语一般为汉语，但与其交流的文本却是英语文本。这使得教师与文本的交流过程变为跨文化交际过程，教师身份面临跨文化建构的过程。

一般而言，个体处于新的文化环境中，会在情感、认知、行为等层面发生复杂的身份变化。丁托米在阐述个体身份改变时提道：个体在保持自身文化传统的同时，也经历了发展变化，从认知、情感和行为层面与社会融合，形成其有机整体的一部分。简单地说，个体与新文化接触一般会经历蜜月期、文化休克期、调整期及文化适应期等几个阶段。理想的状态是，个体在对新文化知识的积累中，在交际动机的激励下，依次经过不同的阶段，直至文化适应阶段。在这个阶段，个体不仅内化了新的文化知识，如新的价值观、标准等，而且发展了新的文化身份。在跨文化活动中获得新的文化身份的个体，能够"运用多重维度的思考方式、更为丰富的情感智慧及多样的角度去解决问题"。实际上，这种积极的身份建构过程也是跨文化意识提高的过程。因此，在跨文化活动中，个体身份的建构与跨文化意识的提高有直接关系。

高校英语教师面对的教学资料,如文本,是否可以构成文化环境呢？众所周知，语言是文化的重要组成部分，是文化的重要载体和表现形式。高校英语教师的教学对象是非英语专业学生。高校英语教材在帮助学生学习语言知识的同时，也试图给学生呈现纷繁复杂的现实社会，以使学生了解语言是如何在真实的社会和文化环境中使用的。

此外，高校英语教师要以话题为主线进行单元设置，使学生有机会了解英美社会的方方面面，而且内容难度应符合大学生的认知特点。在教学中，教师要利用文字深入挖掘社会和文化，触及文化体系及价值观。虽然各个领域的研究者们对文化做出了不同的表述，但我们发现文化大致可由表象到本质、由具体到抽象分为三个层次。最表层的是物质文化，如艺术、技艺、绘画、建筑、礼仪、器物文化等；中间的是制度文化，包括政治制度、经济制度、社会制度和法律制度等；最深层的是思想、信仰和道德等，其核心便是文化价值观。跨文化管理学家霍夫斯蒂德 (Hofstede) 在《跨文化之重：价值、行为、体制和组织的跨国比较》中指出："文化为'心智的集体程序'，是特定群体所共享的程序。它不仅体现在价值观上，而且会在更为表象化的事物（如象征、英雄、礼仪等）上显现出来。文化根植于人类各主要群体的价值观体系之中，并且在各自发展的历史过程中得以不断巩固。"北京外国语大学教授胡文仲也指出："价值观是文化的核心，可以根据不同的价值观念区分不同的文化。"因此，尽管文化的表象是多样的，但其核心是价值观。价值观是文化的深层内涵，是一种文化的沉淀，长期影响着某一类文化群体，并最终导致特定行为和手段的产生。显然，高校英语教材文本构成了由文字组成的人文社会，提供了文化环境。个体在与文本的交流中，不仅可以较全面地感知新文化环境，更能够便捷地进入新文化的价值观层面去认识和了解新文化的核心。当然，其他教学资料，如影视、图像等以更直观的方式呈现了另一种文化的方方面面，其模拟现实的表现方式可帮助个体更感性地了解新文化环境。

三、教师的身份重建与跨文化意识的提高

在教学过程中，英语教师身份的重建与跨文化意识的提高有必然联系。面对新文化环境，个体一般会经历若干阶段。不同的文化学者划分了不同的阶段，但有一个共同的阶段，即文化休克期。在这一阶段，个体在新文化环境中会感到沮丧，严重的会产生器质性疾病。个体一旦成功跨越这一阶段，不仅会内化新的文化知识，如新的价值观、标准等，而且会发展新文化身份。因此，跨越的过程也是跨文化意识提高的过程。高校英语教师并未生活在真实的新文化环境中，在与新文化文本、音视频材料接触的过程中，也会面临无法理解和欣赏新文化知识等问题。这些问题产生的原因与文化休克产生的原因极为相似。

根据霍夫斯蒂德的观点，跨文化接触不会自动带来相互理解。我们的头脑（心智软件）蕴含基本的价值观。这些价值观因在早年生活中习得，故显得如此自然，以无意识状态存在于我们的大脑中。在与新文化的接触中，这些价值观会成为我们评判新文化的依据。因此，受自身文化的影响，我们会在一个与原有文化不同的环境中感到压力和无助。显然，个体负面情绪产生的原因是个体无法理解和认同新文化。英语教师处于由文本等新文化知识构成的情境中，也会不自觉地以自己的传统价值观评判新文化，而出现对新文化无法理解、不能认同等问题。其后果反映在教学活动中便是对新文化知识潦草地处理或干脆不处理，使学生失去了深入了解新文化的机会。因此，理解传统文化和新文化的不同之

处，客观理解新文化，不仅能够帮助教师内化新的文化知识，丰富、重建自身的文化身份，而且这个过程也是自身跨文化意识提高的过程。最终，通过教师有意识的引导，跨文化意识的提高也会反馈在学生的英语学习中。

对于英语教师而言，如何才能尽量减少自身传统价值观的影响，客观理解新文化呢？简单而言，我们可以养成时刻留意的习惯，积极学习新文化知识并在行动上运用相关的技巧。

养成时刻留意的习惯是应对的基础和起点。时刻留意也意味着时刻警觉，其实质是要求英语教师保持对文化的心理敏感度。教师也和生活在本族文化情境下的其他个体一样，受到本族文化的深刻影响，自然形成了某种文化价值观。但这种价值观基本隐性地存在于个体的头脑中，不知不觉地对人们的认知、判断及行动产生影响。因此，个体需要时刻提醒自己感知本族文化情境，并深入挖掘本族文化嵌入个体头脑中的那些以无意识状态存在的知识。传授新文化语言和文化知识的教师，更应保持警觉，时刻注意内省，体验本族文化给自己带来的影响，并深入挖掘潜藏在心智深处的文化知识，努力将潜意识的本族文化知识上升到意识层面来分析。

时刻留意也意味着对新文化不同之处的留意。但这种留意不带有任何感情色彩，即对新文化的不同之处努力采取客观看待的态度，而不急于做评判，避免文化中心主义对我们的影响。文化中心主义是个体与新文化接触后自然产生的一种情感。个体对新文化很难保持客观的态度。人类对与本族文化不同的文化具有一种优越感，这是人类的自然趋向性。在此基础上形成的文化中心主义认为，自己的文化是所有文化的中心，自己的文化高人一等。文化中心主义就像一扇窗，本族文化从这扇窗往外看，感受、了解并评判其他所有文化，导致对其他文化的主观评价。显然，文化中心主义会使我们对新文化产生偏见，阻碍我们对新文化的理解和交流，有碍跨文化意识的提高。但这是人类的天性，难以避免。因此，英语教师更要时刻保持留意、警觉的态度，观察自己面对新文化文本及语境时，是否受到文化中心主义的干扰：在教学中情不自禁地表现出对自己文化的扬和对新文化的抑。英语教师要努力客观地将新文化知识传授给学生，减少主观评论带来的对新文化的曲解和误解。教师对自我有意识的监控和调整过程，实际上也是自我文化身份进行调整和重建的过程，也是跨文化意识提高的过程。

在时刻留意、保持警觉态度的基础上，个体还应不断掌握和积累新文化的知识。有时因为知识储备不足，教师很可能忽略或放弃对教材中某些有文化内涵的语言现象做深入挖掘，使学生失去了学习的机会。例如，有学者在教学中发现，新视野（第二版）第四册第五单元 A 课文经常被简单化处理，其中丰富的文化内涵没有得到挖掘。该课文有关美国文化，而且主题具有相当的文化内涵，关于"solitude"。如果没有文化知识的积累，教师很可能将该单词一语带过。但实际上"solitude"这个单词与美国著名的超验主义学者爱默生有密切的关系。爱默生提倡个体主义精神，深刻地影响了美国文化的发展。在他看来，个体是具有潜力的，通过在自然中独处（solitude）获得顿悟，最终不断升华。因此，"solitude"是理解美国个体主义传统文化的一个重要切入点。如果教师能够在课堂上将该词的文化内涵传递给学生，可极大地帮助他们以此为线索，独立、广泛地探索新文化。显然，教师在处理教学材料时，应时刻留意哪些地方是能够进行文化挖掘的，时刻保持对文字的敏感度。而这种敏感度的形成需要教师深厚的文化知识做保障。在获得知识的过程中，通过对知识的理解和内化，教师的文化身份得以拓展，其跨文化意识也相应地提高。

在时刻留意和积累知识的基础上，在真实的生活环境中，个体还可以通过有意识的实践来更好地理解新文化，如学习理解新文化中的各种符号、象征，认识新文化中的英雄及实践新文化仪式等。在英语教学中，除了有意识地介绍、解读并理解新文化中的符号、象征、英雄及文化仪式等，我们还要通过具体的实践形式，运用某些学习技能，提高对新文化的理解力。

比较和对比（comparison and contrast）是行之有效的方法。将本族文化和新文化进行对比，找出相同点和不同点并进行分析，能够清晰、明确地了解文化差异，有助于对新文化的理解。当然，对于英语教师而言，找出相同点和不同点只是第一步，重要的是能够透过现象看到文化的本质。通过相同点，我们可以了解文化的共同性；而通过不同点，我们可以直击文化内核，从价值观层面来解释，以便更深入地理解和把握新文化。比如，涉及中西方不同的文化现象时，我们一般可以从集体主义和个体主义的文化维度进行解释。这个维度是跨文化交际学中最基本的文化维度之一，反映了中西不同文化的价值观。在具体的教学活动中，英语教师可以通过教材提供的文本案例，先帮助学生归纳中西文化的相同点和不同点，而后进一步分析，找出不同之处的根源所在，引导学生从集体主义和个体主义价值观的角度来讨论现象的不同。这样的教学要求教师提高自身素质，提高自己的文化理论高度，并重新以新的视野审视教学素材。其结果不言而喻：在这一过程中，教师获得的理论知识为其提供了进行比较分析的新角度、新内涵，有力地促进了教师身份的建构，并使其跨文化意识得到提高。

写反思日志也是很好的方法。反思日志能够提高教师的教学反思能力。美国学者波斯纳（Posner）认为，反思可以帮助教师成长。众所周知，他提出了教师成长公式，即教师的成长 = 经验 + 反思。没有反思的经验是狭隘的经验，至多只能形成肤浅的知识。只有经过反思，教师的经验方能上升到一定的高度，并对后续行为产生影响。可见，只有经过反思，教师才能使原有的经验不断升华，每天都在教学中成长和进步。通过教学反思，教师每天都会有新的发现，获得新的启发，摆脱封闭、超越自我。当然，英语教师通过思考和学习，对英语语言和文化的洞察和理解以语言的形式进行反馈，获得跨文化方面新的体验和经历。这种自觉的、有意识的做法，有效地帮助了英语教师提高跨文化意识，同时也使英语教师实现了身份的重建。

总之，英语教师与教学材料的接触过程也是一种跨文化交际过程。

在这一过程中,教师的身份会随着对教学材料的认识和理解而得到建构。在建构过程中, 和生活在新文化环境中的跨文化者类似, 英语教师同样会经历跨文化体验阶段。其中, 最为重要的阶段是文化休克阶段。虽然语言教师面临的文化休克的表现, 与在真实环境中生活的人们的表现有所不同, 但其形成原因极为相像: 都是源于交际者自身的文化价值观。这种价值观基本上隐性地存在于个体的头脑中, 不知不觉地对人们的认知、判断及行动产生影响。在教学活动中, 教师如果能够采用积极有效的策略应对自身价值观所受到的影响, 不仅能够成功地克服文化休克, 提高自身的跨文化意识, 以新视野、新角度重新对自己进行定位, 而且还能够有意识地、有针对性地对学生的英语学习予以高效的指导, 帮助学生顺利地学习语言和文化。

第八章　跨文化交际与高校英语教学改革

第一节　跨文化交际视角下高校英语教学的意义与作用

随着全球经济一体化，中国与其他国家之间的交流与合作越来越频繁。全面提高英语教学的效率和质量，提高学生的英语应用能力，既是中国经济发展的迫切需要，也是中国高等教育的一项紧迫的任务。教育界已认识到语言与文化的关系是英语教学的一个重要课题。英语教学不仅包括语言知识的传授，也包括文化知识的传播。是否将跨文化教育纳入英语教学内容，是区别传统英语教学和现代英语教学的主要标志之一。因此，高校英语教学在尊重不同文化的前提下，应有目的、有计划地将跨文化教育纳入教学中，促进不同文化间的相互了解、相互借鉴。高校英语教学中加强跨文化教育的意义与作用包括以下几个方面。

一、满足英语教学发展的需要

人们的语言表现形式总是受到各种社会文化因素的制约，中国人在跨文化交际的语境中因为文化障碍而碰壁的"文化冲击"（culture shock）现象时有出现。据统计，"文化错误"（cultural mistakes）要比语言错误（linguistic mistakes）严重得多，因为语言错误至多是言不达意，无法把心里想说的话清楚地表达出来，而文化错误往往使本族人与异族人之间产生严重的误会甚至冲突。只有具备了一定的跨文化交际能力，说话者才能有效地避免由不同文化背景造成的交际障碍和交际摩擦，顺利实现交往的目的。因此，英语教学不仅包括语言教学，也应该包括文化教学。大学英语系列教材总主编董亚芬教授指出："任何一种民族语言都是该民族文化的重要组成部分和载体。在语言材料中，篇章、句子无不包含着民族的文化信息。"将英语教学与文化教学相结合，有助于学生开阔眼界，扩大知识面，加深对世界的了解，借鉴和吸收外国文化精华，提高文化素养。这已成为广大英语教育工作者的共识。

二、适应新世纪中国社会经济发展

随着改革开放的深入开展，国际交往日益频繁，中国需要越来越多的国际人才从事国际贸易、处理国际事务、加强国际交流。国际化人才的标准不仅是知识结构的优化和语言能力的强化，更重要的是文化理念的国际化，了解外国文化传统和交往礼仪，具有跨文化交际能力。跨文化交际能力是在对双方文化相互理解的基础上，通过文化的双向交流、互动实现的。要顺利、得体地与外国人交往，仅有丰富的词汇和地道流利的语言表达是不够的，还必须了解他们的历史、习俗、生活方式和价值观等。为了培养能胜任对外交流、具有国际竞争能力的英语人才，以满足我国科技、经济和文化等发展的需要，高校英语教学要重视跨文化教学，把高校英语教学的重点，由原来培养学生的听、说、读、写能力转变为培养学生全面交流的实用交际能力。在高校英语教学中，要重视文化差异内容的导入，加强学生对不同文化背景的了解，拓宽学生的知识面，提高学生的跨文化交际能力，为国际化人才的培养打下良好的基础。

三、促进大学生的社会性发展

人是社会中的人，并承担一定的社会角色。个人与社会之间相互依赖、相互影响。人在社会中生存和发展，必须学习，而学习又离不开社会的方方面面。通过学习，学生更全面地认识了与自己生活密切相关的社会环境、社会活动和社会关系，不断丰富自己的经验和情感，提高自己的能力，加深对自我、对他人、对社会的认识和理解，并在此基础上养成良好的行为习惯，形成正确的道德观、价值观和较强的判断能力。大学教育就是大学生社会性发展的推动力。今天，我国青年的社交对象更为多元，社交方式更为多样。应通过跨文化教育来培养学生与不同的人进行合作的意识，提高跨文化交际能力，帮助他们认识到世界的发展、社会的进步。因此，跨文化教育与当前青年学生实现社会化的目标不谋而合，其目标与理念是追求平等、尊重差异和倡导合作，最大限度地提高每一个学生的知识水平与能力，充分发挥他们的聪明才智。这是大学生社会性发展的需要。

四、实现中华民族自立自强

要实现中华民族的伟大复兴和自立自强，我们就要以学习为途径，博通西方智巧，辩证吸收，内化融合，强大自我。我们应清醒地看到西方文化给中国带来的巨大冲击。文化是一把双刃剑，即它在文化科技交流上，以及"三外"（外资、外贸、外债）等外事来往上有着积极的作用，又给意识形态领域带来了严峻的挑战。随着改革开放的深入，中国综合国力增强，国际交往增多，需要更多面向世界、对异国文化有深入了解的人才。这就要求我们在高校英语教学中重视跨文化教育，将其提高到应有的高度，使学生在实际交流中具备多元文化的包容性。鉴于此，在英语教学中进行跨文化教育意义深远。

五、顺应高等教育国际化发展趋势

提升世界高等教育的主流意识，是进一步深化高等教育办学理念的基础。实施跨文化教育已成为高等教育发展的必然趋向。跨文化教育有助于我们学习国外的先进教育理念与办学模式，理性地看待中国高等教育与民族文化，综合考虑全球性与民族性的问题，找到本土经验与国际经验的交融点，从而把握主流意识，创新发展，突出特色，进一步促进我国高等教育的发展。随着全球经济一体化进程的推进，中国高等教育中外合作办学不断发展。在办学的过程中，由于教育主客体的多元化、教育环境的多元化、信息来源的多元化、思维方式的多元化以及社会习俗的多元化，人才的培养必然受到不同文化的影响。因此，研究中外合作办学过程中的跨文化教育意义重大。首先，我国高等教育面对的不仅是国内市场的挑战，还有世界范围的大市场的挑战。现在对国际型人才的需求在全球范围内日益增加，这无疑对世界各国高等教育的发展与改革起到了推波助澜的作用。其次，中外合作办学是世界各国文化平等、双向碰撞、交流融合的一种有效形式。跨文化教育已被世界各国特别是经济开放型国家视为促进本国与国际社会经济交流、迎接国际经济挑战的一种战略性手段。各国商品、服务、信息，尤其是人员的跨境开放，已经使大学成为加速全球一体化进程、加深相互了解的有效途径。办学的多元化发展使越来越多的高校通过多种方式不断增强自身的软实力。我国高等教育逐步从培养各类高级人才的全球意识与国际交往和跨国工作能力的角度来推动跨文化教育的发展。不管是教育家还是科学家，要取得国际认同的成果都必须进行国际交流，在这种交流中必然伴随着思想文化的交流与融合。英语是国际交流的工具，我们要顺应这一潮流，在加强英语教学的同时，必须强化文化教育，使文化载体和传播媒体充分发挥传播和融合不同区域、不同属性文化的功能，促进国际经济交流和科学技术的发展。所以，在英语教学中学校要鼓励教师采取比较研究的方法，开设交叉学科，增加人文社会科学教育知识，加强各院校、学科、专业、课程之间的沟通与交流，增进互补。英语语言教学要与英语文化教学有机结合，培养的人才要具有复合型的知识结构，跨文化教育应发挥应有的功能，并促进社会经济发展。中国高等教育部门与学校要重视并加强跨文化教育，使我们培养的大学生既了解世界文化，又是中华民族文化的传播者、宣传者。另外，突破文化差异的障碍，掌握不同文化差异背后的共同本质和规律，也是高校加强跨文化教育的重要使命。高校培养的人才应具有世界创新意识，在建立世界文化新格局中发挥应有的作用。世界范围内，文化差异仍然存在，不同文化背景的人在交往中因不了解文化可能产生误解，甚至可能产生文化冲突。避免出现这些情况的有效方法是通过跨文化教育，增进双方的了解，在跨文化交际中尊重对方的文化。这需要依靠高等教育，要加强与世界先进国家之间的沟通与交流，迎接高等教育国际化的发展趋势。这就要求在英语教学中将跨文化教育提高到应有的高度，要求教师尽快转变观念、提高认识、采取措施。

第二节　跨文化交际视角下高校英语教学存在的问题

近年来，跨文化教育已成为我国英语界研究的热门课题。我国英语界基本达成了一种共识，即语言教学中必须包括文化教学。然而，当前的英语教学明显落后于经济的发展和社会的需求，尤其是跨文化教育显得更为薄弱。目前，高校英语教学中的跨文化教育主要存在以下问题。

一、高校英语教师跨文化教育的意识和跨文化能力不够强

（一）教师缺乏跨文化教育的意识和视野

跨文化教育是一种理念，可以使学生理解目的语文化，消除文化壁垒，形成正确的跨文化意识。然而，传统的英语教学不注重语言的交际价值，即在培养学生语言能力的同时，不够重视运用语言交际的能力，无法使学生认识到母语与目的语之间的文化差异。交际能力理论告诉我们，语言能力不等于交际能力，语言知识不等于语言运用。英语教学不仅要传授语言知识，而且要培养学生灵活运用所学语言知识，在不同场合对不同对象进行有效的跨文化交际。

英语教师本是学生学习英语的主要引导者，起着沟通个体文化和目的语文化的作用。然而，实际情况是，很多英语教师跨文化教育意识淡薄，认为英语教学就是讲授语言知识。重语言形式轻社会文化因素，重视学生的语言形式正确与否或使用得是否流畅，而较少注意结合语言使用的场合，来培养学生综合运用语言的能力。作为语言讲授者和文化传播者的高校英语教师，如果对本国传统文化缺乏足够的认识和理解，缺乏全面的中外文化观，就无法平衡目的语与母语文化，也就无法在文化教学中培养学生平等的跨文化交际意识，就难以全面地理解语言文化背景、发掘语言的文化内涵，就不可能帮助学生理解不同文化之间的差异。英语教师的重要职责之一就是帮助学生了解目的语文化背景。除了培养学生的语言基本技能，英语教师还要充当跨文化交际的角色，起到文化"桥梁"的作用。只有扮演好这一角色，教师的语言教学才能成功，学

生的语言综合运用能力才能得到提高，教师和学生才能在跨文化交际中实现成功的交际。因此，英语教师要更新教育理念，要积累深厚的跨文化知识，培养较强的跨文化意识，提高跨文化理解的水平，深化跨文化教育的理念。

跨文化教育的实施，要求英语教师具备跨文化意识、跨文化视野，深入了解跨文化教育的内涵，将跨文化教育融入英语教学中。我们的教育要培养的是会用英语表达外国事物、外国文化的学生。同样，学生也应会用英语来表达我国的文化，向外国介绍中国的优秀文化，以在对外交流中平衡发展。所以，在文化全球化的背景下，英语教学不但要树立"知彼（目的语文化）"的文化观，更要培养"知己（母语文化）"的文化意识。只有这样，我国的英语教学才能够真正弘扬中国优秀传统文化，英语教师才能成为沟通中国和世界的桥梁和纽带。

（二）重视目的语文化的传授，忽略了对母语文化的渗透

近年来，随着英语教学改革的推进，英语教学中的文化问题日益受重视，英语教师也开始关注文化在英语教学中的作用，使跨文化教育意识在教学中的受重视程度有所提高。但随之也出现了新的问题：英语教学中重视目的语文化的讲解，却忽略了对自身母语文化的解析；教学中只强调对异文化的理解与认同，却忽视对中国文化的传授。这说明教师在跨文化交际中对母语文化的作用认识不够，不具备较强的批判意识，对两种文化间的异同缺乏深刻的理解，多数教师还不具备语言应用的深厚功底。教师文化素养欠缺，培养的学生无法判断什么是世界文化的精髓，不够理解传统文化，无法弘扬中国优秀传统文化。所以，忽视哪一方都不利于培养跨文化交际能力。

高校英语教学过程中一味地强调目的语国家文化的教学，而对母语文化了解不深，使母语文化处于基本被忽视的状态。一个普遍的现象是，许多英文水平相当高的中国青年学者在与西方人交往时，始终显示不出来古文化大国的学者所应具有的深厚文化素养和独立的文化人格。当西方同行怀着敬意探询"Confucianism"（儒家思想）的真谛时，我们的

学者却心有余而力不足，只能顾左右而言他。有些博士生有较高的基础英语水平，也有较高的中国文化修养，但是一旦进入英语交际语境，却无法轻松自如地表现出自己的中国文化底蕴。南京大学某学者将这种现象称为"中国文化失语症"。中国文化失语是我国英语教学的缺陷。"跨文化交流决不能仅局限于对交流对象的'理解'方面，而且还有与交际对象的'文化共享'和对交际对象的'文化影响'方面。在某些情况下，后两者对于成功交际则更为重要。"如果西方文化含量的缺乏，导致我们在国际交往中出现多层面交流障碍（主要是"理解障碍"），那么英语教学中中国文化含量几近于空白的状况，对国际交流的负面影响更为严重。因此，在高校英语教学中，跨文化交际能力的培养必须做到中西文化并重，既要包括对西方文化的学习，又要包括使用英语表达中国文化的能力，以增强学习者对文化差异的敏感性、宽容性以及处理上的灵活性。

（三）英语教师的跨文化知识欠缺

目前，许多高校英语教师文化意识和文化教育意识不强，缺乏有关跨文化交际方面的知识，不具备跨文化的理解力。在教学中，他们只注重语言表达能力的培养，而忽视跨文化应用能力的培养。他们对目的语文化缺乏较强的洞察力、理解力、判断力，缺乏对目的语的扬弃贯通的能力。有的教师对优秀传统文化没有充分的认识、理解，对母语文化和目的语文化缺乏比较意识，甚至没有这种意识。有的教师不具备较强的批判性思维，不能分辨不同文化的差异。涂东琼等人曾对江西省三所高校的英语教师阅读英文语料的情况进行了问卷调查。调查结果显示：一半以上的教师对目的语文化和母语文化没有深入的理解。个别教师从不阅读最新的英文报纸、杂志。有时会阅读最新的英文报纸、杂志，了解最新的国际新闻和全球的发展动态的也只不过半数。只有极少部分的英语教师经常阅读一些最新的英文报纸、杂志。这要求教师加强自身素质，在英语教学中实施跨文化教育，不断提高母语文化和目的语文化修养，开阔视野，比较母语文化与目的语文化之间的异同，了解两种文化的差异，加深理解。这样才能培养学生的跨文化意识，提高学生的跨文化理解能力与应用能力。

（四）跨文化教育方法存在弊端

从目前的情况看，多数教师不能灵活、有效地运用各种英语教学方法实施跨文化教育。主要表现有：英语教师还没掌握各种现代教学法与手段，还不太善于根据具体教学目的和需要选择最合适的教学法；在英语教学中偏重语法和句法解释，偏重语言交际技能训练，而忽视文化背景及非语言交际因素；知识的传授也往往注重书本知识，而在引导学生通过阅读大量书刊、文献等获取跨文化交际知识方面做得不够，对拓宽学生知识面也不够重视，方法运用也不得当。

课堂教学中，大多数教师只重视语言形式的正确性，很少教学生得体地运用语言形式，很少介绍英语文化知识，即便介绍了也是点到即止，缺乏系统性。有些教师本身对跨文化语用知识知之甚少。在遇到跨文化语用现象时，他们常用"惯用法"来做解释，但很多语言现象并非"惯用法"所能概括。倘若一碰到常见的句型及表达法，就称之为"惯用法"，而让学生死记硬背，结果就会导致学生死记一些句子和表达法，却不会运用而逐渐对英语失去兴趣。以教师为中心的教学原则和方法，既忽视了学生的主体作用，也不利于培养学生的跨文化交际能力。实际上，适合跨文化教育的英语教学方法有很多，如语法翻译法、直接法、听说法、交际法、自觉对比法等。各个英语教学派别都有自身的优势与不足。英语教师在教学中应扬长避短，将各种方法灵活运用于课堂教学当中，从而提高课堂教学效果，积极引导学生对中西文化进行客观的比较，用辩证的眼光去探寻中西文化的不同点，用严谨的态度去追溯差异的渊源，从而提高学生的文化敏感度，树立正确的跨文化意识，实现对学生进行跨文化教育的目的。

二、学生跨文化意识薄弱和交际能力差

长期以来，我国的英语教学缺乏良好的语言教学环境，以向受教育者灌输知识为主，不太注重对学生能力的培养。同时，受教育体制和考

试体制的制约，学生的英语学习也多是以背诵为主，学习英语的直接目的就是通过四、六级考试，获取大学文凭。从教学条件来看，教育经费的投入与受教育人数的增加和教育发展的需要不相称，目前的高校英语教学明显不适应经济的发展和社会的需求。另外，因教师数量不足，教学水平有待提高，学习英语的学生多且综合素质参差不齐，教师难以做到因材施教，学生学习也只注重书本知识的学习，忽视已有知识的运用。至于课外英语学习环境，无论是学校、家庭还是社会，都难以提供学习、交流与实践的真实环境。虽然有些学生的英语表达能力较强，但跨文化理解能力普遍较差。当语言能力提高到相当的水平之后，文化障碍更突出，如对交际策略、交际原则、礼貌规则等方面的知识知之甚少。在实际交际中，语言失误很容易得到对方的谅解，而语用失误、文化的误解往往会导致摩擦发生，甚至造成交际失败。美国语言学家沃尔夫森曾指出："在与外国人交流时，语用失误往往比语法错误更糟糕，因为英语为母语者能够容忍发音、句法方面的错误。但是，由于没有意识到社会语言学的相对性，他们认为，违反英语语用规则极其不礼貌。"一个英语说得很流利的人，背后往往隐藏着一种文化假象，使人误认为他同时也具有这种语言的文化背景和价值观念。他的语用失误，有时令人怀疑是一种故意的语言行为，因此导致冲突发生的潜在危险更大。当代学生普遍缺乏母语文化素养，对中国传统文化知之较少。特别是 20 世纪 90 年代以来，互联网的迅猛发展，加快了英语的全球化。据统计，互联网上 85% 的网页是英语网页，英语电子邮件占 80%，来自中国的信息只有 0.04%。这种信息交流的极端不对等性无疑助长了一方的文化霸权意识，加重了另一方的受"文化侵略"的危机感。我们正处在一个建设先进民族文化的新时代，正处于热切呼唤人文精神的新时代，培养母语文化素养，也就是为学生构筑精神的底子，直接影响价值观、世界观等的形成。西方先进国家的高科技与时尚文化都在有意或无意地影响着学生的心理。加强母语文化学习，是弘扬民族精神、延续民族生命的重要渠道。另外，进行文化对比需要以母语文化为参照，较高的母语文化素养可以促进学生跨文化交际能力和综合素质的提高。所以，我们迫切需要通过跨文化教育来让大学生养成平等、开放、宽容与尊重的跨文化心态，引导他们形成正确的跨文化意识和理念，增强跨文化交际能力。

三、跨文化教育内容欠缺

（一）跨文化教育的教学大纲存在不足

我国的高校英语教学大纲一直未将文化教育纳入教学要求中，虽然1999年新出台的大纲从培养21世纪创新人才的目的出发，增加了"提高文化素养"这一新的教学要求。但是相对目前《大学英语教学大纲》中语言三要素（词汇、语法、语意）教学的体系而言，高校英语的跨文化教育还是没有形成完整的体系，跨文化教育至今仍无纲可循。教育部颁发的《大学英语课程教学要求（试行）》（以下简称《要求》），为各校组织非英语专业本科生英语教学的主要依据。《要求》确定大学英语教学是以英语语言知识与应用技能、学习策略和跨文化交际为主要内容，以外语教学理论为指导，并集多种教学模式和教学手段为一体的教学体系。《要求》确定的高校英语教学的性质和目标以及教学要求非常全面，符合当今世界经济发展和国际交流的需要，也适合中国的国情。然而，在对三个不同层次的教学要求进行具体阐述时，《要求》只列出了听力理解能力、口语表达能力、阅读理解能力、书面表达能力、翻译能力和推荐词汇量六个项目，忽视了性质和目标中所提到的跨文化交际和综合文化素养的内容。可见，文化教学和跨文化交际能力培养仍然被置于英语教学的边缘，并没有得到切实的、真正的认可和重视。

（二）跨文化教育内容在英语教材中较为单薄

到目前为止，以文化导入为目的的系列教材尚未正式出版，相关的参考资料就更少了，即便有音像资料，也缺乏系统性，词典、教学参考资料上能够查到的文化解释也极为有限。高校英语教材也缺少有关中国传统文化的内容，不利于学生在跨文化交际中传播我国优秀文化，也不利于学生文化鉴别能力的提高，更不利于学生文化平等意识的树立。近年在教学中使用的教材有复旦大学出版社出版的《新潮实用英语综合教程》、北京大学出版社出版的《新世纪英语教程》、高等教育出版社出版的《实用英语综合教程》等。现将它们的目录列举如下。

复旦大学出版社出版、王美娣主编的《新潮实用英语综合教程》第二册目录如下：

1.The Rose（玫瑰）

2.The Power of Knowledge（知识力量）

3.Beauty Comes in Surprising Shapes（肥胖也美丽）

4.I Look More Pregnant Than My Wife（我比妻子更像孕妇）

5.A Pair of Socks（一双袜子）

6.Self-made Saleswoman（自我塑造的女销员）

7.The Break I Got From Prison（从监狱得来的机会）

8. Beautiful Smile and Love（美丽的微笑和爱）

9.Cheating（作弊）

10.Why Do We Lie?（人们为何撒谎？）

11.Color Meanings（色彩的含义）

12. Friday and the Thirteenth（星期五和十三）

13. Mrs. Bush on Education（布什夫人论教育）

14. The Pleasure of Books（读书之乐）

15.Wonders of West America（1）（美国西部奇观 1）

16.Wonders of West America（2）（美国西部奇观 2）

北京大学出版社出版、刘世伟主编的《新世纪英语教程》第二册目录如下：

1.The Things Unknown to You（你不知道的事情）

2.How Does a Homing Pigeon Find Its Nest？（信鸽如何找到自己的巢？）

3.How Do Animals Know When an Earthquake Is Coming？（动物是怎样预知地震的来临的？）

4.AIDS War Needs More Cash and Cooperation（防治艾滋病的斗争

需要更多的资金和合作)

5.New York Conference Focuses on AIDS Vaccine Development（纽约会议集中探讨艾滋病疫苗的开发)

6.What Is Our Main Source of Energy?（什么是我们的主要能源？）

7.How to Deal With Atomic Waste（如何处理原子废料？）

8.Overviews of Cloning （克隆的概述)

9.Cloning Animals（克隆动物)

10.Advertising（广告)

11.Computers:Machines That Can Think（计算机：能够思考的机器)

12.Why Export?（为什么要出口？）

13.The Profits and Risks in Export （出口的利润和风险)

高等教育出版社出版、《实用英语》教材编写组编写的《实用英语综合教程》第一册目录如下：

1.College － A New Experience（大学——一种新的体验)

2.Rock and Roll（摇滚乐)

3.Why Nations Trade?（为什么国家之间要进行贸易？）

4.The First Four Minutes（交际中最初的四分钟)

5.Table Manners and Customs（餐桌礼仪与习俗)

6.People on the Move（不断迁徙的人们)

7.Stress（压力)

8.Getting to the Airport（去机场)

9.Coincidences or Miracles?（是巧合还是奇迹？）

10.What's New?（有什么新闻？）

11.Searching for a Uniform Sign Language（寻找统一的符号语言)

12.Surveys, Surveys and More Surveys （调查，调查，再调查)

通过以上内容可以看出，我国英语教材当前在跨文化教育方面存在以下不足。

（1）知识广泛，但对跨文化教育突出不够，内容过时。这些课文内容主要是对跨文化教育知识进行浅显的介绍，没有从跨文化教育的角度进行选择设计。跨文化教育内容在教材中没有得到详尽的描述，通常只是轻描淡写地一带而过。此外，不少课文的文化内容过时。现有教材大都选用一些无关痛痒的日常生活层面的内容作为文化教学的内容，很少涉及社会的阴暗面和有争议的话题。这种以正面教育为主的做法固然有一定的道理，但是，从学习者综合素质和能力培养的角度来看，不让他们了解真实的社会，不引导他们对一些社会问题进行讨论和思考，实际上让他们浪费了一个绝好的学习机会。跨文化意识和能力在很大程度上是在思考和讨论一些具有争议的、涉及价值观和世界观的问题的过程中提高的。

(2) 中国本土文化内容缺失。课文内容大部分以英美国家的文化为背景，以灌输英美文化为主要目的，很少有涉及中国本土文化的内容。事实上，这与大纲中跨文化交际的要求不相符合。跨文化交际应该是双向的、平等的，而非单向的交流。

(3) 重知识，轻态度与能力。这些课文比较广泛地介绍了跨文化教育知识，而没有说明如何通过学习这些课文形成积极的跨文化态度和较强的跨文化能力。所以，它们只能帮助学生获得跨文化知识，而不能引导学生形成积极的跨文化态度和较强的跨文化能力。

第三节　跨文化交际视角下高校英语教学的改革策略

一、提高教师的跨文化综合素质

作为英语教师，自身应具备很强的跨文化意识。这要求教师通过各种方法丰富自己的英语文化知识，对跨文化交际和比较文化差异有深入的了解，不断提高自身的文化修养。美国语言学家罗伯特·拉多 (Robert Lado) 曾指出："我们不掌握文化背景，就不可能教好语言。语言是文化的一部分。因此不懂得文化的模式和准则，就不可能真正学到语言。"高校英语教师是高校英语学习的主要引导者，是沟通学生个体文化和英美文化的桥梁。高校英语教师所具有的跨文化知识和意识，将从根本上直接影响学生的跨文化素质及最终的跨文化习得及运用。目前已经有高校英语教师在高校英语教学过程中意识到了跨文化教育的重要性，并且也尝试着在高校英语教学过程中进行跨文化教育。但是，由于缺乏跨文化教学理念的指导和实践经验，跨文化教育步履维艰。所以，发展跨文化教育首先应当加强高校英语教师的跨文化教育，提高高校英语教师的跨文化素质。

（一）英语教师必须不断提高自身的文化修养

作为一名英语教师，必须不断学习，可以通过结交外国朋友、涉猎各种形式的文学作品、观赏精彩的外国电影和录像、欣赏格调高雅的英文歌曲等各种渠道来了解外国文化，不断提高自身的文化修养，提高跨文化教育的能力和水平。首先，教师要熟悉教材中的语言文化知识及其特点。尤其是英语国家的典型文化背景知识。其次，英语教师要具备双重文化的理解和教授能力，既不能死抱着本民族文化不放，也不能只注重对英语国家文化的讲解。教学中要注重培养学生的社会文化洞察力。在课堂上，教师在教授英语知识的同时，应引导学生去关注作品的社会文化背景，揭示关键词的社会文化含义，或组织小范围的讨论，以培养学生对社会文化的敏感性和分析能力。

（二）对教师继续教育的内容和方式进行改革，拓宽英语教师的跨文化教育知识面

首先，在英语教师培训的基础课程中增开人类学、民俗学等课程，增加国内外的历史、地理、文学等知识，通过东西方思想方式和文化差异的介绍、东西方文学的比较，分析文化现象产生的原因，帮助教师认识外来文化、理解外来文化。其次，在英语教学的专业课程中，增加"多元文化教育"和"跨文化教育"等内容。这样有助于培养教师的多元文化视角，在课程和教学中，消除习惯使用的、带有文化歧视和文化偏见的内容，接纳和尊重不同文化间的差异。再次，英语教师继续教育的内容要丰富。教师应具备全球一体化的理念，拥有广博的基础知识，同时在教学与辅导中将各种观点呈现给学生。可见，英语教师在继续教育中

必须具备扎实的英语专业知识、语言学基础知识、本民族的语言知识，以及英语教学法知识和英语教学相关的知识，才能担当跨文化教育的重任。

另外，在继续教育模式上，可以采取灵活多样的形式，例如：①短期培训与长期培训相结合；②进修学习与访问学者形式相结合；③常规交流与专题跨文化教育研究相结合；④国内学习与国外进修相结合；⑤脱产教育与远程网络教育相结合。

二、培养学生正确的跨文化心态

北京外国语大学教授胡文仲先生指出："一般来说，一个人学习异国的语言、习俗和社会规则等虽然不易，但并不是不可达到的目标。只要花上足够的时间，具有一定的条件，还是可以做到的。但是，要真正了解另一种文化的价值观（更不用说接受或获得）却极为困难。一个人可以在另一种文化中生活很长的时间，掌握其语言，了解其习俗，但是，仍然可能不理解其价值观的某些部分。"这就要求教师在实际教学过程中，不仅要帮助学生将从外部世界获得的知识转化为自己的知识，还要培养他们对外国文化的鉴赏能力和判断能力，并运用所学的知识灵活应对跨文化交际中遇到的问题。也就是说，要让学生对外国文化"知其然"，也"知其所以然"。只有这样，他们才能正确理解和看待外国文化，取人之所长，补己之所短，将外国文化中优秀的、对祖国建设有用的部分吸纳到我们的文化中来，进而丰富中华文化。另外，教师必须帮助学生克服本民族文化对英语学习的障碍；应使学生在认识上有所提高，克服民族中心主义。由于受本民族文化的影响，在接触另一文化时，人们往往以自己的文化为出发点进行判断，有时表现为文化上的先入为主，有时表现为民族中心论，即认为自己的文化是最好、最先进、最标准的文化。科尔兹指出：对于每个集团的人们，每种文化都是而且始终是以本民族为中心的。也就是说，他们认为自己解决问题的办法比别人的办法优越，并且认为任何思想正确、会逻辑思维的人都会承认它的优越。有意思的是，每个集团都把他们自己对世界的看法看作是"常识"或"合乎自然"的看法。因此，教师要使学生提高对外国文化的认识，抛弃偏见，克服民族中心主义，做到心胸宽广、态度开明，对外国文化采取一种全面、客观的态度，不仅要尊重它们，而且要努力学习它们、理解它们、适应它们，而不是将它们当作荒唐可笑的东西加以贬低和排斥，进而努力成为双文化者。但是，反过来讲，我们也不应以外国文化为标准，全盘接受，而贬低自己的文化。对于外国文化，我们应理解、适应，而不是被它同化。因此，教师不但要帮助学生以开放的心态学习和认识英语国家的文化，更要鼓励学生通过英语了解世界万象，培养国际意识和正确的跨文化心态。

三、编写新的教学大纲

尽管英语教学大纲指出：英语教学的目的，是通过听、说、读、写的训练，使学生获得英语基础知识和运用英语进行交际的能力。但是大纲对跨文化交际能力和文化素养的培养未做具体的要求。比如：应该掌握哪些情景下的哪些语言功能、哪几种语篇类型、哪些交际策略，应该了解哪些目的语的非言语行为，应该学习哪些目的语的交际习俗、礼仪、社会结构、人际关系、价值观念等。大纲现有的四级、六级词汇表中应增加学术研究和对外交往中常用的词汇。在词汇释义中要加入一些实用性很强的释义。母语文化和目的语文化中有不同联想意义的常用词汇、习语、谚语等，要注明其联想意义。对某些词汇还要注明其语体。还要向全体学生开设英美文学欣赏、英美文化、跨文化交际学等选修课。一份细致的教学大纲不但为整个教学活动指明了方向，而且也是检查和考试的依据。任何教学都离不开检测和考试。但由于跨文化教学本身的特点，英语跨文化的检测形式应有别于语言技能的检测方式。

四、选择合适的教材

（一）优化课程内容

英语课程可供选择的内容繁多，因此所选择的内容必须能吸引学生积极参与课堂教学，对事件的反思和分析也要有利于揭示不同区域各民族和文化具有的共性与个性。同时还应增加体现本民族文化特色的内容。

（二）对英语教材教学内容进行科学的选择

如何选择有效的英语教学内容？笔者认为选择教学内容应该遵循以下几个原则。

1. 教学材料真实化和语境化的原则

所谓真实的教学材料，是指真实交际环境下所使用的、不是专门为教学而设计的材料。真实的教学材料之所以重要，是因为它们将学习者的英语学习与现实生活和真实的社会环境和历史背景联系起来。这样不仅有利于激发学习者的语言学习兴趣和积极性，而且使他们在面对真实的社会交际环境时，能够从容应对，学以致用，从而提高学习效率。

与材料真实化原则紧密相关的是语境化原则。语境化有两层含义：①避免将语言形式从其使用环境中脱离出来，进行孤立的、纯语言的分析和学习；②避免将文化信息从其文化意义系统中抽取出来，作为知识进行分析和学习。因为语言和文化必须是一个系统学习的过程，语言和文化的意义只有在一定的社会环境和历史背景下才能够准确、充分地理解，所以语言与文化教学材料的呈现必须语境化。

2. 尊重各民族文化的原则

要尊重目的语国家的文化传统，重视目的语国家的文化以及民俗民风，尽可能全面、准确地对目的语国家的文化知识进行介绍，不能无视、乱解释或者生硬地更改内容，应以跨文化教育为出发点，有目的地介绍目的语文化的特点和值得我们学习、借鉴之处，引导学生获得全面准确的目的语文化知识，并具备不断更新知识的能力。另外，还要尊重母语与民族文化传统。全球化潮流势不可挡，英语的影响在不断扩大，但并不能统一天下。民族特色文化不可抹杀，各民族特色文化在交流和抗衡中相互影响和交融。因此，尊重民族文化的原则应包括尊重目的语为通用语的民族文化传统、不同区域的民族文化传统和母语的文化传统。这就要求教师科学地选择教学内容。首先，要增加非目的语国家的文学作品，只有读了这种英译本，在交际中才能准确表达非目的语文化。其次，增加包含目的语和非目的语民族的政治、经济、文教、史地、社会风俗内容。再次，音像教学的内容要多样化，让学生听到和习惯各种不同的语音、语调。最后，增加具有中国历史文化特色的英语词汇、短语、句子以及成语等，促进中华文化传播。

3.注重培养跨文化意识和能力的原则

教学内容应将文化内容和英语语言教学紧密结合起来，选择有异国文化习俗、历史背景、民间故事、传说内容的教材。这样有助于学生形成跨文化意识，提高跨文化交际能力。

五、改革跨文化测试内容与形式

跨文化测试内容应包括具体文化和抽象文化两个方面，以及文化知识、文化意识、文化态度、文化行为等多个方面，所以采用的评价方法和手段也应多种多样。跨文化知识的测试可以采用填空、选择、正误判断等传统的客观题形式。重要的是将学习者应该掌握的文化知识全面、系统地通过各种测试手段予以体现。跨文化行为的测试既可以采取笔试形式，通过设置模拟现实的任务让学习者书面应答，也可以通过直接观察学习者真实的行为表现来进行评价。目前，高校英语口语考试已在全国推广，在英语四、六级考试试题中，测试学生语言运用能力和目的语文化知识的内容，以及跨文化交际能力的内容有很大幅度的提高。这说明英语语言运用能力测试迈出了可喜的一步。但是仍有许多工作要做，如：现在评分体系中缺乏"语言的得体性"的标准；没有针对非英语专业学生测试目的语文化知识的内容；考生的文化创造力的测评也是一大难题。这些都影响跨文化教育的发展，应尽快组织人员进行专题科研，攻克这一难关。

六、其他形式的跨文化教育

跨文化教育不但可以在语言教学中进行，还可以利用其他形式进行有效的推广。

（一）利用多媒体教学手段

多媒体教学手段被广泛应用于现代英语教学中，这种集图、文、音、像等为一体的互动教学形式，大大增加了课堂教学信息量，不仅有利于提高学习者进行语言交际的积极性，更有助于提高学习者的跨文化交际能力。日益发展的多媒体技术为在英语教学中进行跨文化教育开辟了新的渠道。它可以将各种跨文化交际情境真实地展现给读者，让他们有一种身临其境的感受，使英语跨文化教育效果明显提升。

（二）充分利用外教资源

推广中外合作办学的一个行之有效的形式就是互派教师。这已成为跨文化教育师资不可替代的力量，可以补充涉及面甚广的社会文化知识和本国教师无法接触到的文化内容。通过外籍教师切身讲解和传授他们本国的文化，学生可以发现其他国家文化与本国文化的差异与规律。同时，外籍教师正经历着所在国家的文化的冲击与熏陶，更可以从自身实际出发，体会跨文化交际的感受，指出跨文化交际中应注意的事项。

（三）利用教育网站

当前，英语学习可以通过英语电影、电视、幻灯片、录像、多媒体、互联网等多种形式进行。互联网为英语教学提供了丰富的信息，如中国教育网、中国教育热线、中华教育网等网站上就有相当多有关英语国家的文化背景知识和其他相关信息。教师可以在网络上寻找适合学生阅读的文化背景知识，挑选具有代表性的知识，通过下载、网址收藏等形式提供给学生，也可以引导学生浏览相关网页。这些网站不仅信息量大，而且知识更新及时，紧跟时代步伐。这也符合现代大学生对网络感兴趣、接受新事物快的特点。便捷的网络使得英语文化背景知识的获得与接受变得容易，学生对英语文化知识的掌握也较轻松，学习效果也较好。

通过网络获取英语国家的文化背景知识大大提高了语言学习效率，有效地帮助了学生使用地道的英语进行交际，提高了学生运用英语交际的能力。

（四）举办专题跨文化知识讲座

专题讲座已成为学术交流、前沿知识传播的有效方法。其优势体现在以下几个方面：①主讲人对主讲的内容有充分的准备，并且对如何将内容有效的传递进行了充分的设想，讲解也较生动形象，收效也较好；

②一般专题讲座内容、题材等都是学生关注或感兴趣的，因而学生会带着问题且抱着较大的兴趣来听讲座，这样有助于学生在一种有别于课堂的环境中轻松地接受和讨论跨文化知识，在良好的氛围中增长跨文化知识，提高跨文化交际应用能力。为了将专题跨文化讲座的效果发挥到最大，应有目的、有计划地科学安排主讲内容，将内容渗透到每学期的教学中，采用专题形式进行教学，如中外风俗差异、中外民间传说等。这样，经过一段时间的训练之后，学生对跨文化知识的系统性认识将会有很大的提高，对目的语文化的认识也会逐渐提高。

第九章　跨文化交际与高校英语教学的发展趋势

第一节　跨文化交际与高校英语教学发展的困境

在跨文化交际在各类英语课程要求或指南等纲领性、指导性文件中被着重提出来后，我国很多高校开始尝试在高校英语课堂融入跨文化交际能力训练，甚至专门开设跨文化交际课程。从目前我国高校英语教学的实践来看，跨文化交际与高校英语教学发展主要存在以下三大困境。

一、应试教育思想的影响根深蒂固

我国的基础英语教育仍面临着应试的压力。全国大学英语四六级考试、研究生入学英语测试依然是衡量英语教学效果的重要依据，教师仍将考试分数作为学生英语水平的最终评判标准。因此，教师在教学中多数以课本知识为教学内容，以提高应试分数为主要目标，在日常教学中忽视了对学生跨文化交际能力的训练和培养。近年来，高校英语教材编著者有意识地在教材的内容和形式上引进跨文化交际能力训练项目。然而，在教学实践中，教师更多时候依然围绕着语法、语义、词汇等语言知识，以及篇章结构和写作手法的分析和解读进行讲授。在学时少、教学任务重的条件下，教师不愿过多占用课堂时间，为学生讲解和拓展文化背景知识，更别提有意识地组织学生开展跨文化交际的训练活动了。大学生的跨文化交际能力培养未能得到足够的重视，导致很多大学生的知识范畴多局限于课堂教材和考试科目，疏于对中外历史和文化的涉猎和理解。"哑巴"英语现象依然存在，难以从根本上提高学生的跨文化交际能力。

二、中西方文化差异的限制

　　语言是文化的载体，是文化的主要表现形式。不同的民族有着不同的文化、历史、风俗习惯和风土人情等，各民族的文化和社会风俗又通过自身的语言表现出来。英语教学是语言教学，当然离不开文化教育。然而，文化差异限制了跨文化交际与高校英语教学的发展。由于历史、信仰、地域、气候、风俗习惯，以及中西方不同的思维方式、习俗禁忌、价值观以及人生观，语言文化存在较大的差异，并在一定程度上限制了跨文化交际能力的培养。在高校英语教学实践中，两种文化相互碰撞、渗透，又互相影响、排斥，语言背后的文化差异给大学生的英语学习带来了一定的障碍。因此，在高校英语教学中，教师不能单纯地教授英语知识，还要对西方文化进行介绍，增强学生的文化意识，将文化和语言结合起来，了解文化和语言的密切关系，真正提高学生的交际能力，实现跨文化交际。

三、高校英语跨文化交际能力培养面临的困难

　　跨文化交际能力涉及面较广，涉及英语、人文、地理、文学、心理学等学科，也综合体现了语言表达能力、交际能力、文化素养、心理素质。作为综合能力的体现，跨文化交际能力的培养不是一时之功，也不是仅靠英语课堂教学就能实现。然而，自 20 世纪 80 年代跨文化交际学引入中国以来，英语课堂教学就成了培养跨文化交际能力的重要途径。对跨文化能力的要求在大纲和指南中有越来越明确的规定。但相比于如火如荼的跨文化科研，跨文化交际能力培养的具体教学实践后劲不足。而之所以没能顺利开展跨文化教学，是因为存在以下困难。

　　第一，学校管理存在问题。跨文化教学的重要性在英语教学领域得到了广泛的认同。而在大多数综合院校里，负责规划学校教学发展方向的领导虽然不属于英语专业，但对英语也存在着固有的认识。他们从实用的角度看待英语课程，采用了不正确的指导方针。用学生的四、六级成绩来衡量英语教师教学水平的情况并不鲜见。英语课时持续缩减。在有限的课时内，既要完成授课计划，完成知识点的传授，又要兼顾四、六级辅导，英语教师只能疲于应付。部分院校实行分级教学：大一新生

进校后，学校采用分级考试对学生的英语水平进行分级，之后学生参加相应级别的课堂授课。学生考完英语四级之后，不需要继续学习英语，英语课程以选修课的形式提供给学生。初衷是好的，但造成的后果是学生把通过四级作为目标，只想早日脱离苦海，对英语课程不够重视。很多学校领导希望提升教学效果，希望教师多从事科研工作，但对教学改革的支持力度不够。很多教师虽然愿意进行教学改革，实现教学与科研齐头并进，但教学改革类文章在学报不受欢迎。这极大地打击了他们从事教学科研的积极性。

第二，教师的跨文化交际能力不足决定了跨文化教学很难开展。部分英语教师没有接受过任何培训，而大多数教师从未受过跨文化交际培训或文化培训。张红玲的调查显示，67%的英语教师未受过任何培训，只凭感觉和经验进行教学。而颜静兰在对78位来自全国各地的一个培训班的教师进行了调查。结果显示，未受过任何培训而从事教学工作的人数占62%，没有受过跨文化交际或文化培训的教师达到82%。理想的英语教师应当有国外生活经验，有跨文化交际经验。

调查发现，教师缺乏跨文化体验。大多数教师接触外来文化的质和量都不够：出国一年以上的占31.5%；有2—4周出国经历的教师占39%，而且通过旅游、考察、参加研讨会等形式，对外国文化有些初步的印象，甚至对文化的理解带有偏见，出现"文化错位"。跨文化体验缺失也会导致教师在课堂上讲解跨文化知识时底气不足，在课堂上避开相关知识的讲解，即使遇到真正需要讲解的跨文化案例，也是避重就轻、泛泛而谈，没有深入地剖析、实践和引导。另外，教师对精读课堂的目标认识不正确。胡文仲和高一虹在《外语教学与变化》中，从微观、中观和宏观三个方面将外语教学目的分为相互关联的三种能力：社会文化能力、交际能力和语言能力，三者综合就是跨文化交际能力。对于大多数英语教师来说，传统的教学理念即精读课的主要目标是语言知识的学习，附带文化习得。无论教学形式如何变化——听说法、翻译法、交际法、任务教学、微课、慕课，很多教师的基本教学目标没有变化。教师在以语言学习和应用能力培养为目标的情况下，更注重学生听、说、读、写、译的能力，即语言能力，而忽略了其他。这样的主导思想不可能培养出大批具有跨文化交际能力的英语人才。

　　第三，学生方面的问题。高校英语课堂上，学生是教学活动的主体。学生的学习动机、学习积极性和参与度、能力水平都会直接影响课堂教学效果和教师的授课安排。首先，很多学生的学习动机和行为是矛盾的。大部分学生学习英语最重要的目的就是通过四、六级，通过英语期末考试，拿到学分。他们期待的英语课堂能够帮助他们实现这些目标。同时，学生也希望提高自己的听说能力，尤其是表达能力，了解国外文化。而当英语课堂上讲授语法、词汇、文章时，他们是排斥的，觉得无趣；真正有机会让他们的表达能力提高时，他们内心是矛盾的，认为这些表达与期末考试和四、六级没有直接的关联。另外，学生跨文化意识缺乏，学习自主性也不够。学生在高中阶段主要接受的是应用能力（听、说、读、写、译）的培养，文化知识匮乏。实际情况是很多学生对本国的文化知识也仅限于知道，并不太了解，也不能顺畅地表达。部分学生英语基础的确薄弱，也影响着正常的沟通和表达。当教师在课堂上开展跨文化教学，需要学生作为主角来阐释、表演的时候，学生无法应对。因此，学生课下要花时间来补充自己缺失的文化知识，课下准备不能流于表面。

第二节　跨文化交际与高校英语教学的个性化发展需求

　　现阶段，跨文化交际视角下的高校英语教学的个性化发展需求就是培养学生的自主学习能力。学生的自主学习是针对个人制定的、适合自身学习情况的一种教学模式。所谓自主学习，就是指学习者控制和管理自己学习的能力。它是一个复杂的概念，包含多个层次，在不同的社会文化和教育环境中呈现不同的形式。

一、培养自主学习能力的意义

　　学习者自主学习能力的培养已成为高校英语教学的个性化发展需求。这是与跨文化交际日益频繁、知识和信息日新月异、经济和教育全球化不断深入的世界形势分不开的。在这样的形势下，培养跨文化交际能力、独立学习能力和终身学习的思想成为教育的首要任务之一。英语教学作为跨文化交际能力培养的重要阵地，理应承担起这一重任。在英语教学中培养学习者自主学习能力的意义体现在以下四个方面。

其一，任何教学，包括英语教学，都不可能也没有必要教会所有学习者今后所需要的知识和能力。跨文化交际能力的培养同样如此。在有限的学校学习过程中，学习者接触到的交际情景相当有限，学习者不可能为今后可能遇到的跨文化交际场合一一做好准备。所以，最有效的办法是教师和学习者共同努力，使学习者了解学习的本质，掌握学习方法，学会控制和管理自己的学习，同时掌握跨文化交际规律和一定的跨文化交际技巧，为独立学习和实践打下坚实的基础。

其二，作为学习的主体，学习者有权对自己的学习做出选择。在传统英语教学体系中，学习者几乎完全依赖教师和教材进行学习。教师怎么教，学生就怎么学；教材里有什么，学生就学什么。这种被动学习的局面不符合学习者的主体地位，不能满足英语学习的需要，更不能为他们的终身学习做准备。英国著名社会学者巴恩斯 (Barnes) 在区别"学校知识"（school knowledge）和"行动知识"（action knowledge）的基础上，指出"学校知识"是以抽象、非语境化的形式呈现和保留的，因此不仅不可能成为学习者自己的知识，而且容易被遗忘。"行动知识"不是教师传授给学生的，而是学生通过自己主动参与而获取的，是他们生活方式的基础，与他们的世界观和经历密切联系，所以容易成为学习者的一部分。他认为"教学与其说是教学，不如说是一个交际行为 (Teaching is more a matter of communication than of instruction.)"。学习者积极、主动、独立、自主地学习有利于知识的吸收和能力的提高。

其三，从教学的角度来看，学习者参与学习目标的确定、学习进度的规划和学习表现的评价，会使他们对教学目的、内容、活动和要求有更加明确的认识，从而提高学习效果。而且，对学习的清楚认识会使学习者感到踏实、安全，学习者不会因为等待不确定的考试而惶恐不安。

此外，自主学习还有利于激发学习者的学习热情，学习成了自己的事情，而不是在家长和教师的逼迫下不得已而为之。

其四，从实际来看，学习者不可能在任何时候都可以得到教师的帮助，毕竟教师不可能一天24小时都守候在学生的身旁。学习者如果掌握了独立学习的能力，即使没有教师的帮助也能自己解决问题。

综上所述，无论是从国际形势变化对英语教学，乃至整个教育界的要求来看，还是从英语教学本身的需要来看，培养学习者的自主学习能力都势在必行。作为中国的英语教学工作者，我们有责任克服师资不足的困难，培养学习者自主学习的意识和能力，为他们不断更新知识结构、迎接国际挑战做好准备。

二、自主学习中教师和学生的角色

自主学习不是一种新的学习方法，也不是一种新的教学方法，而是对学习和教学本质的修改。学习不再是简单的听讲、记笔记、做作业、复习、预习、考试等；教学也不再是单纯的传道、授业、解惑。学习者的被动地位被改变，以学生为中心、以学习为中心、以任务为中心的教学思想取代了以教师为中心、以教学为中心、以教材为中心的教学思想。那么，这种转变是否意味着教师的教学变得轻松，而学生的学习不堪重负呢？对这个问题的最好回答，就是分析教师和学生在这种教学模式下的作用和他们之间的关系。

（一）教师的角色

自主学习要求学生除了参与确定学习目标、学习内容、学习进度、学习方法、学习评价，还要对自己作为一个学习者的感受和经历进行反思，关注学习过程，摸索学习方法。对学生所提出的这些"额外"的要求，实际上也是对教师的要求，因为只有具有自主学习意识和能力的教师才能培养出能够进行自主学习的学生。教师自主（teacher autonomy）的具体表现包括四个：①主动参与大纲制定、课程设计、教材选择和测试评价活动；②不受大纲的限制，根据教学的具体需要，调整教学内容；③灵活使用方法和教材，愿意尝试多种方法和教材；④敢于设计教学方法，准备教学材料。

教师在教学中如果能做到以上几点，就能将这种独立意识传给学生。如果教师在教学过程中不注重学生自主学习能力的培养，学生也不可能自动习得自主学习能力，所以有意识、有计划地进行自主学习能力培养是教师的主要任务之一。在这种教学思想指导下，教师扮演的角色应该是合作者、顾问、协调者和对话者。

首先，教师是学生的合作者。教师与学生一起确定教学目标、学习内容、评价标准等。这样的合作可以以班级、小组或个人为单位。在此过程中，教师仍然具有一定的权威性，但主观上应该将自己看作学生的朋友和同学，看作他们的合作者。

其次，教师是学生学习的顾问和向导。没有接受过自主学习培训的学生对于如何承担学习的责任往往一无所知，需要教师的鼓励和引导。这时候，教师就是一名顾问，为学生的自主学习提供指导性的帮助。作为顾问，教师的任务是与学生进行交流与沟通，目的是通过向学生提问和采访，督促学生反思自己的学习过程、学习方法和学习态度，了解学生的学习进展情况和学习需要，帮助学生确定新的学习目标。这样的交流使学生真切地感受到教师对自己的关心，每一个学生都得到了尊重。以学生为中心，因材施教的教学思想由此得到很好的贯彻。当然，定期与每一个学生进行这样的对话会花费教师大量的时间。但是考虑到它对培养学生自主学习能力的作用，这样做还是非常值得的。

再次，教师是学生学习的协调者。学习者独立学习不等于孤立地学习，也不等于完全自学。实际上，更多的时候是通过与其他同学一起讨论、做项目、演讲、分享学习经验等教学活动进行学习。在这些活动中，学生的参与和表演是中心，而教师扮演的就是一个协调者的角色，其主要任务就是保证这些活动不偏离教学目的，按照已经设计好的步骤进行。

最后，教师是知识和信息的来源。教师不是学生所学知识的唯一来源，但是教师所掌握的知识，特别是专业知识比学生丰富。因此，教师仍然是学生学习知识、提高能力的一个渠道。所不同的是，教师传授知识已经不是教学的主要内容。在教师的指导下，学习者如何学才是学习的真谛所在。

沃勒尔 (Voller) 将教师的作用归纳为技术支持和心理—社会支持两大类，很有道理。技术支持的主要内容包括：①通过分析需求、确定目标、规划时间、选择教材和组织活动等来帮助学习者规划和实施自主学习；②帮助学习者进行自我评价；③帮助学习者掌握完成上述任务的能力和知识。心理—社会支持的内容包括：①具有协调者的素质，即体贴耐心、宽容大度、善解人意、不妄加评判等；②善于调动学习者的学习积极性，即鼓励上进、消除忧虑、愿意与学生交流、不过多干预等；③能够提高学习者独立自主的意识。

以上对教师角色和作用的论述表明，以自主学习为特点的教学对教师的要求更高。这不仅体现在教师在时间和精力上会付出更多，而且要求教师在具备必要的业务知识的同时，还要具备与学生沟通和协调的能力。这样一来，教师的任务实际上比原来更重，责任更大，因此教师培训就显得更加重要。

（二）学生的角色

就学生而言，自主学习使得他们不再依赖教师和教材，成为学习的主人。这种从被动到主动的变化要求学习者在教师的引导下，做到以下三点：①制订学习计划，确定学习目标和内容，规划学习进程，选择学习方法和策略，确定评价标准；②监控学习过程，记录并与他人分享自己的学习经历和感受，反思并修正自己的学习态度和方法；③评价学习结果，根据先前确定的标准来对自己的学习进行评价，了解自己的进步和不足，确定下一步的学习目标。

总之，自主学习要求学习者具有较强的学习意识，重视学习目标实现的过程和方法。通过这样的意识和对学习过程的关注，学习者增强对学习、学习者和学习过程的理解，掌握学习的规律和方法，从而提高自己独立学习的能力，为自己承担学习责任做好准备。

明确了自主学习能力培养的意义和师生的责任之后，接下来的问题就是如何培养和提高学习者自主学习的能力。

三、自主学习能力的培养

　　培养自主学习能力需要教师和学生双方共同努力、相互配合。由于自主学习能力包含多个层次，具有多种表现形式，所以对学习者进行自主学习的培训也需要从多个方面入手。研究者本森（Benson）总结出开发和培养学习者自主学习能力的六个途径。它们是：①以资源为基础的方法强调与学习材料之间的独立互动；②以技术为基础的方法强调与教育技术的独立互动；③以学习者为基础的方法强调学习者在行为和心理上的发展变化；④以课堂教学为基础的方法强调学习者对课堂学习的控制；⑤以课程为基础的方法将学习者对自己学习的控制延伸到整个课程；⑥以教师为基础的方法强调教师的作用和教师进行学习者自主学习能力培养的培训。

　　以资源和技术为基础的学习（如计算机辅助语言学习、利用学习软件的学习、网络英语学习等）为学习者控制和管理自己的学习提供了锻炼机会。学习者独立面对各种不同形式的学习材料，面对多媒体和因特网等现代技术所提供的学习机会时，势必会自发地对自己的学习进行管理和控制。但是，技术只是为自学提供了机会，并不一定会导致学习者自制能力的提高，所以对学习者进行一定的学习策略培训十分有必要。这就是第三种方法的主要内容。以课堂教学为基础进行学习者自主能力培养，主要是通过让学习者参与日常课堂学习活动的计划和评价，来促进他们对学习过程和学习内容的理解。以课程为基础的方法，强调学习者的自主学习应该贯穿整个课程体系。在这种教学模式中，学习者对学习的控制是全方位的，从学习目标和内容的确定，到学习过程的把握，到最后的评价都由学习者自己完成。当然，教师适时、适度的帮助仍然是学习者自主学习能力形成的重要保证。以教师为基础的方法显然是从教师对培养学习者自主学习能力的作用出发，对教师进行培训，以帮助他们履行自己的责任，完成对学习者自主学习能力的培养。总之，学习者自主学习能力的培养是一个长期、复杂的任务，应该将学生、教师、材料、技术、课堂等各教学要素有机结合，采取多种形式，从不同侧面进行。

此外，培养学习者的自主学习能力还应该注意以下四个方面。

1. 教师要让学生理解自主学习的含义和意义，提高他们自主学习的意识。自主学习是近十几年才出现的一个概念。许多教师和学生不知道其中的含义，所以对学生进行培训时，必须首先向他们介绍自主学习的概念和意义。自主学习能力的培养是一个长期的过程，贯穿教育的各个阶段。对于年龄较小的学生，空洞的概念解释可能超出了他们的认知理解能力，因此正式介绍自主学习的概念和意义应该等到学生年龄稍大一点以后。但是，在此之前，教师仍然应该有意识地对学生进行自主学习能力的培养，只是形式不同而已。另外，引导学习者关注和反思自己的学习过程，提高自主学习意识也十分关键，因为自主学习能力的培养在很大程度上取决于学习者自己。一旦他们意识到独立自主能力培养的重要性，善于反思自己的学习过程，那么自主学习能力培养的目标就更容易实现。

2. 教师要帮助学生认识到自己作为一个学习者的特点和学习风格及策略，同时了解成功的学习者通常具有的特征，以便取长补短。自我认识是自主学习的基础，教师应该设计一些教学活动来帮助学习者反思自己的学习态度和方法，了解自己的学习特点。英语学习者大致可以分为四类：①具体型学习者（concrete learners），喜欢通过游戏、图片、电影、录像、磁带等途径学习英语；②分析型学习者（analytical learners），喜欢通过学习语法、阅读英语书籍和报纸，找出自己的错误，攻克难题等方式学习英语；③交际型学习者（communicative learners），通过观察和聆听英语为母语的人们的谈话、用英语与朋友交谈、课外大量使用英语等方式学习英语；⑤依赖权威型学习者（authority-oriented learners），喜欢听老师讲解，有自己的教材，将一切都记录在笔记本上，通过阅读学习。

有关学习风格和策略的研究还有很多，这些研究成果对学习者认识自我、了解和拓展自己的学习策略有很大的帮助。学习者在了解自己的学习特点基础上，可以相互交流，并通过观察一些成功者的学习行为，总结经验，供大家学习和借鉴。值得注意的是，学习风格属于个性差异，不能用好坏去衡量。每种学习风格都有优点和缺点，好的学习者善于利用自己原有学习风格的优点，有意识地克服缺点，并通过借鉴其他学习风格的长处，使自己的学习风格更能满足学习需要。

3. 教师要对学生进行学习策略培训。以学习者为中心、以学习为中心、以任务为中心的现代教育思想生根发芽之后，对学习者进行学习策略培训的呼声越来越高，学习策略已经成为英语教学研究的一个重要课题。自主学习在很大程度上依赖于学习者对学习策略的掌握。目前，英语教学研究中普遍接受的学习策略是认知策略（cognitive strategies）、元认知策略（meta-cognitive strategies）和社会 / 情感策略（social/affective strategies）。认知策略指的是学习者为了更好、更快地掌握所学知识和能力所采用的技巧，如记忆术、逻辑分析、综合归纳等。元认知策略是对学习过程的规划、管理和评价等。社会 / 情感策略相对来说更为复杂，因为它涉及学习者的心理和情感层面，是学习者在与他人交往和合作时所采用的策略，同时也包括学习者对自我态度和情感的调整和控制的策略。奥克斯福德（Oxford）将社会 / 情感策略归纳为提问、合作和移情三项社会策略及减轻忧虑、自我鼓励和自我认识三项情感策略。这些学习策略应该作为教学内容的一部分列入教学大纲，这样才可能系统、有序地对学习者进行学习策略培训。

4. 教师要鼓励学生进行自主学习和体验式学习的实践。任何能力的培养都离不开亲身实践。体验式学习以学习者的亲身体验为基础，抽象的概念经过学习者的体验和主观理解得以具体化、形象化。体验与反思、思维和实践共同构成学习的一个循环系统，促进知识的理解和吸收、能力的培养和提高。

在正规的学校教育中，学习者通常可以通过完成一些项目来进行体验式学习，获取实践经验，这就是美国学者基尔帕特里克（Kilpatrick）

所提倡的项目教学法（project method）。为了培养学习者的自主学习能力，教师可以布置一些需要进行参与观察的任务或项目，让学习者个人或以小组为单位去完成。为了完成这个学习任务，学习者必然要对自己的学习过程进行规划、管理和评价，同时也会采用各种学习策略。这样的学习实践是培养自主学习能力不可或缺的。

四、自主学习与跨文化英语教学

自主学习能力的培养对于任何科目、任何形式的学习都非常重要，对于跨文化英语教学则更重要。一方面是因为跨文化英语教学的实施对学习者的自主学习能力有很高的要求。语言和文化的学习与其他科目(如数学、物理、化学、生物等)不同，在很大程度上取决于学习者的主观认识和亲身体验。仅凭教师或教材提供的间接经验，不具备一定的自主学习能力，学习者无法从一个单一文化背景的人过渡到具备双文化（或多文化）知识和能力的人，更不可能掌握跨文化交际能力。因此，培养学习者的自主学习能力是进行跨文化英语教学的前提。另一方面，跨文化英语教学以提高英语交际能力和跨文化交际能力为目的，以培养学习者的综合素质（包括立体思维和独立学习的能力等）为目标，与自主学习能力培养的目标一致。从某种程度上来说，跨文化交际能力的培养就是自主学习能力的培养。一个具备跨文化交际能力的人一定具有较强的自主学习能力。自主学习能力的培养是跨文化英语教学的有机组成部分。

第三节　跨文化交际视角下翻转课堂教学模式的发展趋势

在新媒体背景下，教育信息化、翻转课堂教学发展迅速，被比尔·盖茨（Bill Gates）誉为"预见了教育的未来"的教学模式。翻转课堂，就是在信息化环境中，课程教师提供以教学视频为主要形式的学习资源，学生在上课前完成对教学视频等学习资源的观看和学习，师生在课堂上一起完成作业答疑、协作探究和互动交流等活动的一种新型的教学模式。这种教学模式正契合了高校英语教学中逐渐普及的自主学习方式，给改革带来了新的启示。高校英语教学在跨文化教育中处于前沿。通过这一新兴模式实现有效的跨文化英语教学，满足社会对国际化人才的需求，具有重要的战略意义。通过实行翻转课堂教学，教师可有效地培养学生的自主学习意识，让学生自行获取文化知识信息，在课堂上为学生提供交流机会以及模拟互动环境，确保跨文化交际课程的有效实施。

一、翻转课堂优化高校跨文化交际英语教学的必要性与可行性

（一）高校跨文化交际英语教学采用翻转课堂模式的必要性

培养自主学习能力是进行跨文化英语教学的前提。英语交际能力和跨文化交际能力的提高在很大程度上要依靠学生的主观认识和亲身体验。自主学习能力是跨文化教育中学习活动、实践体验、探索深化等环节顺利完成的重要保证。在新媒体技术的支持下，翻转课堂将传统的知识传递过程放在课下，学生在教师提供的资料辅助下，不分水平层次，可以自主安排知识的学习、问题的解决、任务的完成，其主体地位得以体现，推动了自主学习能力的发展。同时，在这一个性化的学习过程中，学生可以从容地参与跨文化英语教学的课堂准备工作。在心理上，学生减少了传统课堂上因基础差等因素而产生的自卑或自负的不良情绪；在知识准备上，先排除主题语言和文化认知的障碍，学生在课堂上就能畅通无阻地进行深入的跨文化思考、辩证探讨、交流与合作。学生的主观能动性得到发挥，他们变得更自信、更主动，更积极地参与到跨文化英语教学中。

跨文化英语教学不仅包含语言文学的基础知识，而且涵盖了社会人文素质培养的高级内容。高校大学生经过中小学的英语学习，已经具备基本的语言能力。原则上，这一阶段应以人文素养的提升为主。然而，在最近的高校跨文化英语教学调查中，教师普遍认为，由于课时有限，无法更好地开展跨文化英语教学。在时间有限的情况下，传统的高校英语课堂上，文化教学还是要给语言教学让步。事实上，人文修养和立体思维能力并不像知识教育一样可以单向讲授，而是需要建立在参与、体验、反思、领悟的基础上。翻转课堂将基础知识传授环节安排在课外，教师在课堂上组织活动、个性化指导、答疑解惑，专注于引导学生对知

识的吸收和内化，通过协作互动做深入的探究，在创设的情境中提高跨文化交际能力。这一模式有利于优化课堂资源分配，实现跨文化英语课堂的有效教学。跨文化英语教学所测试和评价的内容不仅包括具体的语言知识、语言技能、文化认知，还包括情感交际、文化意识、思辨能力等，因此采取的评价和测试方法也应该多元化。而翻转课堂的特点之一就是多维度、多层次地评估学生的学习成果，从课前的网络平台自我测验到课上活动的多向互动和评估、小组合作时的互评，以及教师对学生课上活动表现的评价、对项目成果和任务的评估，比传统考试更全面。

（二）翻转课堂教学模式在高校跨文化英语教学中的可行性

翻转课堂是新媒体冲击下跨文化英语教学的必然趋势，高校英语教学必须探索信息化教学的新模式。现代教育技术的发展为学生自主学习语言和文化资料提供了丰富的学习资源，也为跨文化英语教学中师生之间、学生之间的协作提供了互动平台和交流工具。高校跨文化英语教学较之中小学英语教学更有条件实现翻转课堂，因为高校排课相对于中小学来说没那么密集，大学生具有更充足的课外时间和更灵活的时间安排，允许在课外完成学习。高校学生较之中小学生，具有更强的自我约束力和行动力，更具备网络学习所需的技术和实际操作能力，更能够顺利完成个性化自主学习。

二、高校跨文化英语翻转课堂教学的目的

跨文化英语教学的目的是教会学生正确、得体地使用英语语言和非语言进行跨文化交际。在教学过程中，教师不仅要注意学生的语音、语法、词汇等，更要让学生了解英语的文化背景、使用规范和沟通习惯等。在跨文化英语教学过程中，采用翻转课堂教学模式弥补了授课时间不充足、学生演练时间少的缺陷。在翻转课堂上，学生成为知识传播过程中的主体，通过课下的自主学习、课上充分的自主交流和讨论，能更好地掌握跨文化英语的相关知识，获得更多的实际经验，从而达到英语交流无障碍的最终目标。

三、翻转课堂在高校英语跨文化教学中的实际应用

由于翻转课堂教学模式强调课内与课外相结合，主张学生自主学习与课堂展示、讨论相结合，教师需要提前准备充足的教学资源，包括与课程内容有关的微课、慕课资源以及相关的网络语言素材（如视频和音频）。跨文化交际课程涵盖的内容，不仅局限于语言知识，而且包括历史、人文、艺术等内容。许多语言素材可以通过搜索时事新闻、观看英文电影、阅读英文资料等方式获取。为了确保整个教学过程的完整性和有效性，翻转课堂教学模式在跨文化交际教学中的应用应包括以下几个方面。

（一）学习单

为了让学生逐步适应自主学习的模式，教师可以根据教学内容设计一套可供学生参考的学习单，引导学生按照教学大纲和教学目的进行有意义的自主学习。在学习单中，教师列出了本单元所涉及的教学内容、学生需要提前完成的自学内容、相关的语言学材料目录、相关的文化类材料目录。通过完成学习单上的内容，学生对"我知道什么？我想学什么？我发现了什么？"有所了解，逐步实现自主学习体系的构建，为课堂教学活动做好准备。

（二）课外自主学习

教师事先将所有教学内容分解成若干个阶段性的模块式学习目标，将制作好的短小精悍（不超过10分钟）的微课材料上传到网络平台，并指导学生制订相应的学习计划。学生既可以利用学校的自主学习网络平台，也可以在家里自主完成学习任务。在学习内容的选择方面，学生应根据自身的文化背景知识积累情况以及语言水平进行适当的选择。所选择的学习内容既要符合自己的实际需要，也要满足吸收新知识的需求，还要达到通过语言和文化知识的吸收和消化，将新知识转化成已知信息，最终在特定情境下与他人交流和分享，并使用目的语进行有效交际的目的。

（三）课内展示和讨论

在学生已经完成自主学习的前提下，教师可以将原本由教师主讲、学生听讲的课堂翻转成教师指导、学生展示学习成果、互相交流学习成果和经验的课堂教学模式。教师不再是课堂教学的主体，由知识的传授者转变为知识反馈过程中的指导者、支持者和评价者。学生也从听讲者、被动的知识接受者转变为主动的内容设计者、活动参与者。

课堂教学内容和形式应该是多元化的，既可以给学生提供机会展示自主学习语言、积累文化知识的成果，展示通过自主学习微课程和了解西方国家的文化背景知识而总结的中西方文化冲突、文化比较等内容，也可以为学生提供交流互动平台，组织各种形式的课堂对话活动（如访谈、辩论、讨论、总结、模仿等），相互探讨对西方文化的见解以及使用目的语进行有效交流的经验和体会等。

（四）评价体系

翻转课堂教学模式不同于传统的教学模式，跨文化交际课程也不同于普通的语言知识课程。翻转课堂教学模式需要大量的微课程和慕课等资源，同时要求学生具有较高的自主学习能力。跨文化交际课程不是单纯的语言知识传递，而是在学生积累了一定量的文化知识之后进行的文化对比和文化交际。

将翻转课堂教学模式融入跨文化交际课程，需要学生自主、自觉地完成文化知识积累，再经过翻转课堂上的展示与交流，将自主的信息输入转化为适当、有效的信息输出。其中，自主学习过程、学习效果、课堂活动参与程度等都需要一套完善的评价体系。

评价体系主要通过跟踪统计、各种测试手段、成果展示、信息反馈等方式，让教师和学生共同对学生的自主学习过程、进展情况及学习效果有所了解，同时也能逐渐培养学生的自觉性，让学生养成自行构建学习体系、对整个学习过程负责的好习惯。评价体系还可以让教师及时了解学生在自主学习过程中遇到的问题，为教师以后改进教学设计提供第一手参考信息。

四、高校英语口语翻转课堂教学模式设计

在已有研究成果的基础上，根据英语的人文性和工具性特点，我们

结合我国高校的实际教学条件，提出在新媒体条件下，以学生为中心、以教学目标为驱动的跨文化英语翻转课堂教学模式。

教学活动以教学总目标为起点，指导并推动四个教学环节的实施，逐一完成各个环节，再达成最初的总目标。循环过程也是学生学习能量转化的过程，学习能量最后转化为能力，实现目标。四个环节依次为课前阶段、第一次课上、课后阶段及第二次课上。学生是循环围绕的核心，也是整个教学流程的中心。翻转课堂的跨文化英语教学以学生为中心，教学过程以学生为本。教师尊重学生的学习方式，引导他们有效学习，培养优秀的学习能力和全面的语言人文素质。

基于翻转课堂的跨文化英语教学总循环过程包含四个基础教学板块，每一板块的教学设计包括组织形式、内容目标、评估方式等。

（一）课前阶段

以个性化的自主学习形式来进行基础信息导入、平台提问、自我评估。师生先明确这一单元的主题以及切题的教学总目标，总目标包括提高语言能力和培养人文素质。教师将预制板块的内容传至网络平台，包括有关主题的语言知识技能、文化常识等。语言方面可以是 PPT 形式的词汇与写作技巧演示，文化方面可以展示相关的影视广告等多模态材料。学生独立完成基础知识的学习后，应通过平台向教师反馈问题，作为教师充分备课的参考项；同时需要自我评估和测试，测评类型包括在线互动评估、游戏化的闯关环节（激活头脑里的语言文化知识库存）等形式。

这一环节主要提高学生的自学能力、解决问题的能力，帮助学生找到适合自己的个性化学习方法。

（二）第一次课上

通过多维互动的课堂活动，教师可以引导学生对语言文化知识进行吸收和内化，同时对学生的课堂表现进行评价。这一教学板块由两部分构成：语言知识和技能运用、社会人文主题探究。两者有机结合，以单元主题为线索，以学生为中心开展课堂活动。教师在这一过程中是组织者、协调者，带领整个班级进行语言训练和文化探索，引导学生积极主动地思考，并将对课前收集的关键问题的解惑及个性化指导纳入对应的活动环节。学生是跨文化课堂的主角，运用所学语言交流探讨、协作探究，加深对语言文化的理解。在此基础上，学生能够以批判的眼光看待不同的文化、思想和事实，并将升级的认知运用到由问题、图片、影视、音乐、演讲、新闻、口译模拟等创设的情境中。

这一阶段的评估以教师的评价为主，以组员之间的互相评分为辅。在课堂上，学生进行与主题相关的视听说、读写、口笔译等语言应用练习的同时，提高了自身的跨文化交际能力，完成了有效交际和深度学习。

（三）课后阶段

这一阶段的主要任务是以合作学习的方式围绕主题进行实践与拓展，将相关成果大纲提交给教师，组员之间进行互评。拓展形式包括扩展阅读、PPT演讲展示、专题写作、跨文化交际项目、主题口笔译任务、电影配音、课文改编、角色扮演等。这些语言文化实践都应与本单元的主题紧密相连。这一过程将引导学生将习得的知识和能力运用到实践中，语言文化与现实生活的结合使学生主动运用英语的激情与创新的火花爆发出来。这是深度学习后的实践阶段，是提升语言综合应用能力和跨文化交际能力的关键环节。合作学习的最后，学生必须总结实践拓展过程中的收获及疑难点，连同第二次课上展示的主要内容提交给老师，老师据此做好更有针对性的评析和反馈准备。

在这一阶段，学习小组的组员共同参与了语言实践和文化拓展过程，了解了同伴的付出，彼此监督评估、互相鼓励进步，培养了积极探索以及交流协作的精神。

（四）第二次课上

这个阶段主要进行小组成果展示、小组之间的效果评价和提问交流，教师对这个主题单元进行总结和深化。经过课后阶段的精心设计与准备，各个小组在规定的时间内用英语展示文化实践成果，小组之间可以互相提问或辩论以进一步深化主题。教师应最大限度地拓宽学生的语言应用渠道，除上文提到的拓展形式外，还可以举行报告会、辩论赛、演讲比赛、诗歌朗诵会等，邀请外籍教师或留学生到场参与，请他们从异国文化的角度对学生的表现进行点评，为学生创建真实的跨文化课堂环境，帮助学生开阔思路、打开国际化视野。之后，教师对单元主题的语言文化知识体系进行梳理和总结。成果评价是最后的环节，以组间评估为主，实行一组一票制。老师对学生的个人表现、参与程度等内容进行评价，以激励为主，以评促学。

这一过程是开放式的交流，师生之间、生生之间、中外之间的语言和文化沟通能碰撞出智慧的火花，学生的创新精神和跨文化能力得到发展。

总之，基于翻转课堂的跨文化英语教学的四个环节紧密相连，各个环节中语言文化知识的内化、人文素质的培养有机结合，逐步深化。

参考文献

[1] 曾韵. 高校英语教学中学生跨文化交际能力的培养方法初探 [J]. 海外英语, 2020(14): 209-210.

[2] 陈宝, 杨亚丽. 高校英语教学中跨文化交际能力培养的教学研究 [J]. 现代阅读 (教育版), 2013(10): 6.

[3] 董娴. 大学生英语跨文化交际能力框架与培养路径研究 [J]. 黑龙江教师发展学院学报, 2020, 39(02): 145-147.

[4] 段保晶. 跨文化交际与高校英语教学初探 [J]. 英语广场, 2016(07): 99-100.

[5] 段丽萍, 刘新民. 高校英语教学中跨文化交际能力的培养 [J]. 卫生职业教育, 2014, 32(06): 158-159.

[6] 段瑞芳. 高校英语教学中学生跨文化交际能力的培养研究 [J]. 高教学刊, 2016(13): 101-102.

[7] 范丽军. 高校英语教学应注重培养跨文化交际能力 [J]. 科协论坛 (下半月), 2007(08): 425.

[8] 冯敏. 从跨文化交际能力培养谈高校英语教学模式 [J]. 品牌, 2014(08): 92.

[9] 管艳郡, 朱荣萍, 罗芳. 高校英语教学及其语言学应用研究 [M]. 长春: 吉林人民出版社, 2021.

[10] 顾晓乐. 外语教学中跨文化交际能力培养之理论和实践模型 [J]. 外语界, 2017(01): 79-88.

[11] 桂永才. 文化背景知识的输入与高校英语教学 [J]. 淮南师范学院学报, 2004(02): 89-92.

[12] 郭姗姗. 文化"走出去"背景下的大学生跨文化交际能力培养研究 [M]. 北京：北京工业大学出版社，2018.

[13] 何冰，姜静静，王婧. 现代跨文化英语教学与课程设计研究 [M]. 长春：吉林人民出版社，2019.

[14] 何瑛. 刍议如何在高校英语教学中渗透跨文化交际 [J]. 齐齐哈尔师范高等专科学校学报，2016(06)：140-141.

[15] 胡文仲. 跨文化交际能力在外语教学中如何定位 [J]. 外语界，2013(06)：2-8.

[16] 黄文红. 跨文化交际能力理论模型：中国与西方的对比 [J]. 西安外国语大学学报，2013，21(04)：37-40.

[17] 霍晨阳. 高校英语教学中如何培养学生的跨文化交际能力 [J]. 长春教育学院学报，2015，31(19)：70-71.

[18] 柯惠娟. 跨文化交际能力培养与高校商务英语教学 [J]. 海外英语，2014(19)：97-98.

[19] 孔凡利. 高校英语教学中跨文化交际能力的培养 [J]. 漯河职业技术学院学报，2021，20(04)：106-108.

[20] 李贵君. 高校英语教学与跨文化交际能力的培养 [J]. 中国民族博览，2018(05)：93-94.

[21] 李海丽. 浅析应用型高校英语教学中学生跨文化交际能力的培养 [J]. 英语广场 (学术研究)，2014(05)：153-154.

[22] 李绘. 高校英语教学中学生跨文化交际能力的培养探析 [J]. 海外英语，2018(16)：93-94.

[23] 李倩. 高校英语教师跨文化交际能力探究 [J]. 才智，2019(33)：150.

[24] 李书文. 高校英语教学与中西跨文化交际能力的培养 [J]. 河北学刊，2008(02)：75.

[25] 李婷. 跨文化交际研究与高校英语教学创新探索 [M]. 北京：九州出版社，2019.

[26] 李泽举 . 跨文化视角下高校英语教学的价值诉求与突围路径 [J]. 佳木斯职业学院学报，2020，36(07)：133-134.

[27] 林有鸿 . 基于跨文化交际能力培养的高校英语教学模式探析 [J]. 赤峰学院学报 (自然科学版)，2014，30(15)：194-196.

[28] 刘晶晶 . 跨文化交际背景下的高校英语教学模式构建 [J]. 海外英语，2020(12)：251-252.

[29] 刘亚娜 . 高校英语教学理论与实践探究 [M]. 长春: 吉林人民出版社，2020.

[30] 刘延玫 . 社交媒体环境下高校英语教学中学生跨文化交际能力的培养 [J]. 陕西教育 (高教)，2019(03)：13-14.

[31] 罗燕 . 高校英语教学中跨文化交际能力的培养 [J]. 江西电力职业技术学院学报，2020，33(09)：35-36.

[32] 毛军社，寇静 . 探析大学英语教学中学生跨文化交际能力的培养策略 [J]. 辽宁教育行政学院学报，2018 (05)：72-75.

[33] 毛军社 . 探究提升英语专业学生中国传统文化素养的途径 [J]. 辽宁医学院学报 (社会科学版)，2016，14 (03)：139-141.

[34] 毛军社 . 英语专业学生中国传统文化素养的提升策略研究 [C]. 华东外语论坛（第 13 辑），2018：319-324.

[35] 潘嵩 . 高校英语教学中学生跨文化交际能力培养探究 [J]. 辽宁广播电视大学学报，2022(02)：98-100.

[36] 申琦 . 高校英语教学中学生跨文化交际能力的培养策略分析 [J]. 海外英语，2019(02)：198-199.

[37] 史艳云 . 大学英语中的跨文化交际 [M]. 长春: 吉林人民出版社，2020.

[38] 孙倩 . 高校英语教学中母语文化的渗透 [J]. 才智，2013(04)：129.

[39] 王小清 . 高校英语教学中学生跨文化交际能力的培养策略 [J]. 山东社会科学，2015(S2)：240-242.

[40] 王颖 . 大学生英语跨文化交际能力的定位与培养 [J]. 开封文化艺术

职业学院学报，2021，41(09)：123-125.

[41] 吴慧兰.高校英语教学中跨文化交际能力培养现状及对策探索 [J].景德镇学院学报，2021，36(05)：79-82.

[42] 吴菊芳.论高校英语教学中跨文化意识的培养和跨文化交际能力的提高 [J].江苏外语教学研究，2011(01)：26-28.

[43] 吴丽娜，肖桃华.高校英语教学中跨文化交际能力培养研究 [J].湖南城市学院学报 (自然科学版)，2016，25(05)：425-426.

[44] 吴晓燕，胡昊.高校英语教学中学生跨文化交际能力培养策略探讨 [J].河南农业，2011(10)：56.

[45] 吴远青，罗筱维，邓兆红.融合跨文化交际能力培养的大学英语教学行动研究：以皖北某高校为例 [J].常州信息职业技术学院学报，2022，21(01)：36-40.

[46] 武黎.融合与渗透：跨文化交际中的大学英语教学研究与优化 [M].太原：山西经济出版社，2021.

[47] 谢莹莹.跨文化交际视域下的高校英语教学机制创新 [J].湖北开放职业学院学报，2022，35(20)：16-18.

[48] 徐雅楠.我国高校英语教学中跨文化交际能力培养的问题及策略 [J].焦作大学学报，2017(02)：89-92.

[49] 薛小妹.在英语教学中培养学生的跨文化交际能力 [J].知识经济，2009(12)：155-156.

[50] 杨盈，庄恩平.构建外语教学跨文化交际能力框架 [J].外语界，2007(04)：13-21.

[51] 杨莹.对高校英语教学中跨文化交际能力培养的思考 [J].科技资讯，2020，18(25)：141-142.

[52] 岳曼曼.文化移情视域下的高校英语教学研究 [J].海外英语，2016(09)：57-58.

[53] 张传伟.浅谈跨文化交际在高校英语教学中的有效渗透 [J].科技视界，2020(29)：102-103.

[54] 张健堃.跨文化交际英语教学与研究 [M].北京：冶金工业出版社，2019.

[55] 张利华.关于高校英语跨文化教育教学探究 [J].黑龙江教育学院学报，2016(01)：122-123.

[56] 张晓晖.浅谈跨文化交际在高校英语教学中的有效渗透 [J].山东社会科学，2015(S2)：243-245.

[57] 张云鹤，黎海情.跨文化交际研究 [M].成都：电子科技大学出版社，2020.

[58] 赵娟.跨文化交际能力的培养困境与对策 [J].吕梁教育学院学报，2019，36(04)：109-110.

[59] 赵艳.跨文化交际与英语思维教学研究 [M].长春：吉林大学出版社，2018.

[60] 钟洁.高校英语教学中学生跨文化交际能力的提升路径研究 [J].吉林工程技术师范学院学报，2015(07)：64-65.

[61] 钟洁.新形势下高校英语教学跨文化交际能力的培养研究 [J].佳木斯职业学院学报，2020，36(05)：190-191.

[62] 周宝玲.大学生跨文化交际能力的培养策略研究 [M].天津：天津大学出版社，2021.